COMO
VIVER
DA
ARQUITETURA

COLEÇÃO META-ARQUITETURA
curadoria editorial de Leandro Medrano

Coordenação de texto **Luiz Henrique Soares e Elen Durando**
Preparação de texto: **Marcio Honorio de Godoy**
Revisão: **Elen Durando**
Capa e projeto gráfico: **Sergio Kon**
Produção: **Ricardo W. Neves e Sergio Kon**

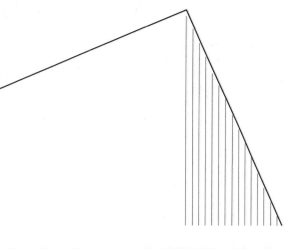

COMO VIVER DA ARQUITETURA
(e de outros negócios)

CATERINA DE LA PORTILLA

TRADUÇÃO DE
NEWTON CUNHA

PERSPECTIVA

Copyrigth © Caterina de la Portilla, 2022

Published in Spain by Arpa Editores

Brazilian edition arranged through Ilidio Matos Agência Literária, Lisboa, Portugal & Oh!Books Literary Agency, Barcelona, Spain.

Dados Internacionais de Catalogação na Publicação (CIP)
(Câmara Brasileira do Livro, SP, Brasil)

P88c

Portilla, Caterina de la
  Como viver da arquitetura / Caterina de la Portilla ; tradução Newton Cunha. - 1. ed. - São Paulo : Perspectiva, 2025.
  416 p. ; 23 cm. (Meta-arquitetura)

  Tradução de: Cómo vivir de la arquitectura
  ISBN 978-65-5505-249-7

  1. Arquitetura. 2. Arquitetos - Prática profissional. I. Cunha, Newton. II. Título. III. Série.

25-97991.0   CDD: 720
                        CDU: 72

Gabriela Faray Ferreira Lopes - Bibliotecária - CRB-7/6643
07/05/2025   14/05/2025

1ª edição

Direitos reservados à

EDITORA PERSPECTIVA LTDA.

Praça Dom José Gaspar, 134, cj. 111
01047-912 São Paulo SP Brasil
Tel.: (11) 3885-8388
www.editoraperspectiva.com.br

2025

MEMBROS DE "LÍDERES PARA A ARQUITETURA" QUE PUSERAM EM PRÁTICA AS FERRAMENTAS E AS ESTRATÉGIAS DESTE MANUAL:

"Após minha experiência de trabalho em diferentes estúdios de arquitetura, pensei haver outra maneira mais independente de trabalhar. Quando encontrei a metodologia de Caterina, soube que era o que precisava. Não me enganei, ensinaram-me a transformar minha vida laboral a partir do pessoal que é o importante"
Carolina Perdigón, Espanha.

"Antes estava seguro de que essa vida livre, estável e próspera era só para arquitetos europeus e estadunidenses. Mas agora os clientes não deixam de vir e nós não deixamos de ajudá-los"
Joe López, Guatemala.

"Aprendi quais são as ações realmente essenciais da minha prática independente, com as quais posso assegurar trabalho e satisfações profissional e pessoal ao longo de minha vida"
Laura Arroyo, Reino Unido.

"Em minha carreira como arquiteta, mudaram meus pensamentos e paradigmas sobre temas como vendas, dinheiro, trabalho, êxito... a palavra 'problema' deixou de ser sinônimo de frustração e de medo, para transformar-se em oportunidade, valentia, ajuda e cerrar de dentes"
Maria Eugenia Quintero, Colômbia.

"Minha profissão deu um giro de 180 graus. Para sobreviver, costumava aceitar trabalhos e projetos incômodos, mal pagos, de clientes muito complicados... Agora decido com quem trabalhar e faço o que mais gosto, ajudando outras pessoas"
Enrique Acuña, México.

"Consegui fazer uma mudança radical de vida: trabalhar para mim mesma como arquiteta, sem a incerteza de que todos me falavam se eu trabalhasse por conta própria. Estou consciente de que crio meu próprio caminho e posso chegar onde eu quiser"
Paula Mena, Espanha.

"Minha viagem em direção à independência na arquitetura nasce a partir da necessidade urgente de buscar mudanças significativas. A partir daí, a tarefa de trazer valor e soluções à vida das pessoas é o principal objetivo. Esse é um despertar que transcende a experiência profissional até o reencontro reconciliatório conosco, na qualidade de arquitetos"
Nicolás Prado, Bolivia.

"De desconhecidos a clientes, de clientes a amigos. Dá gosto ver quando a arquitetura e o que ela tem de bom permeiam o bem-estar das pessoas com os arquitetos. Hoje desfruto dessa bonita carreira com uma grande família, acompanhando-a com a arquitetura independente"
Hernán Jimenez, Paraguai.

"Aprendi a gerar meu próprio trabalho como arquiteta, sabendo que as circunstâncias não condicionam meu êxito ou fracasso nem que é imprescindível ser alguém conhecido para acrescentar valor e que as pessoas o vejam. Aprendi como pensar, como escutar, como agir. Aprendi a saber o que tenho de fazer para ser livre e as bases para empreender de maneira independente. E, sobretudo, a estabelecer uma mentalidade 'lutadora e constante', de que muitas vezes acabava me esquecendo, porque parava de acreditar. Agora, sim, acredito"
Nieves Martín, Espanha.

"De vir do exílio político do meu país natal a converter-me em arquiteto plenamente independente no estrangeiro. Isso é parte do que a metodologia e a comunidade me fizeram com suas ferramentas e sua alta qualidade humana e profissional"
Marvín Zúniga, Panamá.

"Tomar a decisão de fazer parte dessa comunidade de arquitetos foi o melhor que pude realizar em minha vida profissional e pessoal. Consegui os clientes ideais, cobrando o preço correto, e, além disso, comecei a perder o medo de ser autônomo.
Este método lhe oferece um suporte técnico, prático e tecnológico que dá a confiança necessária para avançar com segurança e enfrentar o que vier pela frente"
Carlos Vélez, Peru.

"Este método rompeu os esquemas preestabelecidos em meus anos prévios como profissional autônomo (não independente), quando havia na prática falta de motivação.
Agora, ao falar para o nicho dos meus serviços, o faço com confiança, sem ânsia de vender, e sim com o intuito de ensinar a pessoa ou a empresa como posso acompanhá-la em seu caminho para a situação desejada"
José Manuel Mayén, Espanha.

"Na comunidade, encontrei as ferramentas de conexão para poder ajudar as pessoas com a arquitetura, reencontrar-me comigo para ser dona de minha vida e do meu tempo e elevar a profissão que tanto amo e assim tornar realidade os sonhos das pessoas que vierem a confiar em meu trabalho"
Julieta Zárate, México.

"Pude reaprender a exercer a arquitetura de uma forma mais benéfica para mim e para meus clientes. Implicou também um processo de crescimento para liderar-me a mim mesmo e influir, dar valor e influenciar outras pessoas"
Constanza Ortiz, Argentina.

"Consegui conectar-me com minha alma, com minha própria essência, encontrando assim um lugar próspero e estável no mundo do trabalho. O compromisso diário me deu a motivação para ir descobrindo um caminho que agora tem sentido e direção, algo que eu mesma defini, tendo a liberdade de modificá-lo quando desejo"
Silvia Pirotto, Uruguai.

"Em 2017, não queria ser arquiteta, não estava de acordo com a arquitetura convencional. Em 2022, passo a liderar o meu próprio estúdio, focado na bioconstrução para cuidar do planeta com um impacto positivo. Desenvolvemos projetos, consultoria, cursos e, ademais, inspiramos outras pessoas a transformarem-se para contribuir cada vez mais para o mundo"
Carmen Vázquez, Espanha.

"Mudei principalmente a mim mesma, tanto profissional quanto pessoalmente.
No decorrer desse processo, pude notar que os maiores obstáculos
que ia encontrando em meu desenvolvimento profissional eram aspectos e crenças
que eu mesmo punha para não sair da minha zona de conforto
e não me arriscar ao fracasso ou inclusive evitar o êxito"
Gerth Ayres, Chile.

"Quando me encontrei com Caterina, acabara de fechar minha construtora:
uma companhia que levou dez anos para ser formada e que não resistiu a um ano
de pandemia, pois não tínhamos um método estabelecido e formal para captar clientes;
além disso, todos os clientes que tínhamos ficaram devendo
e sofremos várias perdas. Com o método, encontrei o cliente ideal,
que não regateava nos custos e que me procurava para ajudá-lo.
Aprendi que ser arquiteta não é sinônimo de sofrimento"
Liliana Alarcón, México.

"A metodologia e a comunidade me permitiram ver a carreira de um ponto de vista
da ajuda, e eu sou essa arquiteta indispensável que certas pessoas necessitam
para alcançar um sonho específico. Compreender essa nova narrativa permitiu-me
fluir com mais confiança, tornar-me independente e ter a certeza
de que posso dirigir o barco por mares ignotos"
Andrea Alarcón, Guatemala.

"Tenho uma nova perspectiva da profissão, mas, ao mesmo tempo, há espaço para propor
perguntas transcendentais, e suas respostas vêm depois de um exercício
de autoconhecimento. Como arquiteta independente, consegui recuperar e realizar sonhos
que havia esquecido. Se a arquitetura é um jogo, este é um método para ganhar"
Cory Aguilar, México.

"Com este método consegui fazer de minha vida e de meu trabalho um caminho único do qual
sou o dono, cumprindo os objetivos que fui estabelecendo ano após ano, mediante esforço,
para crescer e me permitir a vida que desejo a cada dia"
Borja Vildosola, Espanha.

"Tomar parte neste método foi como um despertar profissional em minha consciência e em
minha conduta. Não apenas consegui minha independência, como, ademais, sei que estou
aplicando também um método seguro, eficaz e perpétuo"
Claudia Bonari, Uruguai.

"Consegui implementar um sistema ótimo para meus interesses profissionais, pessoais
e com grandes expectativas do que posso obter como arquiteto"
David Díaz, México.

"Entendi que, para ser um bom arquiteto, não basta saber arquitetura, como nos ensinam
nas escolas; é preciso definir nossos serviços nos baseando nas necessidades do mercado,
com uma estratégia sólida de vendas"
Rodrigo Tagle, Chile.

SUMÁRIO

Prólogo 15

1 O Arquiteto Hoje

1 O Sentido de Estudar Arquitetura 22

2 De Onde Vem a Precariedade em Que Vivemos 26

3 Para Que e Para Quem Somos Úteis? 31

4 Arquitetos Jovens: O Jugo da Inexperiência 36

5 Arquitetos Veteranos: Arquitetura Para Sobreviver
ou Para Viver 41

6 Construir ou Não Construir 52

7 Onde Estão os Clientes? As Praças do Mundo Digital . 62

8 Como Nos Fazermos Entender Para Recuperar o Valor
na Sociedade 68

9 A Indústria Que Mais Produz Riqueza no Planeta . . . 72

10 Método Científico Para Conseguir Projetos Com
Estabilidade 75

2 O Mercado

1 Por Que as Pessoas Contratam Arquitetos? 82

2 Os Oceanos da Arquitetura. 90

3 Infinitas Possibilidades de Exercer a Arquitetura 93

4. Como Detectar um Nicho de Mercado Com
Potencial 100

5 Avaliação de um Nicho de Mercado. 109

6. Como Saber Se o Nicho Eleito Representa uma
Verdadeira Oportunidade 115

7 O Mito da Especialização 121

8 Como Evitar a Competição Feroz 125

9 Estabilidade Profissional em um Mercado Cambiante 129

10 Medo de Não Conseguir Clientes. Medo de Conseguir
Clientes. 134

3 A Proposta

1 Como Desenhar uma Verdadeira "Proposta de Valor" . 140

2 Relação Entre Valor e Dinheiro em Arquitetura. 144

3 Chaves Para a Diferenciação da Proposta: Inovar 150

4 Como Comunicar Sua Proposta de Valor 155

5 Modelos e Tipos de Serviços de Arquitetura. 160

6 Como Definir os Honorários (Sem Tabelas de
Coeficientes, Horas, Metros Quadrados ou Orçamentos
de Execução Material) 167

7 Como Oferecer e Trabalhar Com um Orçamento
Fechado. 174

8 Introdução aos Sistemas de Desenho 180

9 Esquema-Tipo de um Serviço de Arquitetura Rentável 186

10 O Erro de Oferecer um Catálogo de Serviços. 193

4 A Venda

1 Uma Nova Forma de Pensar a Venda, o Dinheiro e os Negócios 198

2 Sem Reuniões Não Há Clientes 203

3 As Expectativas de Qualquer Cliente de Arquiteto . . . 207

4 Como Filtrar Clientes Potenciais: O Funil das Vendas 211

5 Transformar uma Conversa Com um Estranho em uma Reunião de Vendas: Árvore de Respostas. . . . 221

6 Converter uma Reunião de Venda em um Cliente: Estrutura e Roteiro 227

7 A Chave Para Vender Arquitetura: Tornar a Decisão Pequena. 237

8 Como Manejar os "Poréns" do Cliente na Própria Reunião. 242

9 Depois da Reunião: O Dossiê 248

10 Concretização e Conclusão do Projeto: O Primeiro Pagamento 254

5 O Cliente

1 Como o Cliente Vive o Desenrolar de um Serviço de Arquitetura 264

2 A Importância de Educar o Cliente no "Como" e no "O Quê". 270

3 Os Quatro Tipos de Clientes na Arquitetura 274

4 Diferença Entre uma Relação Profissional Funcional e uma Relação Disfuncional 283

5 Liderança Para Não Fazer do Caos do Cliente Seu Próprio Caos 290

6. Começa o Projeto: O Protocolo de Trabalho 297

7 Guia Para Ter Reuniões Produtivas Com Clientes . . . 307

8 Estratégias Para Resolver Cenários Conflitivos 312

9 Fim da Contratação: Como Encerrar e Medir o Êxito do Projeto. 318

10 Os Limites do Cliente, Nossa Razão Criativa 324

6 A Independência

1 O Único Requisito Para Ser Arquiteto Autônomo 330

2 A Mente Estratégica do Arquiteto Autônomo 336

3. Rentabilidade: Ganhar Mais Dinheiro Trabalhando Menos Tempo 342

4 O Que É, Como Criar ou Reestruturar um Escritório de Arquitetura 348

5. Como Definir os Papéis de um Escritório de Arquitetura 358

6 Como Buscar, Selecionar, Formar e Fortalecer as Pessoas Para os Papéis do Escritório (e Como Despedi-las) . . . 365

7. Princípios Para um Escritório de Arquitetura Saudável e Funcional. 375

8 Protocolos Internos: Colaboradores Fixos e Eventuais . 385

9 Protocolos Externos: Clientes e Fornecedores. 394

10 O Novo Perfil do Arquiteto. 402

Notas 408

Agradecimentos. 412

PRÓLOGO

Talvez você se pergunte onde ficaram aqueles anos dourados para os arquitetos, época em que *ser arquiteto* era, literalmente, uma garantia de bons encargos ou encomendas constantes, e uma razão de *status*, distinção e riqueza na sociedade.

Hoje nós, arquitetos, enfrentamos uma época diferente. O mundo atual é volátil, incerto, complexo e ambíguo[1] e, assim, conceber nosso exercício profissional como o fizeram nossos antecessores já não funciona na maioria dos casos. Todos os dias, milhares de arquitetos em todo o mundo experimentam pessoalmente como se vai enfraquecendo nossa vocação, uma tremenda incerteza econômica para enfrentar no final do mês e uma deterioração do valor que a sociedade atribui à nossa profissão e sua utilidade.

O mundo se modifica.
Então, arquiteto, vamos mudar.

Muitos de nós iniciamos o primeiro ano da faculdade com uma disciplina chamada "Introdução à Arquitetura". Assistimos a essas aulas como jovens cheios de curiosidade, provenientes do mundo dos mortais para começar nossa ascensão acadêmica ao céu dos arquitetos. Muitos de nós procuram uma resposta importante, uma definição concreta daquilo para o que havíamos decidido consagrar o resto de nossas vidas: o que é ser arquiteto e fazer arquitetura?

Desde o começo desse nosso velho ofício, ninguém chegou a uma definição universal do que significa *ser arquiteto*. Ao longo de todos esses séculos, não houve unanimidade sobre o que é a arquitetura. Procure nos livros de história, nas citações sobre arquitetura, entre os críticos, pergunte aos colegas: não há uma resposta única. Essa flexibilidade talvez seja a mais bela qualidade de nossa profissão.

Consciente ou inconscientemente, e ao longo da história, a ideia do que seja a arquitetura, e daquilo que fazemos como arquitetos para nos adaptarmos a novas necessidades, mudou. Somente com a chegada do academicismo industrial, isto é, com as universidades, e a obsessão por um conjunto reduzido de mestres, foi que começamos a restringir a definição de nosso trabalho, reduzindo suas possibilidades à famosa expressão "fazer casinhas"[2].

Como resultado, quando terminamos o curso e começamos no mundo profissional com grandes expectativas, alimentadas por anos de noites sem dormir, provas duríssimas e entregas constantes, sofremos a bofetada do século e nos sentimos mais desconcertados e confusos do que um polvo numa garagem. Saímos para a rua com o título de arquitetos debaixo dos braços e começamos a ver os sinais que anunciam a crônica de nossa carreira profissional: percebemos que as pessoas não se matam para nos contratar, que estamos rodeados de milhares de arquitetos oferecendo exatamente a mesma coisa, que a quantidade de dinheiro que entra na conta bancária não é nem suficiente nem frequente, e que, basicamente, continuamos a existir como categoria porque há uma lei que obriga a incluir nos projetos a firma de um maldito arquiteto.

Seja qual for a definição que tenhamos então sobre a arquitetura e o que fazemos como arquitetos, essa definição deteriorou-se. Não funciona. *Caput*[3]. Podemos pedir à sociedade que ela nos faça o favor de mudar para tornar a nossa vida mais fácil, que volte a nos valorizar como antigamente e se apiede de nossa situação, que entenda tudo o que podemos fazer e que os nossos honorários valem o que pedimos, mas a essa altura se saberá que a única opção real que temos começa por nossa própria mudança.

Somos alguns milhões de arquitetos em busca de sentido. E o que se tem em mão não é um livro. É um salva-vidas para uma categoria que se aproxima da extinção. Paradoxalmente, as escolas de arquitetura não mudaram seu cânone idealista de formação devido a uma falta de compreensão do mercado atual e de suas necessidades. Estima-se que, em nível mundial, haja a proporção de um arquiteto para cada dois mil habitantes[4],

PRÓLOGO **17**

e isso supõe competitividade, precariedade e vazio existencial para uma geração que não entende como, desde o grande polímata Brunelleschi, do mestre moderno Le Corbusier até o *star-architect* Foster, acabou assim.

É hora de redefinir o papel do arquiteto para fazer com que o nosso trabalho perdure no futuro da sociedade. Este é um manual prático completo e específico sobre o assunto, baseado em experiências de mais de 1500 profissionais de mais de trinta países para construir uma estratégia de negócios sólida que devolva o sentido e a utilidade à nossa profissão.

Começando pela transformação interna do arquiteto sobre seu propósito, este é um guia que, passo a passo, analisa o mercado atual e ajuda a descobrir nichos de oportunidades, desenhar uma proposta arquitetônica singular, atrativa e que diferencie o seu autor, dominar a arte da venda para conciliar a faceta criativa com a empresarial, liderar as relações com o cliente e colaboradores, imprimindo ordem no trabalho, e consolidar uma independência profissional duradoura.

Mostrar o valor e a utilidade de nossa profissão à sociedade dará valor ao conceito de arquitetura. Do contrário, teremos de buscar uma nova definição ou, simplesmente, acabaremos nos extinguindo como categoria. Somos livres para subscrever essa definição. Temos o direito e o dever de mudar e de nos adaptarmos para que o mundo não perca nosso engenho particular de produzir soluções brilhantes e enfrentar os novos desafios que se avizinham. É a beleza da evolução, do aparecimento de novas necessidades, demandas, aspirações e formas de viver. Esse mundo líquido representa um vasto oceano de possibilidades para os arquitetos; os profissionais mais qualificados, que somos nós, têm o direito de conquistar o seu pedaço do bolo.

Estamos convencidos da capacidade da arquitetura de influenciar a vida das pessoas, o bem-estar da sociedade e os avanços de uma comunidade. Simplesmente não se pode deixar que ela fique para trás, isolada e desconectada da realidade. Não podemos permitir que sua utilidade vá se diluindo pouco a pouco e a funcionalidade de seus profissionais fique relegada à mera figura legal.

Este manual desenvolve com precisão o método para recuperar a relevância e o progresso que a arquitetura sempre representou. É assim que preservamos nossa vocação para serviços e multiplicamos nossa influência, gerando modelos de negócios inovadores que realmente ajudem e sirvam às pessoas. Nosso propósito é que a arquitetura e seus profissionais sejam protagonistas da construção do futuro. Liderando nossa carreira particular, lideraremos um movimento global.

Somos a comunidade global de Líderes Para a Arquitetura, profissionais que vivem e exercem, em comunidade, com generosidade e empatia, o serviço que nos apaixona. Somos profissionais que influenciam e se deixam influenciar, gerando um movimento em que cada um dos integrantes soma sua força à de outro, em nosso próprio caminho, mas sempre trabalhando por uma ideia comum: a importância da arquitetura na sociedade. Usando a metodologia deste manual, despertamos consciências, unimos talentos, geramos sinergias e provocamos uma transformação real na categoria.

Somos a primeira comunidade global de arquitetura que ajuda cada profissional a encontrar um espaço vital para ali exercer sua atividade de maneira livre, estável, próspera e conectada à realidade.

Pois a influência da arquitetura no futuro será dada pelo impulso de muitos profissionais compartilhando uma visão e um propósito e pelo êxito de cada um naquilo que chamamos independência.

O caminho do arquiteto independente passa pela consciência do papel de si mesmo na sociedade, uma abertura mental para escutar as necessidades reais das pessoas às quais servimos e uma adaptação a novos paradigmas de vida. É o caminho que nos ensina a definir um espaço próprio no mercado, e exercer a nossa profissão de maneira livre, próspera e estável. Um espaço próprio que nos enriquece no profissional, mas também no pessoal; um espaço que se ajusta às capacidades e valores de cada um, estimulando a oportunidade de se ter um brilho singular; um espaço que nos permita gerar um benefício econômico amplo, produzindo um impacto palpável e positivo na vida das pessoas.

O método que se encontra neste manual é a fórmula para encontrar esse espaço: seu espaço no mercado. Reconectando seus ideais, aqueles que o impulsionaram aos estudos, com a realidade. Queremos fazer com que você se recorde de sua capacidade de mudar sua forma de encarar a profissão, queremos que você se lembre que possui a liberdade de dar forma ao seu trabalho, que desenvolver sua vocação é compatível com uma renda estável se você conta com uma metodologia adequada e o apoio de uma grande comunidade, unida pelo amor à arquitetura e o orgulho de ser o que somos.

**Este é o manual para voltar a acreditar na arquitetura.
Para voltar a acreditar em si.**

Com minha experiência e a de milhares de arquitetos que formam a comunidade global de Líderes Para a Arquitetura, daremos respostas às perguntas essenciais sobre o nosso papel profissional e o ajudaremos a encontrar seu lugar no mundo. Um lugar que, definitivamente, pode ser útil a você e aos demais.

Asseguro-lhe que nunca houve momento melhor para ser arquiteto.

Não permaneça apenas nas páginas deste manual. Experimente o poder e a inspiração de um movimento global na arquitetura e seja membro de Líderes Para a Arquitetura. Visite:

1

O ARQUITETO HOJE

1.
O SENTIDO DE ESTUDAR ARQUITETURA

Sem saber onde nos metíamos (com dezoito anos ninguém sabe onde realmente se mete), começamos um largo capítulo universitário, envolvidos com projetos hipotéticos para clientes inexistentes. E assim formamos nossa perspectiva arquitetônica, alheios ao mundo exterior. Quando, por fim, saímos para este mundo inóspito e descobrimos que a realidade no exercício da arquitetura se encontra há anos-luz de como havíamos imaginado na escola, é normal perguntar por que cargas d'água investimos tantos anos nessa carreira.

É difícil explicar por que a formação está tão defasada, por que a melhor nota cabe ao projeto menos compreensível para a sociedade, por que jamais aprendemos a calcular o preço dos nossos serviços nem que relação guardam os honorários com o valor que se recebe na troca com o cliente. Também é difícil explicar por que não sabemos criar e gerir um serviço de arquitetura rentável ou administrar a relação com o cliente. É difícil explicar como as escolas de arquitetura inflamam um ego que depois nos incapacita a praticar a verdadeira escuta, antes de nos lançarmos como loucos a esboçar linhas num papel.

Enfim, o que se supõe aprender não consiste em desempenhar uma profissão com a qual se possa oferecer soluções às necessidades do mercado para estabelecer relações de valor e assim poder viver? Não é raro que muitos de nós, após anos de esforço estéril, nos sintamos enganados por obter um título vazio, sem substância. Não lhe culpo se também para você perdeu-se o sentido de tanto tempo, dinheiro e esforço dispendidos para se lançar na carreira e laurear-se como arquiteto.

Não obstante, com o passar dos anos podemos ver as coisas à distância (creio que isso se chama amadurecer) e, sem considerar que não nos ensinaram a rentabilizar a profissão, muitos de nós descobrimos que estudar arquitetura, se serviu para algo muito importante, nada tem a ver com o aspecto profissional, além de ganhar um título, um direito legal e um par de capacidades técnicas que se tem de relembrar em cada caso prático que se apresenta.

O contentamento que nos deu a arquitetura foi a valiosa e acérrima vocação, que compartilhamos em nossa categoria. É um poderoso combustível que nos põe em movimento para fazer o que fazemos, apesar das dificuldades. Falo de nossa capacidade de entrega, da capacidade de nos iludirmos, de sonhar, de projetar, de propor, inventar, de criar novas realidades e experiências para as pessoas.

Sem importar a idade, a vocação nos detona uma poderosa imaginação, muito parecida com os superpoderes que temos em criança; capacidades que outros perdem para sempre e que nós mantemos indenes durante toda a nossa vida. Essa vocação é que nos leva a amar tanto o que fazemos, e sentimos um desejo genuíno de que outros também amem e valorizem a arquitetura. "Como alguém não quereria pagar por isso?", é uma pergunta frequente que nos fazemos, como a que faz a criança que não entende como os adultos não querem escorregar num tobogã.

Sem vocação, adivinhem, a maioria de nós teria abandonado a "vida de arquiteto" há tempos. Não conheço muitas profissões que impliquem, como fato inevitável, o nível de sacrifício e de degradação que suportamos: trabalhar doze horas por dia sentado em frente a uma tela, movendo linhas de um lado para o outro, com os olhos ardendo e dor de cabeça, cobrando uma miséria sem poder desfrutar de boas férias, com um estresse imenso e a língua de fora até a entrega seguinte, cruzando os dedos para que não nos apareça uma denúncia a qualquer momento. E assim seguimos, ao pé do canhão.

Essa é a outra face da vocação: suportar demasiadas situações daninhas. Por vocação, custa-nos dizer "não" e, assim, velar por nosso bem-estar. Às vezes nos cegamos diante de promessas de projetos com os quais sonhamos e nos conformamos em alimentar a paixão que sentimos por nosso trabalho. Assim ocorre quando a vocação se torna inimiga: quando pensamos que *somos arquitetos* em lugar de *pessoas que trabalham como arquitetos*. É quando a vocação se transforma em nosso ego.

24 O ARQUITETO HOJE

Chega um momento em nossa carreira, cada qual em seu nível, que nos identificamos com o ego, perdendo de vista o propósito que a arquitetura tem realmente em nossa vida. Muitos ficam atrelados aí para sempre, identificados com um mártir todo-poderoso, que deixa de ter vida por uma causa passional. É quando o ego toma o poder e acabamos como seus fiéis servidores: aceitando trabalhar gratuitamente para ampliar o portfólio e a autoestima, aceitamos concursos endogâmicos em busca de reconhecimento, condições miseráveis para ganhar experiência que nunca parece suficiente... Nossa vocação se põe a serviço do ego e entra numa espiral de aparência, de escassez e obsessão.

Claro, a primeira reação é não querer admitir que estamos a serviço do ego; esse pequeno monstro é muito inteligente e sabe como se proteger. Mas quando o peso dos anos cai sobre nossas costas, vemos as consequências em outras áreas de nossa vida: enfermidades físicas e emocionais, problemas com o cônjuge, falta de tempo para os filhos, amizades descuidadas, interesses esquecidos etc., são sinais de que algo não vai bem. Esses sinais têm a conveniência de tocar fundo, tirar-nos a venda dos olhos e dizer "basta" a esse ego de arquiteto profundamente insuportável.

Aprendemos que só deixando morrer essa parte ególatra podemos exercer a verdadeira vocação que aprendemos na escola de uma forma genuína, madura e profissional. A transformação fundamental que experimentamos é:

**Deixar de pensar que a vocação é fazer
o que me apaixona (ego) e passar a compreender
que (vocação) é, na realidade, servir aos outros fazendo
o que me apaixona.**

Assim, nossa vocação retorna ao caminho correto, pondo na frente o mais importante da educação profissional: as pessoas. Diferentemente do sacrifício e da escassez que surgem quando o ego assume o comando, o que, paradoxalmente, nos leva a nos isolarmos do MUNDO, acorrer ao chamado da verdadeira vocação nos conduz a uma carreira que nos devolve tudo o que queremos, precisamente porque aprendemos a oferecer de verdade. Passamos a aceitar que pôr na frente as necessidades dos demais e encontrar a forma de ser-lhes útil desemboca, irremediavelmente, na carreira com que sempre sonhamos.

1. O SENTIDO DE ESTUDAR ARQUITETURA

**Pondo os outros à frente,
pomos à frente nossa vocação.**

Assim, caso você se pergunte por que razão estudou para essa carreira, pode se reconectar com a valiosa vocação que sente por seu trabalho e com todas as pessoas encontradas pelo caminho e que, de uma forma ou de outra, contribuíram para a sua paixão pela arquitetura. Muitos seres humanos nunca chegam a sentir vocação em suas vidas, e creio que é um enorme presente o que recebemos em nossos anos de estudo, pelo que devemos ser agradecidos. Agora que você já sabe que a verdadeira vocação não é fazer o que você gosta como arquiteto, e sim um chamado para servir aos outros, começa um novo horizonte de possibilidades. Disso falaremos na sequência.

2.
DE ONDE VEM A PRECARIEDADE EM QUE VIVEMOS

Há somente sessenta anos (décadas de 1960-1970), ser arquiteto significava um porvir garantido de abundante riqueza. Os projetos choviam do céu, tanto quanto os clientes, o dinheiro e a fama, e os que viveram aquela época ainda se recordam da ingente quantidade de promoções e de edifícios que se construíam a cada ano. Era a festa da construção, tudo estava por fazer e o simples fato de possuir um título assegurava valiosos projetos ou encargos, sem parar. Era habitual que um arquiteto acumulasse propriedades em forma de edifícios, apartamentos, vilas, barcos, automóveis e demais objetos de luxo em sua vida.

Faz apenas trinta anos (décadas de 1990-2000), ser arquiteto não lhe permitia um espaço no salão das estrelas, mas ao menos uma vida bastante prolífica e folgada. Podia-se manter um escritório, ter uma equipe e construir com regularidade. De vez em quando, aparecia uma grande obra e os ganhos permitiam investir em propriedades, o que, afinal, tornava possível manter o escritório sem muito depender do fluxo ou da quantidade de projetos. Meu próprio mentor pertence a essa geração, e ainda me recordo do dia em que me disse: "Caterina, para dizer a verdade, não sei como funciona os contatos prévios para obras pequenas... na minha vida, só fiz obras grandes."

Hoje em dia, ser arquiteto... enfim, o que posso lhe dizer? Nós, que terminamos o curso nos últimos dez anos, nascemos com o estouro da maior bolha imobiliária da história e, ao mesmo tempo, os companheiros de gerações anteriores experimentaram na própria pele a rápida degeneração profissional. Mas o que se passou?, nos perguntamos. As razões, embora desconhecidas para muitos, são simples, e as explico na sequência.

Muito antes da industrialização educativa do século XIX, o título que conhecemos hoje de arquiteto não existia como tal. A arquitetura não era uma área de conhecimento estanque e delimitada, mas estava estreitamente vinculada a outras disciplinas, como pintura, escultura, artesanato, matemáticas, astronomia, música ou poesia. Exemplo disso é a carreira de numerosos criadores renascentistas, como Michelangelo, Leonardo, Donatello, Alberti, Brunelleschi ou Rafael, para mencionar alguns poucos. Cabe destacar que nenhum dos clássicos que estudamos no curso foi condecorado com o título de Arquiteto Superior. Tais criadores foram polímatas, artistas totais, produtores insaciáveis de obras, sem categoria ou etiqueta. Onde terminava a obra pictórica e principiava a obra arquitetônica? Os limites eram difusos e as possibilidades, surpreendentes[1].

Daí então o domínio das belas-artes se obtinha por intermédio da relação mestre-aluno, do que adveio uma riqueza de correntes e de perspectivas, transmitidas de geração em geração. O sustento da maior parte desses criadores se devia aos mecenas (o que não é o mesmo que clientes) e os estratos sociais nos quais se expressavam estavam concentrados à volta da Igreja, da monarquia e da burguesia, símbolos de poder e de *status*.

O que ocorria com o resto do mundo? Muito simples: as pessoas faziam suas próprias casas. Era esse o terreno de ação dos mestres de obra, dos artesãos, dos que detinham habilidades manuais e da cultura popular. É curioso que agora, diferentemente de então, dediquemos apenas certo tempo a estudar essa valiosa tradição construtiva, que acontecia em paralelo em todo o mundo, intimamente relacionada a hábitos humanos e à pura necessidade de lidar com as condições ambientais e os recursos disponíveis.

Com a chegada do século XX e a progressiva centralização do poder estatal[2], a educação começou um forte processo de estandardização, categorização e regularização. A arquitetura foi se afastando das artes e ofícios manuais até abstrair-se em exercício puramente intelectual (daí uma de suas acepções como *profissão liberal*, quer dizer, que se liberou do trabalho manual), colocando em um pedestal a nossa ferramenta--estrela: o projeto arquitetônico. E, é claro, as paixões se alimentam de mitos. Os primeiros programas formativos bebiam ansiosos nos grandes

28 O ARQUITETO HOJE

criadores renascentistas, clássicos, barrocos, neoclássicos e suas grandes construções para a elite social. Conforme foram passando os anos, emergiu a geração seguinte de glórias, idolatrada até a exaustão nos programas universitários, dando lugar aos mitos que conhecemos, os mestres da modernidade. E nenhum deles possuía o título de "arquiteto": Wright deixou sem acabar seu curso de engenharia, Le Corbusier se formou em gravura e pintura, e Mies passou a trabalhar diretamente no ateliê de pedras de sua família, o que me parece um bom lembrete para desmistificar o valor de um título universitário.

Assim arranca a segunda metade do século XX: a formação em arquitetura se padroniza no processo de desvinculação da prática construtiva para ser um exercício puramente intelectual de projeção, alimentada por mitos de outros tempos, cujas referências são obras ciclópicas para as mais altas esferas da sociedade. Se houvéssemos parado por aqui, não teríamos ido tão mal, pois, no final, as elites sociais seguem querendo contratar obras ciclópicas. O único problema é que começamos a inaugurar faculdades como se não houvesse amanhã, e aconteceu algo muito previsível: um excesso de oferta para uma procura demasiadamente exclusiva.

A inauguração da Bauhaus (Staatliches Bauhaus, Casa da Construção Estatal), em 1919, na Alemanha, supôs uma primeira advertência à crescente alienação do exercício intelectual sobre o manual e a progressiva deterioração que sofriam os artesanatos em consequência de processos industriais, cada vez mais frequentes no tecido social. Essa corrida para a estandardização não se deteve, e na Espanha a formação em arquitetura se consolidou, tal como a conhecemos hoje, na década de 1950, sob influência dos planos de estudo introduzidos pela Escola Técnica Superior de Arquitetura[3], cuja origem é a Escola Especial de Arquitetura de Madri[4], fundada em 1844, a primeira do país. O crescimento da instituição foi paulatino (em 1900, a escola contava com apenas dez professores)[5], produzindo um número reduzido de tenros arquitetos que iniciavam suas carreiras em um panorama de inovação tecnológica e pós-guerra, no qual tudo estava por fazer. Em outros países de língua espanhola, como o México, a formação em arquitetura se estabeleceu a partir de 1929 com a Escola Nacional de Arquitetura; na Argentina, a Escola de Arquitetura da Universidade de Buenos Aires foi constituída em 1901, ao se separar da Faculdade de Ciências Exatas[6]. É importante

2. DE ONDE VEM A PRECARIEDADE EM QUE VIVEMOS

ter em conta o período histórico que marca o aparecimento das primeiras escolas especializadas de arquitetura em todo o mundo, uma tendência que continuou acelerando-se nas décadas posteriores.

Não há dúvidas sobre a qualidade das mentes pensantes que formaram parte do ensino de nossa disciplina e sobre os brilhantes paradigmas ao longo do século xx, mas é também um fato a excessiva academização universitária, com escolas em qualquer lugar. Daí resulta a produção de réplicas exatas de arquitetos alienados do mercado real, com ares de grandeza e um título debaixo do braço. Como menciona a jornalista Elisa Silió em seu artigo de 2015, "na Espanha se graduam dois mil arquitetos por ano (há sessenta mil estudantes). Uma década antes, havia quinze escolas de arquitetura, e 45 anos antes, apenas seis. Em Madri, a carreira se distribui em nove escolas, enquanto em Chicago, com o dobro da população, se distribui em apenas duas. Desde o começo da crise, foram abertos mais nove centros na Espanha, e mais dois estão pendentes de abertura"[7].

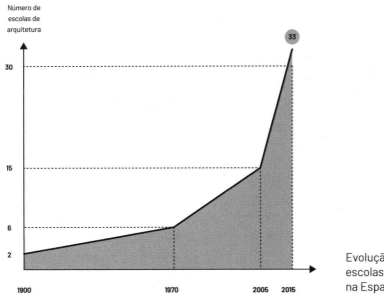

Evolução do número de escolas de arquitetura na Espanha desde 1900.

Embora se custe a acreditar, o problema não é que o sistema universitário, completamente alheio à realidade do mercado, tenha produzido

30 O ARQUITETO HOJE

mais arquitetos do que o necessário. O problema é que nas escolas de arquitetura se aprende a ser um arquiteto que não faz falta.

Quem não sonhou em fazer projetos do terceiro, quarto e quinto anos do curso? Um grande museu para a cidade, uma grande casa para um artista célebre, uma grande adega numa paisagem idílica, um passeio a beira-mar, um arranha-céu? Todos! O problema é que só pouquíssimos clientes têm a capacidade de realizar tais investimentos, enquanto, para o resto dos mortais, com um orçamento limitado, passamos despercebidos por grandiloquentes que somos. Entre a majestosa capela de Michelangelo e a casa sublime da cascata de Frank Wright, lutamos desesperadamente para que alguém normal nos encontre um dia e nos diga: "Arquiteto, estamos esperando pelo senhor".

3.
PARA QUE E PARA QUEM SOMOS ÚTEIS?

Muitos de nós fazemos essa pergunta pela primeira vez. Talvez seja a pergunta mais madura que um profissional possa fazer em sua carreira. Talvez seja a pergunta mais bela que um ser humano possa fazer em sua vida. Nossa razão de ser como arquitetos depende diretamente do que outras pessoas consigam graças a nós. De fato, se não somos úteis, não temos uma profissão, temos apenas um interesse ou inclinação. E muito cara. Exercer a profissão implica estabelecer uma relação com alguém, mais do que consigo mesmo.

Uma das populações com maior número de pessoas centenárias se encontra na ilha de Okinawa, no Japão. Alguns dizem que essa longevidade se deve a valores fundamentais que seus habitantes praticam ao longo da vida, e que se reúnem em um conceito popular, o *Ikigai*.

O *Ikigai*, ou motivação vital, significa, nas palavras do jornalista Francesc Miralles, "identificar aquilo em que você se dá bem, que lhe dá prazer realizá-lo e que, além disso, traz algo ao mundo. Quando você o realiza, tem mais autoestima, porque sente que sua presença no mundo está justificada"[8].

O ARQUITETO HOJE

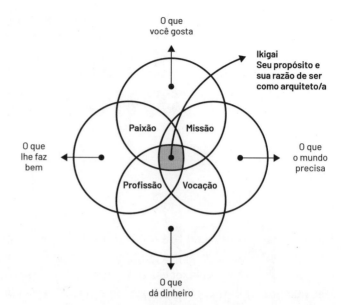

Interpretação do conceito de **Ikigai**, conforme o perfil do arquiteto.

Deslumbrados com as grandes personalidades da arquitetura, dedicamos nossa energia a cultivar as habilidades e paixões que irão configurar um portfólio igualmente admirável; habilidades e paixões que só têm a ver conosco. Nessa cultura endogâmica, falamos de outros arquitetos, participamos de conversas que falam de arquitetos, lemos revistas que falam de outros arquitetos, seguimos perfis para ver as publicações de outros arquitetos, outorgamos prêmios a outros arquitetos e até nossos cônjuges são arquitetos! Também lemos livros sobre arquitetos, como o que se tem em mãos (embora seja pouco ortodoxo para aquilo a que estamos acostumados).

É interessante observar que, embora nos matemos para conseguir clientes, passamos a maior parte do tempo rodeados de arquitetos (que dificilmente nos contratariam para fazer projetos), como se o resto dos exemplares da espécie humana não existisse. Em resumo, investimos a maior quantidade de energia só naquilo em que nos damos bem e gostamos, esquecendo-nos por completo daquela outra parte da equação profissional: as pessoas às quais vamos servir, que nos pagarão e não são arquitetos. Daí encontramos um vazio existencial, passional e econômico. Resulta que, como as excluímos da equação, não somos úteis para ninguém.

3. PARA QUE E PARA QUEM SOMOS ÚTEIS?

**A diferença que existe entre uma paixão
e uma profissão é a utilidade que outra pessoa
encontra naquilo que fazemos.**

O único requisito para recuperar nossa utilidade e encontrar a razão de nosso labor profissional, para além de um portfólio imaculado e alguns seguidores nas redes sociais, é atender ao desejo de outra pessoa. Simples assim. E, no entanto, é tão complicado para nós que devemos treinar a empatia.

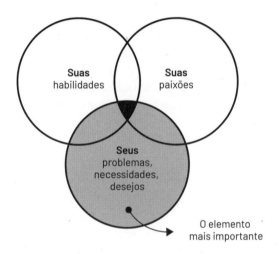

O simples não tem que ser fácil; apenas é conciso, direto, claro. Como um conselho que escutei de vários empreendedores estadunidenses: *my business advice: built stuff people want* (meu conselho de negócio: construa o que as pessoas querem).

A maioria dos arquitetos com quem começo a trabalhar (e eu mesma em meus inícios como independente) passa por um período de duelo em que temos de deixar morrer essa parte egocêntrica de nossa identidade, superar a obsessão pelo que fazem outros arquitetos, queimar nosso portfólio para sempre, deixar de lado nossas habilidades e paixões e assumir, muitos pela primeira vez, que não temos sequer ideia do que as pessoas querem. De verdade. Se soubéssemos, não estaríamos aqui falando. Esse processo de duelo, que para alguns de nós é, literalmente, como uma

34   O ARQUITETO HOJE

pequena morte vivida desarrazoadamente e com amargura, constitui um processo duro e muito vulnerável, no qual estivemos perdidos durante alguns anos com relação ao nosso propósito profissional e ainda um passo prévio para encontrar nossa utilidade como arquitetos. E para isso é fundamental compreender o seguinte: *oferecer algo que alguém queira não começa pelo oferecimento de algo; começa por encontrar primeiramente o que alguém queira.*

Eu o convido a ler novamente esta ideia-chave: oferecer algo que alguém queira não começa pelo oferecimento de algo; *começa por encontrar primeiramente o que alguém queira.*

Um dos empresários que mais admiro por seus valores humanos e éticos com relação ao mercado, Seth Godin, explica essa condição com uma metáfora muito significativa: se representássemos os desejos das pessoas como portas e nossos serviços de arquitetura como as chaves que tornam possível suas aberturas, seria muito mais fácil encontrar primeiramente uma porta, e depois desenhar a chave que lhe fosse específica, em lugar de desenhar a chave e sair em busca da fechadura que lhe corresponda[9]. Eleger primeiramente uma porta (algo que alguém queira ou necessite) nos permite estudar com paciência sua fechadura para desenhar a chave exata (nosso serviço de arquitetura como solução). Esse é exatamente o processo que seguimos com a metodologia de Líderes Para a Arquitetura, em que é apenas *questão de tempo* compreender a forma exata que nossa chave deve possuir para garantir a utilidade do que oferecemos. Se, ao contrário, desenhamos primeiramente uma chave (aquela que queremos) e passamos a experimentá-la em milhões de portas que existem, então será uma *questão de sorte* que haja uma coincidência. Pode ser que funcione, pode ser que não; e no caso remoto de que funcione, não seremos capazes de replicar o processo, por ter ele uma base fortuita, não metodológica.

Quer dizer, antes de nos lançarmos no mercado com uma brilhante proposta arquitetônica, que não sabemos se corresponderá ao desejo de alguém, será melhor se detectarmos primeiramente os desejos que as pessoas demonstram para depois concebermos as propostas que esperavam. Somente assim garantimos que nosso trabalho será útil, valioso e querido quando o mostrarmos. É assim que vendemos os projetos e garantimos uma carreira próspera. De outra forma, que as coisas ocorram bem é pura sorte, e da mesma maneira que chegam, podem ir embora.

3. PARA QUE E PARA QUEM SOMOS ÚTEIS?   **35**

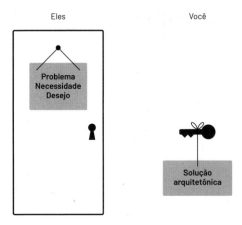

Essa simples e poderosa mudança de perspectiva é o que nós, arquitetos autônomos, chamamos *despertar*. Já não se trata de desenvolver a alucinante massa cinzenta que temos na cabeça, sem bordas e direção, e sim de descobrir para quem e para que pode servir nossa criatividade e dar-lhe o sentido que lhe faltava. Quando despertamos do sonho *arquitetoide*, e mudamos o sentido de nossa observação (de olhar o umbigo para observar o mundo exterior com uma atitude límpida), caminhamos pelas ruas e detectamos oportunidades em cada esquina. Literalmente. Em cada conversa que temos, em cada jornal que folheamos, ou em cada ocasião do dia, vemos cintilar oportunidades de ser útil a alguém, porque encontramos problemas, desejos e necessidades de pessoas ainda por resolver. Esse despertar significa que nossa percepção mudou e, como colocamos foco em encontrar primeiramente as portas, descobrimos portas em qualquer lugar.

Nas próximas páginas mostrarei a ingente quantidade de portas por abrir que as pessoas têm em diferentes áreas da sociedade; desejos cujas chaves são os espaços e as experiências que a arquitetura oferece. Claro que você fará arquitetura e o que gosta, mas, por ora, a única coisa de que preciso é que comece a interiorizar o seguinte paradoxo: se você quer fazer o que mais lhe apaixona, e o que de melhor você faz como arquiteto, esqueça o que lhe apaixona e o que de melhor você faz como arquiteto. Antes de tudo, aprenda a saber o que as outras pessoas querem.

4.
ARQUITETOS JOVENS
O JUGO DA INEXPERIÊNCIA

Para oferecer um bom serviço de arquitetura, é preciso apenas uma coisa: *vontade*. Nem um título universitário nem cem anos de experiência representam nossa capacidade de ajudar os outros e lidar com clientes no mundo real. A vontade não se compra com um curso nem se adquire por meio de um doutorado nem se deve esperar que chegue enquanto se trabalha para os outros. Tem-se dentro de si e deve-se aprender a extraí-la.

Há um jugo do qual nós, arquitetos, devemos nos livrar, e é o jugo da prática que não possuímos e nos impede de iniciar qualquer experiência. É o peixe que morde a própria cauda: não tenho clientes porque me falta experiência, e não tenho experiência o bastante para conseguir clientes. Se a isso adicionarmos o panorama trabalhista precário que encontramos ao iniciar nossa caminhada, já temos a razão principal pela qual esticamos a corda dos estudos: acumulando créditos, tratamos de obter uma confiança que não temos em nós mesmos, enquanto o tempo passa e dependemos economicamente de outra pessoa. E quero dizer-lhe uma coisa: se nós, seres humanos, só fizéssemos o que já fizemos anteriormente, não haveria evolução. O mundo é dos arquitetos valentes, aqueles que estão dispostos a explorar soluções para os desafios a serem ainda resolvidos.

Chega um dia em que já não queremos fazer outro curso de pós-graduação e nos decidimos pela aventura de trabalhar, e então aquela mensagem subliminar, e que havíamos escutado repetidamente durante a faculdade, reaparece na mente: "você terá que passar por muitos escritórios e se deixar explorar até os quarenta anos de idade, como desenhista de projetos, para ganhar a experiência que lhe falta". Que experiência se supõe desenvolver assim? Ser submisso e aceitar trabalhos lamentáveis apenas nos ensina a exercer a profissão de maneira idêntica.

O mundo não necessita de outro estudante com *titulite* nem outro arquiteto bolsista sofrendo de insônia; necessita de arquitetos que confiem em sua vontade para encontrar, com entusiasmo, as soluções que faltam aqui e agora. É a experiência de fazer algo que antes não havíamos feito que constrói nossa *expertise* e nos impulsiona como profissionais. É enfrentar as dúvidas e as inseguranças, pedindo a ajuda necessária no caminho, aquilo que solidifica nossa capacidade pessoal. Em outras palavras, a viagem real pela arquitetura começa pelo *não saber*. Encontramos mil desculpas para não dar o primeiro passo: sou muito jovem, ainda tenho muito o que apren-der, nunca tive essa experiência, certamente há quem faça melhor do que eu etc., mas se um dia você visse uma criança se afogando numa piscina, esqueceria suas desculpas sobre a falta de experiência como salva-vidas e iria salvá-la. Você é arquiteto para ajudar pessoas e há pessoas que necessitam de você. Quer, de verdade, que elas esperem, devido à sua insegurança?

Para fabricar essa vontade é preciso questionar os pensamentos que nos limitam e que nos aparecem, mentalmente, de forma automática, levando-nos à paralisia quando um novo desafio se apresenta. Devemos entender, de uma vez por todas, que um ser humano com 25 anos está perfeitamente capacitado para ser útil à sociedade e oferecer algo de valioso que responda às necessidades de outra pessoa. Para isso, o melhor combustível é o *entusiasmo*; sim, o primeiro encargo não será o mais rentável em termos econômicos, porque vai lhe confundir o juízo, haverá mais horas de trabalho, ele precisará pedir ajuda, inclusive reduzindo seu ganho, mas será a incumbência mais rentável para a sua *expertise*; e em lugar de pagar outra pós-graduação que simule uma experiência, é melhor ser um cliente que pague a você para *viver* a experiência. Assim como ser pai ou mãe pela primeira vez, só caminhando se faz o caminho.

Pois bem, além dessa acérrima vontade que você deve criar em si mesmo, recomendo que siga três sugestões que muito facilitarão o início da trajetória:

▪ Procure um Arquiteto-Mentor

Não se tem que fazer isso sozinho. Os arquitetos tendem à autossuficiência

38   O ARQUITETO HOJE

e à desconfiança, e assim nos empobrecemos. Em lugar de ser outro lobo solitário, procure alguém que lhe cause admiração, com quem possa compartilhar suas inquietações e que lhe possa brindar com suas experiências profissionais e de vida. Pode ou não formar parte de seu círculo de conhecidos, pode ser do mesmo lugar ou de outro, pode ser mais velho ou mais moço, mas o que tem de acontecer é que essa pessoa tenha algo que você também aspire. Para que tal relação funcione, ela deve se basear em acordo mútuo, ser respeitosa e transparente. A única obrigação desse mentor/a é escutá-lo quando você necessita e coparticipar de sua própria experiência; assim, recai sobre você a responsabilidade de pedir ajuda e formular boas perguntas para receber boas respostas ao fazer o trabalho. Um mentor/a não é alguém perfeito, que tudo sabe; por isso, sugiro criar uma rede de outros arquitetos e profissionais que possa chamar de vez em quando para consultas técnicas específicas. E aceite o fato de que essas pessoas cobram em troca do conhecimento. Veja isso como o mais valioso investimento: não apenas você deixou de empregar seu dinheiro para acumular títulos acadêmicos distantes da realidade, mas usa o dinheiro dos clientes para lhes oferecer um serviço melhor e aprender com a prática.

▪ Construa uma Narrativa

Você não pode sair por aí dizendo "tenho 25 anos e construí um muro", porque nem eu o contrataria. Uma *narrativa* é uma forma de contar uma histórica de forma verídica e piedosa, contar o necessário, para que dela resulte algo conveniente. Quando me lancei como arquiteta independente, tinha 25 anos e, em lugar de dizer aos meus potenciais clientes "estou começando, por favor, tenham pena de mim", a narrativa que utilizava foi "dediquei oito anos ao meu exercício e formação de arquiteta". Era verdade? Absolutamente. Mas a informação estava disposta de maneira conveniente. Os clientes recebem um dado concreto e se concentram nos passos seguintes para tornar possível o meu desejo. Dar uma resposta direta e contundente, o quanto antes, é essencial, pois assim o cliente satisfaz a sua curiosidade desde o princípio e não há mais delongas exageradas num tema que, evidentemente, podia chegar a nos prejudicar. A maioria dos clientes que duvidam por nossa

4. ARQUITETOS JOVENS 39

falta de experiência é porque damos demasiada importância à falta de experiência. E, na verdade, não se trata de ter ou não experiência; o que tem relevância, na verdade, é que você fará todo o possível para ajudá-los em seus propósitos. Isso é a única coisa que importa.

▪ Não Reduza Seus Honorários Por Causa de Sua Pouca Experiência

O sinal mais claro de que utilizamos uma má estratégia de venda é o fato de um cliente potencial insistir para que mostremos projetos anteriores; momento fatídico para qualquer jovem arquiteto. Quando isso ocorre, quer dizer que não nos posicionamos de maneira adequada, e perguntar por nossa experiência é só uma forma de acalmar suas dúvidas sobre nossa capacidade de ajudá-lo. Desenvolveremos os mecanismos da venda no capítulo 4, mas adianto que, em nenhum caso, recomendo que você reduza seus honorários, ou faça desconto por causa de sua pouca experiência, pois isso o delata, fazendo soar um sinal de alarme nos ouvidos do cliente, além de piorar sua capacidade de ajudá-lo. No capítulo 3, você aprenderá que seus honorários equivalem ao valor que seu cliente receberá de você, e é o filtro necessário para atuar com clientes de qualidade, que verdadeiramente confiam em sua capacidade, para não dizer que os clientes de qualidade são precisamente os que sabem que o barato não é bom. Em definitivo, você não tem que se depreciar hoje para obter honorários minimamente decentes amanhã; de fato, você concluirá acordos com melhores clientes se cobrar honorários minimamente decentes hoje para conseguir outros extraordinários amanhã.

Porém, certamente, se alguém duvidar de você porque você é jovem, não tome esse julgamento como algo pessoal. Ponha-se no lugar do cliente: você mal tem rugas e já está pedindo para se encarregar da gestão de seu dinheiro, de seu tempo e de seus desejos. Sei que você é plenamente capaz de fazê-lo, seguindo as sugestões anteriores, mas cabe-lhe primeiramente conquistar a *confiança* do cliente. Por isso o convido a ser paciente, a não voltar a se queixar por não possuir experiência, porque ninguém lhe oferece uma oportunidade, e pôr-se ao trabalho de construir a sua própria vontade. Se você seguir essas pautas, lhe asseguro que sua oportunidade chegará.

40 O ARQUITETO HOJE

Sabe qual o cliente mais importante? O primeiro. Pois é a única barreira que você tem de romper para abandonar o jugo da inexperiência. Você recordará com muito carinho do seu primeiro cliente, porque foi a pessoa que, sem o saber, tornou possível o resto de sua trajetória profissional. No meu caso, ele se chama Christopher e, sem que saiba, sou sempre agradecida a ele.

5.
ARQUITETOS VETERANOS
ARQUITETURA PARA SOBREVIVER OU PARA VIVER

Não há cárcere pior do que aquele que alguém constrói para si mesmo. Com o passar dos anos, e de forma sibilina, a arquitetura e o trabalho vão ocupando cada minuto de nossas vidas. Aceitamos os primeiros encargos de conhecidos e nos condenamos a caminhar com nosso estúdio ou escritório. Depois chegam outros conhecidos, novos clientes e suas referências, alguns favores, algumas consultas gratuitas, alguns concursos que dão em nada, promessas que não se concretizam, demasiados deveres, ofertas que geram esperanças e assim, a cada ano, vamos sobrepondo capas de responsabilidades com vista a um futuro que não chega nunca. Nossa rentabilidade é cada vez menor, os picos de trabalho e as grandes esperas nos desgastam, e percebemos, enfim, que há anos não gozamos de umas boas férias.

Muitos arquitetos sentem que se deixarem por um minuto de tirar água do barco ele afundará. Não sabendo se podem assegurar clientes para o mês que vem, se esfalfam atrás de cada possibilidade, transtornando eles mesmos o fluxo de trabalho e somando caos e surpresas à rotina de cada semana: mal-entendidos que geram mal-estar, atrasos que são encobertos com novos trabalhos, decisões que anulam decisões, "eu pensei que você achava…". Criamos uma jaula de ouro que chamamos de estúdio ou escritório de arquitetura.

Em questão de cinco ou dez anos, a montanha de problemas é de tal monta que só nos resta seguir adiante. Dizemos: "É só um mês complicado"; "Quando terminarmos esse projeto, as coisas voltarão ao normal"; "Se não fosse por esse cliente"; "Vou me dar só mais um ano."

Quanto mais nos entregamos ao trabalho, mais ele nos pede. Os filhos, os esportes, os amigos, as coisas de que gostamos, o tempo livre e o fim de semana passam a segundo plano, e muitos de nós, inclusive, acabam adoecendo. Isso não é drama, é a realidade de muitos arquitetos que, rondando os quarenta, os cinquenta ou os sessenta anos, experimentam as consequências dessa roda-viva. Chega-se ao ponto de alguém perguntar: "como cheguei até aqui?" Como autônomos, a resposta sempre começa por nós.

Nós, arquitetos, compartilhamos um traço de personalidade intimamente relacionado à forma com que projetamos a arquitetura. Quando nos sentamos para desenvolver uma planta, o cérebro trabalha em múltiplas escalas ao mesmo tempo: começamos desenhando uma distribuição espacial 1:100 e então ficamos olhando uma extremidade que nos chama a atenção, imaginando a luz e os materiais, recriando a carpintaria que completará o acabamento, seu encontro com a construção que irá desviar em certo ângulo até finalizar o... e, de repente, nos vemos desenhando um detalhe dessa junção a 1:10, detalhando até o tipo de parafuso que teremos que utilizar. Essa estrutura de pensamento tão bela, que compartilhamos aqui, encontra-se perfeitamente representada nos planos do arquiteto italiano Carlo Scarpa.

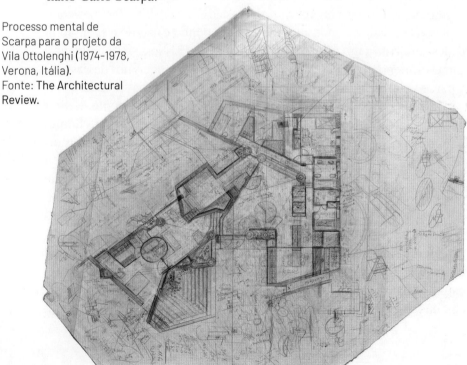

Processo mental de Scarpa para o projeto da Vila Ottolenghi (1974-1978, Verona, Itália).
Fonte: The Architectural Review.

5. ARQUITETOS VETERANOS   **43**

Todavia, essa extraordinária capacidade que possuímos de imaginar absolutamente tudo o que projetamos em diferentes escalas funciona contra nós na hora de dirigir a nossa carreira profissional como aquilo que é: um negócio que tem de funcionar para nos fazer felizes. Devido a essa característica de personalidade, somos extremamente *eficientes* e extremamente pouco *efetivos*. Somos eficientes porque tratamos cada miserável tarefa com o mesmo nível de importância, e somos muito bons ocupando-nos de executar absolutamente tudo, acrescentando novas cascas de tarefas a uma cebola cada vez mais complexa. Com essa estrutura de pensamento, como se desenvolvêssemos um plano arquitetônico, desenhamos nosso dia a dia profissional. No entanto, ao darmos a mesma importância a todas as coisas, estamos prejudicando o verdadeiramente importante, que acaba sendo engolido pelo urgente, que quase nunca é importante.

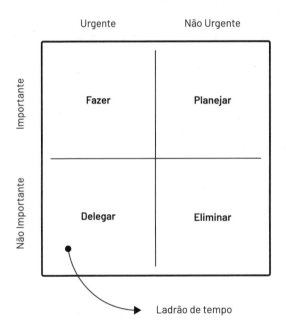

Há duas técnicas muito simples que nos permitem ver de frente quão pouco efetiva é nossa maneira de trabalhar: em média, nós, arquitetos autônomos, trabalhamos cinquenta horas por semana... sem contar finais de semanas e entregas de projetos. E apesar do enorme volume de horas

O ARQUITETO HOJE

e da pressão gigantesca com que trabalhamos, a retribuição obtida é descaradamente insuficiente[10].

Alguns dados: na Espanha, os arquitetos recebem, em média, 20.720 euros brutos anuais[11] (cerca de 1.200 euros líquidos por mês, abaixo do mínimo estabelecido em convênio); 86,7% dos que responderam à pesquisa consideram que a situação piorou, e apenas 5,2% acreditam que seu trabalho está "bem remunerado". Também no resto da Europa não é de se comemorar: a média se situa em 33 mil euros brutos anuais (com o que é impossível poupar um cêntimo); em países latino-americanos, como o México, o salário médio é de 11 mil pesos brutos mensais[12] (que apenas paga um aluguel), e no Chile ronda em torno de um milhão de pesos brutos anuais[13] (com o que, depois de pagar o aluguel, resta apenas a metade para viver medianamente e se esquecer de economizar); nos Estados Unidos, o salário médio é de 76 mil dólares brutos anuais[14] (cerca de 3.700 dólares líquidos ao mês, estando o custo de vida médio situado entre 1.800 e 3.500 dólares ao mês), enquanto o salário médio de uma economia tão próspera e de ponta, como a de Cingapura, ronda em torno dos 96 mil dólares brutos anuais[15] (nada que justifique soltar foguetes, pois se trata da segunda cidade mais cara do mundo para se viver, juntamente com Paris)[16].

É evidente que, seja lá o que façamos com nosso tempo, ele não se traduz na carreira que esperávamos. Somos muito eficientes porque trabalhamos cada minuto ao máximo, mas não somos efetivos porque aquilo que ocupa nosso tempo não gera os resultados que buscamos. Confundimos prioridades e investimos enormes quantidades de tempo e energia em áreas que não nos ajudam a estabilizar e fazer crescer nosso escritório. Ao fim e ao cabo, o que é mais importante para o escritório? Ter clientes. E sem clientes, nem sequer sobrevivemos. Daí que as prioridades de qualquer arquiteto hão de ser:

1 – conseguir clientes de qualidade

para…

2 – desenvolver um trabalho excepcional

e…

3 – receber em troca uma remuneração excepcional

para ter tempo e…

4 – redefinir processos e melhorar nossa rentabilidade

e…

5 – conseguir clientes de qualidade

para…

5. ARQUITETOS VETERANOS

45

Na gênese desse assunto, há duas razões principais pelas quais temos uma forte tendência a preencher nossa agenda com coisas e pessoas inúteis, que não servem para nada:

- **Primeira Razão:**
As resistências que as tarefas verdadeiramente importantes nos causam

Normalmente, o importante é incômodo porque nos faz defrontar com os assuntos nucleares; daí costuma ser a última coisa em nossa lista de prioridades. As resistências que temos em nos ocupar do verdadeiramente importante nos levam a procrastiná-lo ou adiá-lo, enquanto nos mantemos distraídos com o urgente. Um exemplo bastante comum é que nos ocupamos quatro horas por dia a responder chamadas, mensagens e e-mails insignificantes só para ter a prateleira de entrada limpa como o chão da Capela Sistina, quando podíamos usar trinta minutos para responder ao que é verdadeiramente importante e as demais três horas e meia para executar tarefas que irão gerar os resultados que procuramos: novos clientes, clientes felizes e rentabilidade. "Ops, Caterina, mas pensar nisso é complicado. Não tenho ideia de como conseguir novos clientes, não gosto de pensar que deveria ser mais empático com os clientes que já tenho, e tampouco me agrada passar pelo mal momento de pôr limites para deixar de perder dinheiro." Exatamente. Essa pontada no estômago é o incômodo que revela a importância. Não a evite, não resista. Deixe que ela se manifeste e afaste as distrações.

- **Segunda Razão:**
O sentimento de dívida moral, de culpabilidade ou de falta de valor de nosso serviço profissional nos leva a fazer coisas que não devemos fazer com nossos clientes e fornecedores

Por que nos custa pôr limites e dizer "não"? O que pensamos que vai acontecer se fizermos isso? E por que pensamos essas coisas tão horríveis? Nós, que trabalhamos por conta própria, experimentamos em maior ou menor grau um nível de insegurança em relação ao que oferecemos em troca de dinheiro. Esse fenômeno se deve a razões variadas, culturais e particulares: pode ser que quando recebemos dinheiro nos sintamos em

46 O ARQUITETO HOJE

dívida com a pessoa e permitimos coisas que, de outra forma, não permitiríamos; ou nos julgamos impostores que não mereceríamos esses honorários; ou temos a necessidade de oferecer mais do que prometemos para sanar um serviço que, na realidade, nos parece insuficiente. Seja como for, não nos sentimos legitimados para estabelecer limites, e acabamos por encher nossa agenda com tarefas gratuitas.

Um exemplo muito habitual é assumir mudanças extras solicitadas pelo cliente fora do prazo, quando sabemos que a tarefa verdadeiramente efetiva é responder à sua mensagem estabelecendo com delicadeza um bom limite, e incluir uma cláusula em contratos futuros. Um pensa que "o mundo vai acabar", outro que "vão descobrir o impostor que sou", um terceiro que "o cliente vai decidir ir embora", mas a realidade é que daí só advêm coisas boas. Inclusive se o cliente resolver abandoná-lo, é melhor não ter clientes, e sim tempo para buscar outros melhores, em vez de trabalhar gratuitamente.

Ainda que não estejamos conscientes, cada um de nós desenha seu formato de trabalho e decide livremente que tarefas executar e dar prioridade. Pouco a pouco percebemos que é impossível gerir o tempo (são 24 horas, não mais), pois a única coisa a ser realmente administrada é a ordem em que dispomos nossas prioridades.

Em 1896, Vilfredo Pareto enunciou uma teoria, com base empírica, que descreve a relação causa-efeito[17], segundo a qual 20% das causas geram 80% dos efeitos. É uma regra também chamada "os poucos vitais, os muitos triviais", e se comparássemos a relação tarefas-remuneração nos seria muito produtivo detectar e potencializar os 20% das tarefas que produzem os 80% de nossa remuneração[18]. Tal proporção nos ajuda a discernir com maior clareza o que é verdadeiramente efetivo e ainda se poderia aplicar a outros aspectos de nosso negócio, como aos 20% dos clientes que supõem os 80% de nosso faturamento, aos 20% das reuniões de equipe que desbloqueiam os 80% dos obstáculos etc.

Atenção! Nesse esquema de prioridades existe um vertedouro do tempo no qual a maioria de nós tira uma média de três hora por dia; é o vertedouro das comunicações, o interruptor por excelência de nosso fio mental. As chamadas, as mensagens, os e-mails, as redes sociais, as reuniões, os alertas e as notificações escolhem quando querem ser atendidas,

5. ARQUITETOS VETERANOS

e não ao contrário. Depois, recuperar nossa concentração leva cerca de 23 minutos[19]. E assim a vida passa. As atribuições efetivas deixam de ser feitas, o vertedouro se enche de horas e começamos a sentir que somos improdutivos e que o escritório vai aos tropeções.

O exercício da arquitetura é complexo e não podemos desperdiçar assim nosso tempo. Observei que uma ínfima porção de arquitetos trabalha com agenda e é capaz de cumpri-la ordenadamente e com rigor. Alguns outros trabalham sem agenda e preenchem o dia com o que suceder. E a enorme maioria possui uma agenda com potencial e bons propósitos para começar o dia, mas a deixam ser preenchida com tarefas indevidas, não efetivas, e comunicações por toda parte. Estamos no tempo de sair dessa roda de hamster chamada "estúdio ou escritório de arquitetura", aceitando a responsabilidade plena da máquina que criamos e da situação em que nos encontramos. Só nós nos traímos até aqui, e só nós podemos mudar isso, por meio de três sugestões que desenvolveremos adiante:

▪ Aprenda a conseguir clientes de forma matemática a cada mês

Não há outro modo de sair da simples sobrevivência sem ter a ferramenta que garanta os clientes de que se necessita. O mais provável é que 50% dos problemas se resolvam *ipso facto*, caso se saiba gerar uma fila de clientes na porta do escritório, desejosa de lhe contratar, pois 50% dos seus problemas têm a ver com clientes de má qualidade e sua dependência deles. São eles que o escolhem entre tantos arquitetos, e não o contrário. Por isso o convido a fazer um estudo completo deste manual (*estudo*, não uma leitura), como sua prioridade número um e atribuir-lhe ao menos uma hora por dia. Nenhum cliente, nenhuma chamada, nenhum e-mail é mais importante para aprender a gerar um fluxo constante de clientes para o seu *estúdio* de arquitetura. Sua máxima prioridade é aprender a conseguir clientes e deixar de depender do boca a boca, de conhecidos e de bruxaria.

▪ Faça um inventário exaustivo do seu tempo

Antes de mudar, devemos primeiro observar. Para isso, faça uma compilação exaustiva das tarefas que você realiza ao longo de uma semana

48   O ARQUITETO HOJE

de trabalho normal, durante os cinco dias, de segunda a sexta-feira, anotando a cada trinta minutos as tarefas executadas nesse tempo (programe um alarme e utilize a planilha que haverá na continuação). Esse é um exercício de observação e análise do estado atual e, portanto, não faça qualquer mudança nesse tempo. Medir esses cinco dias permitirá ter consciência de uma enorme quantidade de minúcias que semeiam o caos e consomem tempo para detectar aqueles preciosos 20% de tarefas que são importantes e que criarão um impacto considerável em sua prática profissional. Antecipo que a conclusão mostrará que você vai ganhar o mesmo ao trabalhar a metade das horas, que seria mais feliz com metade dos clientes que possui e que, ademais, haveria mais espaço para clientes de melhor qualidade, ou mais tempo para suas coisas pessoais.

Dia: Segunda / Hora Início: 8:30	Realizado	Dia: / Hora Início:	Realizado
30' Exemplo / revisar apresentação e enviar	X	30'	
30' Encerrar distribuição e reunião com clientes A	X	30'	
30' Olhar Instagram		30'	
30' Atender chamada mestre de obras	X	30'	
30' Atender chamada mestre de obras	X	30'	
30' Atender chamada mestre de obras		30'	
30' Atender chamada cliente A	X	30'	
30' Atender chamada cliente B		30'	
30' Atender chamada cliente C		30'	
30' Atender chamada cliente D		30'	
30' Comer	X	30'	
30' Olhar Instagram		30'	
30' Buscar referências cliente A	X	30'	
30' Buscar referências cliente B	X	30'	
30' Preparar moodboard cliente B	X	30'	
30' Responder e-mails		30'	
30' Olhar Instagram	X	30'	
30' Responder e-mails		30'	
Total Horas: 9h / **Total Horas Realizadas:** 5h		**Total Horas:** / **Total Horas Realizadas:**	

Planilha para inventariar tarefas e detectar os 20% daquelas que produzem 80% dos resultados. A relação Total de Horas/ Total de Horas Efetivas nos permite ver a realidade de nossa rotina profissional.

▪ Pense em sistemas, não em tarefas

Habitualmente, nós, arquitetos, pensamos como se estivéssemos a dois centímetros do papel ou da tela do computador. Nós nos perdemos nos detalhes e nas coisas que lhes

5. ARQUITETOS VETERANOS

sucedem: recebo um e-mail, eu o respondo; o cliente quer uma mudança, eu a faço; o mestre de obras pede que eu vá, eu vou… Mas esquecemos de desenhar o sistema para solucionar a tarefa a longo prazo, além de executá-la a curto prazo, a fim de solucioná-la. Saímos em disparada para apagar os incêndios que ocorrem no dia, em lugar de observá-los com boa disposição e trabalhar sobre a origem que os produz. Comece a pensar em sistemas, usando a sua agenda de trabalho e blocos temáticos de tempo. Todo negócio de arquitetura se estrutura em, pelo menos, três blocos:

> **CAPTAÇÃO**. Tudo que se relaciona com a geração de clientes potenciais (criação de conteúdo, interação com sua audiência, conversas com interessados, reuniões de venda, acompanhamentos, confirmação de primeiro pagamento etc.).
>
> **PRODUÇÃO**. Tudo o que se relaciona com a atenção a clientes existentes (estudos preliminares, desenvolvimento de projetos, visitas a obras, chamadas e reuniões com clientes e fornecedores, dar visto e atuar na administração etc.).
>
> **ADMINISTRAÇÃO**. Tudo o que se relaciona com o funcionamento do negócio (faturamento, contabilidade, compra de material, definição de papéis, confirmação de equipe etc.).

Para implementar esses blocos na agenda diária, primeiramente defina quantas horas irá trabalhar por dia (se for sete horas no máximo, melhor; segundo a lei de Parkinson, "o trabalho se expande até o tempo disponível para que se termine") e estabeleça porcentagens para cada bloco, em função do modelo de negócio. Em geral, como veremos mais adiante no capítulo 3, podemos definir três modelos de negócios dentro da arquitetura convencional:

> **MODELO ELEFANTE**. Serviços de arquitetura de grande escala, com um fluxo mínimo de dois clientes por trimestre ou semestre (por exemplo, promoções imobiliárias). Se esse é o seu modelo, pode-se distribuir os blocos de tempo conforme a seguinte referência:
>
> 20% de captação
> 60% de produção
> 20% de administração

MODELO ENTRELAÇADO. Serviços de arquitetura de escala mediana com um fluxo mínimo de dois clientes por mês (por exemplo, reformas ou renovações de interior). A referência para distribuir os blocos de tempo é a de:

40% de captação
40% de produção
20% de administração

MODELO VOLUME. Serviços de arquitetura de pequena escala com um fluxo mínimo de dois clientes por semana (por exemplo, assessorias eventuais). Nesse caso, pode-se distribuir os blocos da seguinte maneira:

60% de captação
20% de produção
20% de administração

Uma vez definidos os percentuais dos blocos de tempo, distribua-os em sua agenda e coloque os 20% das tarefas que você detectou no inventário e que geram os 80% de impacto em sua rentabilidade e bem-estar profissional. O resto, elimine ou delegue. Lembre-se de que se trata de fazer arquitetura para viver, não para sobreviver, e que o conteúdo do seu tempo define diretamente os efeitos que você é capaz de obter na carreira. Na medida em que se estude este manual, você poderá aprofundar e desenvolver questões para aplicá-las em seu caso. Enquanto isso, sugiro-lhe encarecidamente que ponha em funcionamento as sugestões que você acaba de ler para mudar a tonalidade de sua rotina e iniciar o caminho de volta para desfrutar de sua profissão.

Distribuição Horas (35 horas semanais)
Lei de Parkinson: "o trabalho se expande até preencher o tempo de que se dispõe para a sua realização"

Opção 1: Período tarde
(exemplo / das 12:00h às 19:00h)

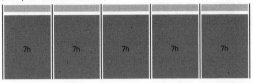

Opção 2: Período dividido
(exemplo / das 10h às 14h e das 16h às 19h)

Opção 3: Período manhã
(exemplo / das 9h às 16h)

Segunda Terça Quarta Quinta Sexta

Distribuição Blocos (3 blocos)
Nenhum bloco temático pode ter menos de 2 horas.
Sugere-se um descanso de 10 min por cada hora de trabalho.

Opção 1: Modelo Elefante (>2 clientes/trimestre)
20% captação / 70% produção / 10% administração

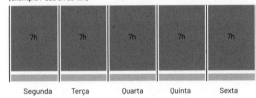

Opção 2: Modelo Entrelaçado (>2 clientes/mês)
40% captação / 50% produção / 10% administração

Opção 3: JModelo Volume (>2 clientes/semana)
60% captação, 20% produção / 20% administração

Segunda Terça Quarta Quinta Sexta

Comunicações / Reuniões / Visitas

Distribuições possíveis de agenda segundo o modelo de negócio do escritório de arquitetura, em blocos de tempo temáticos não inferiores a duas horas.

6.
CONSTRUIR OU NÃO CONSTRUIR

Conservo a lembrança viva da primeira vez que materializei uma ideia. No processo de busca do maldito sentido na carreira, tentando ser contratada pelos meus escritórios de arquitetura favoritos, ainda que fosse como estagiária do estagiário, decidi apresentar-me, juntamente com minha companheira, num concurso de instalações transitórias para a celebração de um festival em Tortosa, uma bonita cidadezinha da Catalunha. Ganhamos o concurso (o primeiro e último em minha crônica pessoal) pela proposta para o pátio renascentista do Colégio Sant Jaume y Sant Maties, sede do arquivo histórico da comarca[20]. O prêmio consistia no financiamento integral da instalação para a fachada do festival, e para lá fomos construir com nossas mãos o que havíamos projetado em papel.

Você se recorda da primeira vez que uma de suas ideias se fez realidade? Transbordando de satisfação, chegamos ao emblemático edifício e começamos a armar a trama de tecidos que envolveria todo o pátio, colorindo inteiramente o ambiente. Ao finalizar a montagem, fiquei observando a instalação e o pátio do edifício completamente transformado pelo sistema de telas de cor rosa flamingo. Sentia-me impressionada pelo efeito daquela realidade sobre mim. Muitas vezes havia imaginado aquele espaço assim, e o estava experimentando: a cor do tecido filtrava a luz por onde quer que ela entrasse, banhando o ar com sua cor; as distâncias pareciam ter encolhido e até o som retinia de modo diferente. Sem dúvida, era outro pátio. Por uma instalação quase imaterial, que duraria apenas três dias, o havíamos transformado.

Proposta concebida para o pátio do Colégio de Sant Jaume y Sant Maties, "De la Luz del Patio".
Fonte: Festival A Cel Obert.

Hoje, após tantos anos, me pergunto: isso foi *construir*?

Até a chegada da Revolução Industrial no século XVIII, o ritmo de construção edificatória era moderado. A partir daquele momento, com o desenvolvimento das infraestruturas de produção, comunicação e abastecimento, teve lugar um repentino crescimento de núcleos populacionais. Como um ímã, as cidades incipientes foram atraindo mais e mais pessoas das zonas rurais em busca de oportunidades e de um futuro melhor, oferecendo melhores condições higiênicas e alimentícias, e dando lugar a uma explosão demográfica extraordinária. Como consequência, a demanda por casas e seus equipamentos aumentou exponencialmente.

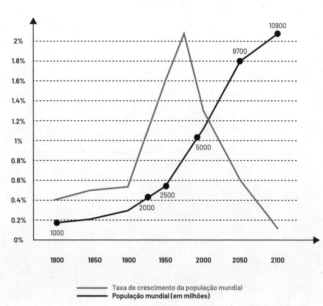

Crescimento da população mundial (1750-2100).
Fonte: OurWorldinData, 2015).

Essa corrida edificatória acelerou seu ritmo graças ao nascimento de importantes tecnologias construtivas que ocorreram por essa mesma época: o cimento armado, máquinas e motores que otimizaram a produção do aço, a evolução técnica de materiais e sistemas estruturais, difundidos em exposições universais, com exemplos tão icônicos quanto o Crystal Palace, construído em apenas seis meses, em 1851, ou a Torre Eiffel, apresentada em 1889, tanto quanto o elevador com freios de emergência, de Elisa Otis (1857), que possibilitou a construção de edifícios com mais de cinco andares. Esses e outros acontecimentos propulsaram a indústria da edificação no século XIX e, indubitavelmente, chegaram até a nossa forma atual de construção.

E, no caso de não ser suficiente, acrescentemos o convulso mapa geopolítico do alvorecer do século XX, marcado por duas guerras mundiais, que arrasaram cidades e destruíram uma enorme quantidade de patrimônios em toda a Europa[21] e no continente asiático, assim como pelo colapso das colônias europeias na América do Sul, na África e na Índia, e o surgimento da América do Norte como nova potência mundial.

6. CONSTRUIR OU NÃO CONSTRUIR

Vista da cidade de Colônia em 1945. Departamento de Defesa dos USA, domínio público.

Havia muito por fazer. Muito. Foi assim que surgiram os sistemas estandardizados de concreto armado idealizados por Le Corbusier e pelo engenheiro Max Dubois, em 1914, com o Sistema Dominó, que liberava as paredes das cargas e permitia utilizar fechamentos leves, e argamassas feitas com escombros de casas destruídas pelos bombardeios da Primeira Guerra Mundial. E também as sequências ágeis de reconstrução propostas por Alvar Aalto, em junho de 1940. "A habitação em crescimento deve substituir a 'máquina de viver'. Este é o enfoque humano para o construtor de hoje."[22]

É muito interessante observar que nesse contexto turbulento de destruição e de construção frenética nasceram a carreira de arquitetura dentro do mundo universitário, como ensino especializado, e os programas de estudo pelos quais, depois, todos passaríamos. E é precisamente por isso que, quando saímos às ruas, temos a necessidade

56 O ARQUITETO HOJE

imperiosa e quase primitiva de *construir* para nos sentirmos realizados como arquitetos. Para as gerações que nos precederam, essa foi a pedra angular de seu trabalho.

Mas se alguém vive num contexto urbano qualquer e observa o seu entorno, nota que sobra espaço apenas para uma construção a mais. A cada dez anos aparece um plano que se encarrega de expandir os limites da cidade, e só então encontramos essas esplanadas vazias que eram as paisagens de nossos predecessores e são um luxo para nós. Hoje, a experiência que a maioria de nós possui de nossa vizinhança está marcada pela densidade e as sombras dos edifícios.

Olá, século XXI...

Século em que a população da Europa e da América envelhece e morre mais rapidamente do que nasce[23]; século em que o número de moradias vazias roça os 14% do parque construído na Espanha[24], com efeitos conhecidos como "a Espanha esvaziada", ou "la diagonale du vide" francesa, em suas zonas rurais, enquanto nos Estados Unidos se vive uma crise exagerada de estoque[25], exemplo do que ocorre em geral nas zonas com processo de gentrificação[26]; século em que a edificação pressupõe 38% das emissões de CO_2 em nível mundial[27] e 90% das cidades se verão afetadas pela subida do nível dos mares[28]. A pergunta não é se alguém necessita *pura e simplesmente* construir para ser arquiteto; a pergunta é se é isso mesmo o que o mundo necessita agora de nós. Em lugar de nos obcecarmos com a construção de uma nova filarmônica, podemos escutar as estrondosas necessidades que se apresentam aqui e agora.

A maioria dos edifícios nos quais moramos alcançaram ou estão prestes a alcançar a vida útil nominal do cimento, fixado por lei em cem anos (um valor ridículo e exasperante, comparado às expectativas construtivas de predecessores romanos, egípcios ou astecas). Quer dizer, nossos edifícios racham, têm infiltrações e se desmoronam. Envelhecem. E não me refiro somente a questões estruturais ou de acabamento. Quem gosta de viver com a cozinha e a sala de estar em lados opostos da casa? Quem quer percorrer vinte metros de um corredor estreito para chegar a um quarto pequeno e frio? Alguém se sente confortável dividindo seu lar em micro compartimentos separados por portas e divisórias? Algum sinal de entusiasmo pelos clássicos escritórios de trabalho? E as salas de atendimento médico nas quais só um pode chorar? O que dizer das velhas salas

6. CONSTRUIR OU NÃO CONSTRUIR

de aula já obsoletas? A configuração espacial e as tipologias de nossas construções também envelhecem.

O século xx foi o da conquista (o da habitação), em que os arquitetos eram necessários para estender nosso hábitat, construindo edifícios de plantas novas. O século xxi é, sem dúvida, o da *reabilitação ou da reabitação*, no qual somos necessários para revisar o hábitat, e como aconteceu comigo com o pátio renascentista de Sant Jaume e Sant Maties, por vezes a revisão de um espaço ou edifício não exige mesclar água e cimento, ou, dito de outra maneira, não implica construir como tradicionalmente o entendemos. De fato, muitas vezes se trata de jogar coisas abaixo e não de levantar coisas acima.

Um arquiteto deve sentir-se menos realizado por não erguer novas construções? É mais arquiteto quem projeta um prédio de quarenta andares do que aquele que projeta a distribuição interior de seus apartamentos? É melhor arquiteto quem projeta um espaço continente do que aquele que projeta o seu conteúdo? E o que acontece com aqueles arquitetos que ajudam a desenvolver *software* para a construção de programas que todos nós usamos? E os que criam espaços para videogames e realidade virtual? São eles menos arquitetos? Eles não constroem como o faziam nossos antepassados, mas sem dúvida empurram e redefinem os limites da arquitetura.

O certo é que se existe alguma coisa que os arquitetos de formação não fazem em vida é construir, coisa esta da qual naturalmente se encarrega o construtor. Nós projetamos e, em última instância, somos criadores de experiências. Resulta que as experiências se sucedem no espaço e no tempo, e esses são os nossos materiais de projeção: espaço e tempo. A partir daí, nossa imaginação cria novas realidades que podem ser feitas de cimento, mas também de ar, de fótons e mesmo de pixels.

Há que se compreender o momento histórico que se vive para se definir o perfil profissional. Como já vimos, ter a expectativa de que se vai construir todo ano é irrealista. Realista é supor que somos muito necessários nos campos principais de ação de nosso século, enquadrados principalmente na globalização, na digitalização, na reforma e, em definitivo, na forma de reabitar o mundo, impulsionada por fatores sociais e ambientais:

O mercado é uma massa em movimento que reflete as necessidades sociais em cada momento histórico. De tempos em tempos, o conjunto dessas necessidades muda (ponto de inflexão) e surgem novas tendências que nos permitem inovar nas soluções. Cada necessidade reflete seu momento histórico, e cada uma de nossas soluções reflete aquela necessidade.

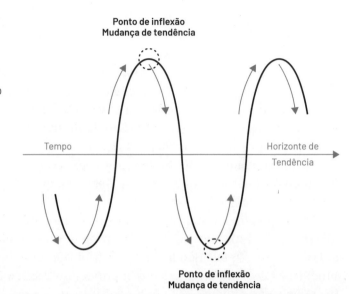

Da mesma maneira que o tecido edificatório que erguemos no século XX envelhece e pede para ser revisto, muitas das partes desse mundo físico que conhecemos começaram um processo vertiginoso de digitalização, vertendo suas estruturas e informações sobre um mundo que está, na prática, sendo construído: o mundo digital globalizado. Gostemos ou não, esse é o lugar onde passaremos cada vez mais tempo. As experiências que vivemos digitalmente estarão cada vez mais entrelaçadas com nossas experiências físicas e nós, arquitetos, não podemos permanecer de fora. Um bom número de setores primários estão se convertendo aos benefícios digitais, como a moradia, a educação ou a saúde, modificando suas estruturas para adaptar-se a essa nova condição analógico-digital.

Um grande amigo neuropsicólogo, professor de uma das mais importantes universidades do México, comentou comigo que haviam criado um comitê para desenvolver um protótipo de "universidade digital". O comitê estava formado por psicólogos, sociólogos, antropólogos, economistas, advogados e, claro, profissionais da educação. Ninguém tinha pensado em incorporar um arquiteto. Quando falei com outro amigo, desenhista industrial, encarregado da área de desenvolvimento de negócios de uma empresa de inovação, ele me disse que haviam formado um comitê para a criação de um protótipo de "sociedade digital". Tampouco aí fomos convidados para a festa.

6. CONSTRUIR OU NÃO CONSTRUIR

Como alguém que está concebendo a universidade digital do futuro não pensa em contar com a visão de um arquiteto? É normal ninguém pensar em nós, pois também não o fazemos. Estamos muito apegados ao esquema "água, tijolo e cimento" do século XX e não nos assenhoramos da porção que nos cabe no mundo digital emergente, repleto de oportunidades para nossa contribuição (falaremos delas no capítulo 2). De fato, dada a falta de opções como arquiteta, eu mesma trabalhei, durante os primeiros anos, desenvolvendo plataformas digitais como *arquiteta da informação*. Não havia pilares de cimento nos meus esquemas, mas asseguro que milhares de pessoas passaram horas de suas vidas intercambiando, tendo experiências e construindo recordações.

O mundo digital emergente tem vida em si mesmo e se entrelaça com força com o mundo físico que conhecemos. O tempo que alguém passa navegando na internet ou utilizando programas informáticos é um tempo que, certamente, ocorre em um contexto espacial. Fazemos clique num botão para aceder a uma nova página da mesma maneira que giramos a maçaneta de uma porta para ter acesso a uma nova moradia. A hierarquia com a qual se organizam os edifícios, e a sequência de espaços que experimentamos (atravessamos a porta principal, acedemos ao vestíbulo, passamos pelas zonas comuns, percorremos um corredor, subimos por um elevador, ingressamos em um aposento que tem outro em seu interior etc.) é a mesma como se organiza nossa experiência no mundo digital (inserimos uma palavra no buscador, clicamos no *link*, temos acesso à página principal, deslizamos para baixo, apertamos uma tecla, caímos em outra página, abrimos um menu que tem outro botão em seu interior etc.).

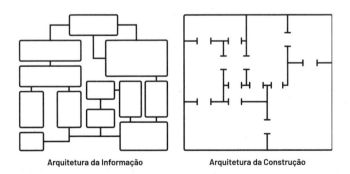

Arquitetura da Informação   Arquitetura da Construção

60 O ARQUITETO HOJE

Existe uma enorme semelhança entre as estruturas digitais e as estruturas físicas que construímos. Quando assistimos a um evento digital contendo diferentes salas, conversas e espaços virtuais, para conviver e conhecer outras pessoas, falamos de arquitetura. Quando assistimos aulas à distância e fazemos anotações, perguntas e interagimos com companheiros, falamos de arquitetura. Quando compramos produtos em lojas virtuais e visualizamos esses objetos imersos num ambiente, vemos essas coisas de perspectivas diferentes e, se nos convencem até o ponto de colocarmos esses produtos num carrinho de compra virtual, também aí estamos falando de arquitetura. Não há divisórias de gesso, mas uma experiência humana sucede em um tempo e lugar. E isso é arquitetura. E quando todos esses acontecimentos se entrelaçam com o mundo físico, também falamos de arquitetura: um aplicativo que potencializa as interações nesse evento digital a que assistimos e que nos permite conhecer mais pessoas do que vemos fisicamente por mera coincidência. Ou um escâner automático que dá o diagnóstico do paciente e coordena a informação diretamente com os demais especialistas, economizando percursos por corredores do hospital. Ou um programa em que os algoritmos mostram padrões de rendimentos entre os alunos para reorganizar a disposição de mesas e cadeiras em sala de aula.

A última vez que fui a um aeroporto, os balcões de *check-in* estavam fechados; em seu lugar, a máquina havia automatizado o processo para evitar filas e esperas. Cada vez mais, a mesma coisa se passa nos supermercados. E nos guichês de cinema. Você viveu a época em que os grandes edifícios residenciais possuíam porteiros na entrada? Sim, uma pessoa de carne e osso, com sua mesa, sua cadeira e um armário para guardar suas roupas pessoais. Agora se chama porteiro automático, e muitos desses vestíbulos permaneceram como simples cenografias desalmadas, como vestígios de outra época.

A pergunta é: o que acontecerá com todos esses espaços? Quem vai transformá-los? O digital é não apenas um lugar no qual podemos criar algo novo, mas, além disso, o digital modifica o uso do físico, fazendo-o obsoleto e com potencial de evoluir, afetando diretamente os espaços e estruturas físicas que nos rodeiam, dando-nos a oportunidade de liderar sua transformação, fazendo uma leitura empática e objetiva das necessidades da sociedade que temos hoje, para saber como serão transformadas.

6. CONSTRUIR OU NÃO CONSTRUIR

O processo de digitalização que vivemos em nossa vida nos brinda com a oportunidade de continuar criando continentes para as experiências humanas. Os arquitetos têm muitíssimo para contribuir na construção de espaços digitais; de fato, muito antes de chegarem os aplicativos que todos nós usamos, fomos nós que desenvolvemos o conceito de "experiência de usuário", com programas de uso complexo e um altíssimo nível de coordenação na execução de nossos edifícios. O que hoje é a dupla designer-programador, sempre fora o arquiteto-construtor. E ainda que pensemos que "isso de internet é para as novas gerações", nós levamos séculos desempenhando uma estrutura de pensamento na qual se baseia precisamente uma boa parte da lógica da programação. Não posso deixar de mencionar o fato de que uma das figuras mais influentes dos alvores da linguagem informática foi um arquiteto: o legado de Christopher Alexander, reunido em suas obras *A Pattern Language* (Uma Linguagem de Padrões, 1971) e *The Nature of Order* (A Natureza da Ordem, 2003), marcou profundamente o trabalho de várias gerações nos campos da arquitetura e da programação, fazendo-nos lembrar que o labor do arquiteto não se reduz a papel, lápis, madeira e carvão; existem belas oportunidades que afloram nesse mundo hiperconectado, digital e mutante.

Em definitivo, um arquiteto não necessita construir obras colossais de planta nova para ser honorável nem se prender ao esquema "cimento e aço" para se considerar arquiteto. Seja o que for que decidamos fazer de nossa carreira profissional nos próximos anos, não há por que nem deveria se parecer com o que fizeram Gehry, Meyer ou Foster; pela simples razão de que os momentos vividos não são semelhantes. Cada qual responde por sua própria época e *constrói experiências* para dar soluções às necessidades das pessoas de hoje,

**quando está tudo praticamente construído
no mundo físico, quando isso mesmo se deteriora
ou fica obsoleto, e quando está tudo
por ser praticamente construído
no mundo digital.**

7.
ONDE ESTÃO OS CLIENTES?
AS PRAÇAS DO MUNDO DIGITAL

Todos os dias escutamos e utilizamos conceitos como "internet", "página web" ou "rede social", mas nem todos acabamos por entender como usar essas ferramentas abstratas e com elas nos beneficiarmos na prática e encontrar clientes desconhecidos para encomendas de arquitetura. Para além de um e-mail ou de uma solicitação de orçamento que possamos receber, a maioria dos arquitetos se sente um pouco desajeitada no espaço digital: temos uma página web que recebe poucas visitas, um perfil social seguido só por familiares, amigos e outros arquitetos, e aqui acabou-se a nossa estratégia digital. Por não conhecer os princípios básicos dessa rede global, perdemos dezenas, centenas, milhares de oportunidades em nosso caminho profissional. Por isso, quero injetar uma dose de senso comum para que se possa compreender o que é realmente a internet, de um ponto de vista profissional, e como é possível usá-la para se beneficiar de tudo o que ela tem a oferecer a qualquer arquiteto com vontade de contribuir com valores e soluções.

Imagine a internet como uma enorme praça física, aonde as pessoas vão para se relacionar e adquirir informações, produtos e serviços úteis. Literalmente, imagine que seja a praça principal de sua cidade, aquela em que as pessoas se reúnem para estabelecer intercâmbios e socializar. Isso é a internet, com a diferença de ser a maior praça do planeta, sem as pombas que cagam nos bancos.

As dinâmicas sociais que ocorrem na praça digital da internet guardam uma grande semelhança com as dinâmicas que antes se sucediam,

com frequência, nas praças dos mercados. Vou dar um exemplo para facilitar a comparação: se uma pessoa cultivava laranjas e queria vendê-las, o melhor a fazer era ir à praça do mercado com suas laranjas e postar-se num lugar com o maior trânsito possível de pessoas para maximizar as possibilidades de encontrar alguém interessado.

Vista aérea da praça do Duomo, em Milão, Itália. Autor: Jilbert Ebrahimi. Fonte Unsplash. O vazio da praça, livre para intercâmbios.

Ali era onde podia vendê-las, não em seu pequeno armazém de laranjas, e sim levando-as à plena luz da praça, aonde iriam todos os possíveis compradores. Pois bem, se o lugar era muito agitado e havia outros vendedores de laranjas, pô-las à vista não era suficiente. Então o vendedor tinha duas opções: ou colocar um cartaz anunciando "vendo laranjas", para se destacar dos demais, ou mostrar suas laranjas como a solução de um problema. Se se escolhesse a primeira opção, curiosos se aproximariam, tomariam as laranjas nas mãos e, com grande ceticismo, começariam a compará-las com as de outros vendedores. Como se as laranjas fossem algo estranho de se ver! Frustrado, sem entender por que suas belas laranjas não causavam a impressão que ele esperava nos compradores, teria que lidar com os preços dos outros vendedores e argumentar por que suas laranjas eram melhores do que as demais, quando aos olhos dos transeuntes eram todas laranjas e redondas.

A história lhe diz algo? É a história dos arquitetos que tratam de simplesmente vender "laranjas", quer dizer, "projetos de arquitetura" na praça mais abarrotada do mundo.

A praça de Abastos, em Madri, 1930. Autor: Ceferino Yanguas. Fonte: Arquivo Municipal de Vitoria.

Cansado de tentar convencer as pessoas, o vendedor de laranjas decide experimentar a segunda opção. Começa a observar os transeuntes que passam diante de seu ponto de vendas, perguntando-se: o que essas pessoas querem? O que desejariam que lhes oferecesse? Pouco a pouco, começa a se dar conta de que o calor dessa manhã aumenta e muitos levam horas caminhando para se ocupar de seus afazeres. Em seus rostos se pode ler que têm sede e gostariam de sentar-se um pouco e refrescar-se, e então decide! Muda o cartaz que diz "vendo laranjas" pelo "mate a sede e se refresque por uns minutos", e quase instantaneamente as pessoas começam a se achegar, formando uma fila para resolver aquela necessidade que nada tem a ver com as laranjas do vendedor, e sim com sua própria sede. O vendedor mal pode atender à demanda e vê como suas frutas desaparecem rapidamente, sem as pesadas comparações de antes, já que, no final, é o único vendedor que oferece uma solução para o problema. Foi o único vendedor de laranjas que parou e escutou o que as outras pessoas necessitavam, e assim conseguiu desbloquear a venda de suas apreciadas laranjas. Observe que não são as laranjas que resolvem, e sim o fato de deixarem de ser simples laranjas.

E isso, na praça de São Marcos ou na rede do Facebook, é fazer mercado, quer dizer, marketing.

Recorrer à praça da internet para fazer chegar a mensagem de que temos a solução para um problema maximiza nossas possibilidades cinco bilhões de vezes, porque este é o número de pessoas que passam por ali regularmente[29]. Porém, como temos visto, isso só funciona se pusermos o cartaz adequado no local adequado e falarmos com nossos clientes potenciais sobre seus problemas, necessidades e desejos, e não de como são bons nossos projetos de arquitetura.

A grande maioria dos arquitetos, é claro, utiliza essa enorme praça pública para expor, da mesma forma que todos os demais, fotos, infográficos de espaços e de edifícios, ignorando os tormentos e as aspirações de possíveis clientes. Pensamos que o fato de sermos contratados tem a ver com criar projetos mais bonitos, ou mostrar um projeto mais concreto, ou mostrar prêmios e menções que tenhamos recebido, mas assim só alimentamos a insaciável máquina da comparação e a luta para convencer os demais de que somos a melhor opção. Sempre haverá outro arquiteto com projetos melhores. Essa é uma batalha perdida na internet, porque é a praça onde competem todos os arquitetos do mundo.

Embora a internet seja o lugar em que se reúne toda a competição, também é o lugar onde se encontram todos os nossos clientes potenciais. Com a internet é possível a qualquer arquiteto, em qualquer lugar do mundo, ter acesso a seus próprios clientes sem depender de circunstâncias fortuitas, como ser filho de arquitetos, possuir contatos, ganhar concursos ou pertencer ao clube de golfe. Quer dizer, a internet democratiza o acesso a clientes e nos dá a oportunidade de formular soluções

O ARQUITETO HOJE

valiosas por meio da arquitetura, mas é fundamental que utilizemos essa rede para oferecer soluções, e não simples projetos arquitetônicos como se faz geralmente.

A internet trouxe a possibilidade de qualquer arquiteto, em qualquer circunstância, pouco importando de onde se venha nem que recursos tenha, nem qual seja sua lista de contatos, conseguir clientes.

A internet nos tira de nossa zona de conforto. Não é suficiente abrir uma página na web e publicar um perfil para despejar nosso portfólio e esperar sentados que cheguem encomendas. A maior praça do mundo nos convida a pôr em marcha nosso engenho e empatia para entender melhor os problemas, necessidades e desejos de nossa sociedade. Na realidade, nós arquitetos nunca vendemos pura e simplesmente projetos de arquitetura, mas sim respondemos aos sonhos das pessoas que nos contratavam; contudo, até agora não nos fizera falta entender o mecanismo psicológico das relações profissionais entre arquitetos e clientes, pois éramos tão poucos que bastava pôr o cartaz de "arquiteto" na rua para que as encomendas chegassem. Hoje vivemos uma outra época, época incômoda que nos obriga a recompor o sentido do que fazemos e para quem o fazemos. E creio sinceramente que este aprendizado que temos pela frente possui um tremendo valor. O fato de que temos de nos esforçar e ir além do simples portfólio para converter nossa arquitetura em soluções para problemas reais e atuais é um presente. A internet representa com intensidade a lei do mercado, uma lei selvagem e sem dono que penaliza as propostas inadaptadas e obtusas de alguns e premia aquelas sensíveis e úteis de outros.

Além de ser a maior praça do mundo, para onde se vai à procura de encontros com possíveis clientes, inclusive para além de fronteiras políticas e geográficas, é também o local onde encontramos outros arquitetos e especialistas com os quais podemos colaborar e nutrir nossos serviços. Na comunidade de Líderes Para a Arquitetura, todo dia experimentamos o valor dessa rede global que congrega arquitetos e profissionais de mais de trinta países, e com os quais trocamos conhecimento, encontramos funções para delegar e, inclusive, indicamos clientes que lhes estejam

7. ONDE ESTÃO OS CLIENTES? **67**

mais próximos. A internet torna possível que não tenhamos que colaborar com o profissional mais próximo, e sim com aquele que melhor resolva nossa necessidade; exemplo disso são as equipes de trabalho que formamos de maneira remota, ou subcontratando soluções, não sendo importante a distância física existente.

As dinâmicas sociais que ocorrem na internet podem ou não nos agradar, mas é indubitável que formam, cada vez mais, o funcionamento geral da sociedade. Não se trata de estar de acordo com a ferramenta, e sim de dedicar um tempo para observar e compreendê-la a fim de usá-la a seu favor e a favor daquelas pessoas que se beneficiarão com a solução arquitetônica. Alguns arquitetos com mais experiência vêm com olhos céticos o uso da internet para encontrar clientes. É normal. Trata-se de uma nova ferramenta e uma mudança na forma de se construir essas relações. Minha sugestão é que você se dê a oportunidade de abrir a mente para conhecer em profundidade a natureza da internet e ser parte da maior congregação de necessidades que requerem soluções. Só assim você poderá adequar o uso dessa ferramenta aos seus valores, sem perder a oportunidade de criar relações com pessoas que, de outro modo, jamais chegaria a conhecer.

8.
COMO NOS FAZERMOS ENTENDER PARA RECUPERAR O VALOR NA SOCIEDADE

Ao compreender de onde viemos como categoria e a maneira desatualizada como nos formamos, aspirando a ser o próximo prêmio Pritzker, ou morrer em desgraça, podemos ver com humildade as enormes dificuldades que temos para nos relacionarmos com o comum dos mortais[30]. Observe como nos comunicamos, as palavras que usamos, as descrições que fazemos quando falamos com alguém que não tem a mais ínfima ideia de arquitetura, ou, o que dá no mesmo, alguém suscetível de nos contratar.

Anos atrás, minha querida avó, máxima predileta do senso comum, assistiu à minha apresentação final de tese. Quando terminei de explicar o projeto e voltei para a minha poltrona a fim de escutar a apreciação do corpo de jurados, ela se aproximou de mim e me sussurrou ao ouvido: "Filha, não entendi nada, mas que bonita foi a apresentação." Essa frase ficou na minha cabeça para sempre. No momento só pensei: "Que linda que é minha vovó; a coitadinha não entende nada." Sem perceber a enorme razão que tinha aquela mulher, passaram-se anos até que me dei conta de que era eu que não compreendia nada.

Para fazer com que os outros nos entendam, temos, primeiramente, que entendê-los, pois assim podemos oferecer a eles o que esperam de nós, e não outra coisa. É assim que nos tornamos úteis e, portanto, valiosos. De fato, o que se supõe que nós, profissionais, oferecemos? Serviços! E só são *serviços* se *servem* a outros.

Há outra questão fundamental: nossos serviços não são para os que deles necessitam, são para quem os queira. Podemos pensar que toda a humanidade necessita dos serviços de um arquiteto (e dos psicólogos também), mas a realidade é que se ela não pensa assim... nossos serviços não servem para ninguém. As pessoas têm de querer seus serviços, desejá-los e procurá-los genuinamente. Se isso não acontece, significa então que você não sabe o que as pessoas querem, o que é uma grande notícia, pois daí você já está prestes a mudar: esse é o momento de se afastar de seus desejos para pôr os desejos das pessoas em primeiro lugar.

Existe um princípio fundamental nas relações sociais: dar e receber. O único sinal de que esse princípio funciona corretamente conosco é que recebemos encargos e a remuneração que esperamos. As cifras de nossas contas bancárias e as mensagens de agradecimento de nossos clientes são o termômetro do nosso êxito profissional. Se não há dinheiro nem boas mensagens, se não há remuneração nem pessoas cuja vida foi transformada, é muito possível que não estejamos cumprindo com a nossa parte: dar. Dar significa ajudar as pessoas com as questões que são importantes e reais para elas. Nossa arquitetura não serve para nada a não ser preencher um vazio na vida de alguém, e somente quando isso acontece nos beneficiamos, inevitavelmente, do princípio das relações: recebemos dinheiro e reconhecimento, pelo que nos sentimos valorizados e compreendidos.

O paradoxal é que, se nos tornarmos obsessivos com o receber, não daremos nada a ninguém e, portanto, não receberemos nada em troca. Mas se nos tornarmos obsessivos com o dar, encontraremos a forma de fazer algo valioso para alguém e, consequentemente, receberemos muito mais do que esperamos. Esse paradoxo foi brilhantemente descrito por Jonathan Stark:

> Há um segmento da população empreendedora que está procurando um esquema para ficar rico rapidamente. Esse grupo está orientado para si mesmo. Há outro segmento que está concentrado em ajudar os outros, mas apenas em formas que utilizam suas habilidades atuais. Esse grupo está parcialmente orientado para si mesmo e parcialmente orientado para os demais. Existe um terceiro segmento que está tanto concentrado em ajudar os outros quanto se encontra disposto a ser flexível na forma de realizar isso, inclusive se for necessário adquirir novas habilidades. Esse grupo está orientado principalmente para os outros.

70 O ARQUITETO HOJE

A ironia é que o atalho mais confiável para o primeiro grupo é se parecer com o terceiro grupo. Trata-se de uma questão de enfoque.

- Concentre-se em ajudar-se a si mesmo e você terá menos probabilidade de êxito.
- Concentre-se em ajudar os outros e você terá mais probabilidade de êxito.

A maioria de nós pertence ao primeiro segmento e alguns conseguiram passar a fazer parte do segundo segmento. As perguntas que nos fazem na obsessão por *receber*, como ocorre com os dois primeiros grupos, são:

Como obtenho os clientes de que preciso?
Como consigo seu interesse?
Como consigo mais *likes*?

Tais perguntas estreitam nossa visão, nos apequenam e limitam nossas possibilidades, pois não enxergamos além do que queremos conseguir. Estamos pedindo que as pessoas nos queiram sem termos nos preocupado primeiramente com elas. Só uma ínfima parte de nós pertence ao terceiro segmento, e nele nos fazemos as perguntas que nos situam na obsessão por *dar*:

Como posso ajudar no que essas pessoas desejam?
Como oferecer algo que seja útil a elas?
Como posso ajudá-las em suas vidas?

Essas perguntas expandem nosso horizonte, nos conectam com outras pessoas e multiplicam as opções profissionais, porque se inspiram em seus desejos, não nos nossos. Saímos de nossa cabeça. Fazemos por elas.

Fazendo a nós mesmos as perguntas adequadas, encontramos a oportunidade para dar e, assim, receber. Nossa missão como categoria consiste em praticar a generosidade *sem reservas*, nos esquecermos de nosso fastidioso portfólio e nos dedicarmos de corpo e alma às pessoas que levam tempo esperando que levantemos a cabeça e escutemos o que verdadeiramente necessitam. Em absolutamente todas as áreas de mercado existem

8. COMO NOS FAZERMOS ENTENDER

opções para contribuir com algo valioso por meio da arquitetura (como veremos no capítulo seguinte), desde o setor médico até o de jogos e lazer... Para abrirmos nossas cabeças e enxergamos essas oportunidades, temos que ser obsessivos em dar.

Só há uma maneira de se fazer valioso para alguém: descobrir o que há em sua cabeça, fazendo perguntas sobre necessidades, desejos e aspirações. Você pode começar com um pequeno exercício, como perguntar a um amigo sobre o que gostaria de receber de presente em seu próximo aniversário, ou com algo maior, perguntando a um cliente como gostaria de ser ajudado. Não tome suas respostas como algo pessoal; lembre-se de que se trata dele, não de você. Procuramos compreendê-los melhor para saber o que temos de fazer por eles.

Quando nossa obsessão por dar nos leva a nos interessarmos pelos outros, temos acesso ao seu universo de valores e descobrimos como podemos ser valiosos para eles. Descobrimos o que lhes falta e aplicamos nossa destreza e habilidades para lhes oferecer a solução requerida, e não outra.

Se você quer que as pessoas valorizem as suas soluções arquitetônicas, deve primeiramente dar valor aos problemas, necessidades e desejos delas.

9.
A INDÚSTRIA QUE MAIS PRODUZ RIQUEZA NO PLANETA

A arquitetura é uma necessidade básica humana, presente em todas as áreas de nossa vida. Desde que nos levantamos pela manhã e nos deitamos à noite, nossa rotina e nossas atividades estão balizadas pela arquitetura. Em nossa intimidade, no trabalho, nos lazeres... absolutamente toda experiência acontece no tempo e no espaço.

Definitivamente, a arquitetura é um bem altamente requerido, que mobiliza quantidades ingentes de dinheiro e de recursos no mercado. Se pudéssemos aglutinar todas as riquezas do mundo, somando o dinheiro corrente, as poupanças das contas bancárias, os ativos e investimentos, as dívidas, as reservas de petróleo e de ouro, o produto interno bruto de todos os países e até as criptomoedas, teríamos um total hipotético de 750 trilhões de dólares estadunidenses[31] (cifra que varia entre 500 trilhões e 1,2 quatrilhão, segundo as fontes consultadas, pelo que supomos uma média aproximada). Dessa quantidade, o setor imobiliário representa nada menos do que 350 trilhões de dólares estadunidenses, o que equivale a quase metade – 50% – de toda a riqueza mundial[32].

Quer dizer, o setor no qual os protagonistas deveriam ser os arquitetos (em sua maioria à beira da bancarrota) é a mais rica e próspera indústria do planeta. De fato, reúne 3,5 vezes mais riqueza do que o produto interno bruto de todos os países, e é o bem de valor mais longevo que os humanos adquirem, com um crescimento de 6% anual, salvo determinados períodos de recessão, de revalorização constante, vertiginosa. Como é que, nos dedicando à maior e mais lucrativa indústria do mundo, temos que fazer malabarismos em empregos precários, com clientes esporádicos e trabalhinhos furrecas para poder sobreviver? Por que mesmo oferecendo um serviço de primeira necessidade, como o de ter um refúgio seguro onde abrigar nossas atividades, tão importantes quanto as de comer e dormir, é tão difícil nos desenvolvermos satisfatoriamente por nossa conta?

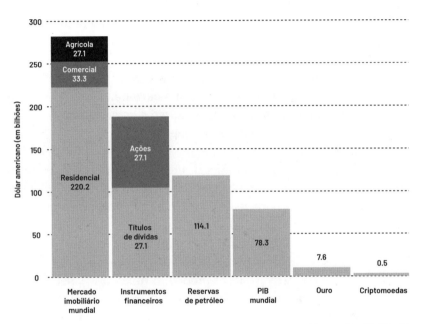

Fonte: Savills World Research, 2018.

Antes que você tenha uma síncope, vou pôr outro dado na mesa. Se ordenarmos todas as indústrias segundo seu nível de digitalização e desenvolvimento tecnológico, resulta que a indústria da construção é a menos digitalizada do mundo, apenas superada pela indústria da caça[33]. Exatamente: estamos tão defasados que os únicos que nos superam se dedicam a praticar uma atividade sumamente primitiva que, por isso mesmo, reivindica um passado ancestral. Na verdade, o nível de produtividade no setor da construção civil não evoluiu minimamente desde a Segunda Guerra Mundial, o que significa que continuamos executando obras praticamente da mesma maneira que há cem anos.

Onde há tanto por fazer e atualizar num setor tão grande e lucrativo, os únicos que fazem falta somos nós. A indústria imobiliária é a nossa

O ARQUITETO HOJE

indústria. Somos os especialistas mais qualificados para contribuir com belas e eficazes propostas para o nosso ambiente. Falta apenas estarmos presentes na enorme festa que está acontecendo e que não podemos perder. O preço que temos de pagar para aceder à festa é a escuta ativa, porque para essa festa só estão convidados os arquitetos úteis.

**Os que escutam e detectam necessidades alucinantes.
Os que geram riqueza econômica
e emocional para os demais.
Os que possuem uma estratégia certeira
para desenvolver sua carreira.
Os que aceitam, compreendem e se adaptam
ao mundo em que vivem.**

Não podemos permitir que nossas crenças sobre o que significa ser arquiteto se convertam em desculpas para não mudar. Muitas das situações que consideramos normais em nosso meio são uma autêntica loucura para qualquer outro profissional: começar a trabalhar sem cobrar, aceitar descontos pela comparação com outros arquitetos, acumular atrasos e débitos de nossos clientes... Você sabe do que falo. Sendo protagonistas na indústria que mais riqueza produz, a única razão pela qual nos custa tanto desenvolver prosperamente essa carreira é nossa dificuldade em dançar conforme a música de um mercado novo, entusiasmante e cheio de possibilidades.

A indústria imobiliária representa um vasto tecido de relações profissionais. Para fazer parte de seus fios você deve apenas se converter em um agente valioso, alguém a quem agrade intercambiar valores. Isso que para nós, artistas de outro tempo, parece uma ciência complicada, na verdade se rege por uma lógica bem simples que tem a ver apenas com relações humanas e motivações pessoais: algo que, sem dúvida, você aprenderá nas páginas seguintes deste manual.

10.
MÉTODO CIENTÍFICO PARA CONSEGUIR PROJETOS COM ESTABILIDADE

Como cozinhar arroz? Se nunca fizemos um antes, seria uma estupidez acreditar que seríamos autossuficientes e começar a misturar ingredientes aqui e ali, sem ter ideia do que estamos fazendo, porque o resultado será um fiasco, comparado com o que experimentamos uma vez no restaurante. Nada de experimentações: se quisermos fazer um bom arroz, procuramos uma boa receita com os passos a serem seguidos. Ganhar sua independência profissional e conseguir clientes funciona da mesma maneira, mas, paradoxalmente, pensamos ser algo inato. E, no final, o resultado é pior do que arroz cru.

Em uma das aulas inaugurais públicas dada por mim, e da qual participaram mais de mil arquitetos de todo o mundo, fizemos uma enquete para saber que tipo de ações cada um realiza para extrair uma ideia de negócio em arquitetura. As respostas de trezentos colegas significaram que 85% deles se dedicaram a criar um portfólio, mas pouco mais de 20% conseguiram obter um cliente totalmente desconhecido, que não viera do boca a boca, sem poder consolidar em seguida um fluxo estável. O principal sentimento da metade deles era de incerteza. Logo, se nos apegarmos aos resultados, podemos determinar que um portfólio não é um ingrediente que garante um fluxo de clientes.

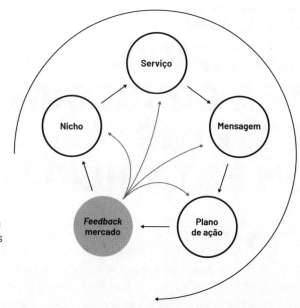

As cinco peças do método científico para garantir um fluxo constante de clientes em qualquer ramo da arquitetura, em qualquer momento histórico.

Que possamos nos sair bem como arquitetos não é uma questão de sorte. Assim como o arroz não alcança seu ponto de cocção perfeito por casualidade, existe uma relação de causa e efeito que determina o tipo e a quantidade de clientes que somos capazes de gerar. Devemos somente conhecer a receita, e essa se chama método científico. Ao longo dos capítulos seguintes cozinharemos o prato de sua independência profissional e utilizaremos uma combinação específica de ingredientes, tanto quanto um método matemático para saber que ajustes deveremos fazer para obter os efeitos que buscamos: um fluxo constante de clientes de qualidade.

Esses ingredientes nada têm a ver com o que você está pensando, pode crer. Nada têm a ver com um portfólio, nem com logotipo, marca, web ou rede social. Os ingredientes essenciais do método científico para construir uma estratégia de negócio sólida em qualquer ramo da arquitetura, em qualquer momento histórico, são cinco. Vejamo-los no seguinte esquema.

Depois de haver posto em prática várias vezes esse mesmo esquema em minha própria carreira profissional e no caminho de mais de dois mil arquitetos até hoje, posso lhe dizer algo com toda a certeza: essa receita funciona. Os mercados e os negócios têm uma lei indiscutível, como a da gravidade: quando você oferece algo que alguém queira, fecha-se um

10. MÉTODO CIENTÍFICO PARA CONSEGUIR PROJETOS

cliente. Portanto, a única coisa com que se ocupar é oferecer algo que alguém queira, e esse é o objetivo da receita do método científico: detectar pontos nevrálgicos, de necessidades e de desejos em um conjunto de pessoas do mercado (nicho), desenhar uma solução arquitetônica específica para elas (serviço), criar uma narrativa poderosa para fazê-las entender que você tem a solução para o problema (mensagem) e desenvolver uma estratégia que permita encontrar e selecionar os clientes potenciais mais preparados para contratá-lo (plano de ação). Essas peças se formulam como hipóteses e só as pondo em marcha na realidade do mercado ativamos a quinta e última peça, que é o efeito gerado graças à combinação de nossas hipóteses (feedback do mercado):

$$X[Nicho] + X[Serviço] + X[Mensagem] + X[Plano de Ação]$$
$$=$$
$$X[Feedback do mercado]$$
$$=$$
$$Quantidade e Qualidade de encomendas$$
$$=$$
$$Sua realidade como arquiteto.$$

É o feedback do mercado que nos permite ir azeitando paulatinamente nossas hipóteses (causa), até conseguir os resultados em forma de clientes: somos capazes de nos conectar com estranhos que se sintam interessados em nossa solução, porque ela lhes resolve um obstáculo específico. Essa relação de causa e efeito é a base de nossa liberdade profissional porque nos permite evoluir com as crises de mercado e as mudanças nas tendências. Podemos definir novos nichos sempre que necessitarmos, seguindo a mesma receita de cinco peças. Muitos arquitetos veteranos puderam experimentar as flutuações de mercado ao longo dos anos, nas quais emergem novas necessidades e outras desaparecem, afetando diretamente a quantidade e o tipo de clientes que somos capazes de gerar.

Essa metodologia recebe o nome de científica precisamente porque se baseia em métodos de observação e de experimentação que os próprios cientistas seguem para garantir resultados objetivos, mensuráveis, empíricos e predizíveis:

O ARQUITETO HOJE

- formular hipóteses;
- observar o feedback;
- ajustar hipóteses;
- garantir resultados.

É importante ressaltar a importância de contar com uma metodologia de trabalho que responda a esses quatro conceitos (objetivo, mensurável, empírico e predizível), porque sobre essa base se apoiará nossa carreira profissional e outras áreas de nossa vida. Essa metodologia, para criar e desenvolver negócios no mundo da arquitetura, nos permite ser ágeis e surfar nas crises, na greve, nas pandemias, na inflação, na instabilidade política e na irrupção de novas condições, todas ocorrências inevitáveis que continuaremos vivendo nos próximos anos. Por isso não basta ter sorte uma vez e conseguir clientes por estar em alta; essa maneira de agir, esperando que os clientes caiam do céu, é demasiadamente frágil num mundo convulso e mutante, em que cada dia afloram necessidades que precisam ser atendidas. Contar com um método atemporal e válido para qualquer contexto e circunstância é quase um requisito para todo arquiteto que deseje exercer suas funções de forma livre, estável e próspera; um método que nos permita compreender as bases de funcionamento dos conceitos--chaves que formam parte de nosso exercício profissional na arquitetura:

- o mercado (capítulo 2);
- a proposta (capítulo 3);
- a venda (capítulo 4);
- o cliente (capítulo 5);
- a independência (capítulo 6).

Os princípios deste manual e os fundamentos do método científico nos ajudarão a fazer de nossa trajetória o que sempre sonhamos quando estudávamos arquitetura, pois são o caminho para nos religar com o mercado e as pessoas, para nos devolver a utilidade que fomos perdendo nos últimos anos e, acima de tudo, garantir-nos estabilidade profissional: a única coisa que nos torna independentes é um fluxo constante de clientes.

Nos capítulos seguintes, trabalharemos cada uma dessas peças, interiorizando a profunda filosofia que existe sobre como nos relacionar com

10. MÉTODO CIENTÍFICO PARA CONSEGUIR PROJETOS

o mundo e recuperar o valor perante a sociedade, e algo vai acontecer, com certeza: você não verá o mercado da arquitetura nem os clientes da mesma forma. Como Morfeu, quando fez Neo escolher entre a pílula azul e a pílula vermelha, você terá, literalmente, a sensação de haver despertado de um sonho.

Os arquitetos autônomos são peixes na água. Utilizam a corrente do mercado a seu favor. Escolhem economizar tempo, sofrimento e desgaste, contando com um método para conseguir clientes de modo estável. Continue lendo para debulhar o método científico com precisão.

2

O
MERCADO

1.
POR QUE AS PESSOAS CONTRATAM ARQUITETOS?

O que é o mercado?
Escreva, antes de prosseguir, uma primeira resposta que lhe venha à cabeça.

Para a grande maioria de nós, o mercado é uma massa incompreensível, abstrata, relativa ao mundo financeiro, governamental e empresarial. Tendemos a pensar que o mercado seja algo que tenha vida própria, da qual fazemos parte e dependemos, irremediavelmente. Educados pelas notícias e seu vocabulário raro e estranho sobre inflação, a dívida e os fluxos macroeconômicos, enxergamos o mercado como um oceano em transformação, no qual nós, arquitetos, flutuamos como se fôssemos cortiça, cruzando os dedos para evitar a crise seguinte.

O certo é que essa ideia fútil de mercado limita nossa responsabilidade, pois atribui nossas oportunidades profissionais a um conceito complexo e abstrato, sobre o qual não possuímos qualquer controle. Um arquiteto é independente quando cria suas próprias opções; daí que necessitamos perceber e entender o mercado de forma mais próxima e acessível para nossa realidade mundana, como quero mostrar em seguida.

Uma característica que todo ser humano compartilha é que aspiramos a uma melhor versão de nós mesmos e a uma vida melhor do que a que temos hoje. Essa ideia de progresso é a força pela qual nos levantamos a cada manhã, nos alimentamos, trabalhamos, cultivamos relações, desenvolvemos projetos, aprendemos, adquirimos coisas, fantasiamos, economizamos, meditamos, nos medicamos, praticamos esportes... cada qual com suas possibilidades, preferências e valores. A ausência desse motor é ausência de vida. E é esse motor, a soma de nossas projeções pessoais sobre o futuro próximo ou distante, que mobiliza e dá sentido ao mercado em sua totalidade.

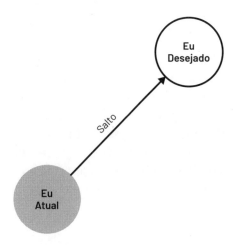

O mercado se forma com as pessoas e suas emoções. O resto dos elementos que compõem o mercado está somente a serviço das pessoas e de suas emoções. O intercâmbio de produtos e de serviços que se dá no mercado é possível porque ambos nos ajudam a conseguir aquela versão desejada que possuímos de nós mesmos (insisto, cada um em sua escala de possibilidades, preferências e valores).

Perceba que você consome certo tipo de roupa, e não outra, porque ela o ajuda a projetar a imagem que você deseja para si mesmo. Você viaja para certos países por meio de determinadas companhias aéreas e se hospeda em certos hotéis pela mesma razão. Desde a sua formação acadêmica ao padrão de veículo que você possui, do tipo de comida que consome à cor das lâmpadas de sua casa, do tipo de serviços que você assina até a rede social à qual você decidiu pertencer e o tipo de imprensa que você lê, assim como tudo o que você compra, contrata e consome se move por essa força: você busca uma determinada imagem (e não outra) melhor do que a de hoje.

O MERCADO

Se assim não fosse, seríamos entes iluminados e completos, na ausência de qualquer apetite, motivação ou desejo e, em tais circunstâncias, o mercado, literalmente, não existiria. As aspirações individuais e coletivas, as pessoas e suas emoções dão sentido à razão, pelo que há produtos, serviços e o mercado em geral. Essas forças emocionais, que tornam possível o mercado, podem ser representadas pelo diagrama Situação Atual – Situação Desejada[34].

Suponhamos que uma pessoa se encontre hoje na casa A, que representa a situação atual, e, justamente ao lado, separada por uma porta, a casa B, que representa a situação desejada no futuro. A força que mobiliza essa pessoa para ir da casa A para a B decorre de duas possíveis causas: ou a situação atual é muito dolorosa ou a situação B é muito desejada; seja porque permanecer na situação A é insuportável (impulso), seja porque a situação B é muito interessante (atração), a pessoa conta com o motor emocional para levar a cabo a mudança, uma ação de progresso. É a tensão desse salto entre a Situação Atual e a Situação Desejada que definimos como um "problema, necessidade ou desejo" no mercado.

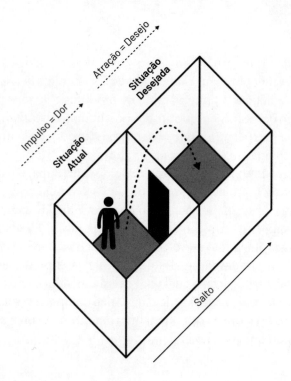

1. POR QUE AS PESSOAS CONTRATAM ARQUITETOS?   **85**

Sem dor ou desejo, uma pessoa carece de motivos para agir e realizar uma mudança em sua vida; com o tempo poderão surgir outras dores e desejos mais poderosos que ocupem seu lugar, e então ela sentirá a necessidade de mudança. Portanto, a intensidade da emoção, seja de natureza negativa (dor) ou positiva (desejo), é diretamente proporcional à vontade de uma pessoa de entrar em ação e promover uma determinada mudança em sua vida.

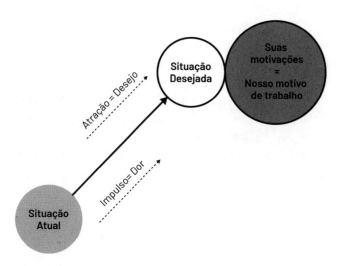

Na hora de observar o mercado, é fundamental manter uma visão neutra e objetiva para evitar distrações com julgamentos improdutivos sobre se os motivos emocionais que movem as pessoas são melhores ou piores, mais ou menos éticos ou importantes. Você verá que, no que diz respeito ao mercado, o que você pensa a respeito dos outros tem uma importância relativa e limitada; simplesmente aprendemos a observar, como cientistas, os fios invisíveis que levam uma pessoa a tomar certas decisões em sua vida.

Mas como conhecer as motivações reais das pessoas? Em seu livro *Isto É Marketing*, Seth Godin explica que os produtos e serviços oferecidos no mercado são simplesmente novas soluções para satisfazer velhas emoções. Ainda que sejamos sete bilhões de habitantes neste planeta, os desejos que mobilizam a todos nós no mercado são bastante homogêneos e

86 O MERCADO

primitivos: pertencimento, comodidade, bem-estar, *status*, segurança, poder, aprendizado, liberdade, ambição, saúde, beleza, reafirmação, felicidade, paz mental, fortaleza... e um pouco mais. O importante para definir essa motivação real é considerar que são aspirações, não atividades. Se, ao definir uma aspiração, pode-se imaginar alguém *fazendo isso*, não é uma aspiração real. O objetivo é descobrir que força e aspiração mobiliza uma pessoa a cruzar a porta até a Situação Desejada. Qual é o componente emocional por detrás do ato. Aí está a chave do mercado.

Pois bem, em muitos casos a pessoa não conta com a chave dessa porta para passar da casa A (situação atual) para a casa B (situação desejada) e tem de recorrer a um produto ou a um serviço que lhe sirva de chave e possibilite a ação de progresso. Esse sentimento de impotência por não poder abrir a porta por si mesmo equivale à razão pela qual todos os profissionais existem e são contratados, incluindo os arquitetos. Estamos aqui para ajudar pessoas a abrirem portas.

Já comprovamos que em certas ocasiões as pessoas acreditam não precisar de um arquiteto. Um exemplo clássico é alguém que pretende se sentir melhor em casa e pensa em renovar a cozinha ou o banheiro. Muitos arquitetos se empenham em monopolizar essa *porta* de mercado; a realidade, porém, é que a grande maioria das pessoas que quer reformar sua cozinha ou banheiro chama um mestre de obras ou um construtor. São esses profissionais que possuem a *chave* para tais pessoas. Ser capaz de observar essas situações com objetividade, sem julgar se é bom ou mau, nos permite buscar outras portas para as quais seremos mais interessantes e obteremos maior valor com a nossa chave (ajuda).

Para compreender o funcionamento do mercado é também importante saber que as mudanças, por apetitosas que sejam, geram um nível de incômodo, de incerteza, de resistência ou medo, porque supõe sair-se de uma casa conhecida e entrar em outra ainda desconhecida. Dependendo de qual seja a Situação Atual-Situação Desejada específica de uma pessoa, o fator básico que determina se ela entrará em ação, isto é, se irá contratar um produto ou serviço, é seu nível de incerteza perante a mudança, comparado ao aborrecimento que sente por permanecer onde se encontra. Dessa forma, a mudança só se produz se o nível de incômodo for maior do que o nível de incerteza. O diagrama a seguir mostra isso com simplicidade.

1. POR QUE AS PESSOAS CONTRATAM ARQUITETOS?

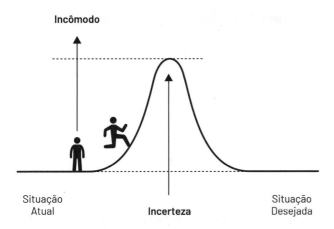

Pensemos no exemplo típico de uma pessoa que em algum momento quis dar novos ares à sua casa. Em geral, ela se sente bem com as características atuais de sua residência, mas fica anos no mesmo apartamento, sente que mudou e quer transferir essa mudança para o seu lar. Seu desejo é mais um "ficaria bem em algum momento" do que "preciso fazer agora mesmo". Seu rendimento, porém, não lhe permite poupar muito, e a ideia de começar uma reforma gera uma certa insegurança. Claro, essa pessoa não vai agir para buscar a chave e abrir a porta em direção a uma "nova atmosfera no lar", porque seu nível de incerteza é maior do que o de incômodo.

Agora, imagine que receba uma herança e conte com um bom colchão econômico. Esse evento inesperado mudou suas condições emocionais e então o nível de incerteza para conseguir a Situação Desejada é menor do que o de incômodo para permanecer na Situação Atual e, assim, logo poderá agir para dar início à desejada reforma.

Acrescentemos outra circunstância: antes de receber a herança, essa mesma pessoa sofre um acidente e acaba em uma cadeira de rodas. O que antes podia ser uma casa mais ou menos cômoda e bonita, agora é, literalmente, uma muralha impraticável. Não importa quais sejam suas possibilidades econômicas, essa pessoa e seus parentes mais próximos vão mover céus e terra para contratar ajuda com urgência, pois o nível de incômodo é muito superior ao de incerteza para alcançar a Situação Desejada.

88 O MERCADO

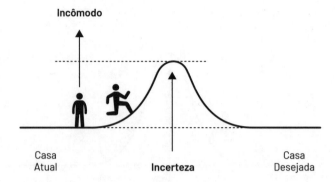

Depois de receber a herança

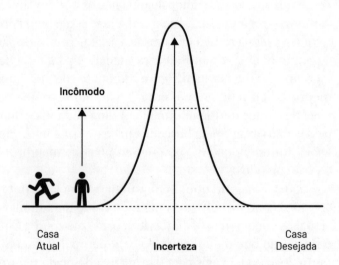

Esquema de partida

1. POR QUE AS PESSOAS CONTRATAM ARQUITETOS?

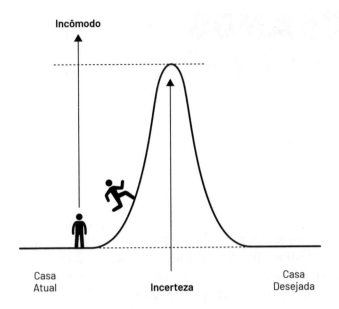

Depois de sofrer o acidente

Como se vê, o tamanho da dor ou do desejo determina muitíssimo a vontade de uma pessoa para agir e procurar ajuda. Como arquitetos, queremos encontrar *saltos* profundos e importantes que possamos resolver na vida das pessoas, pois quanto maior eles forem, mais valiosa será nossa ajuda e mais agradecimentos receberemos das pessoas às quais servimos.

Observar os fios invisíveis que mobilizam as pessoas é a chave para formar parte do mercado e também movimentar-se a seu favor. Por que alguém decide contratar seus serviços? Por que agora, e não depois? Por que depois, e não agora? Encontre um momento para refletir sobre essas questões, observe com neutralidade as pessoas que caminham pelas ruas, procure decifrar seu motor emocional e saberá como o mercado funciona realmente.

2.
OS OCEANOS DA ARQUITETURA

Enquanto a estratégia de muitos escritórios e arquitetos concentra-se em lutar contra outros serviços, reduzindo honorários ou margens de lucro, a chamada Estratégia do Oceano Azul[35] intenta descobrir novos problemas, necessidades e desejos que não estão sendo atendidos no mercado, para oferecer uma solução singular que ninguém ou pouquíssimos estejam oferecendo.

Na arquitetura, como em outras indústrias do mercado, encontramos dois tipos de oceanos, em função do nível de competição: o oceano vermelho, onde todos lutam pelos mesmos clientes, para oferecer exatamente o mesmo serviço, e o oceano azul, onde se encontram os clientes que esperam algum dia ser ouvidos em suas necessidades não atendidas, brindando-os com as soluções que lhes faltam.

Historicamente, os arquitetos têm abarcado um espectro muito reduzido de problemas, de necessidades e de desejos, sobretudo vinculados às classes mais ricas da população. Com o brutal aumento do número de arquitetos procurando atender às mesmas necessidades (sem que elas tenham aumentado de número, proporcionalmente), nos deparamos com uma situação em que, simbolicamente, representamos uns 80% atendendo 20% das necessidades do mercado, e competimos ferozmente num oceano vermelho púrpura, no qual é muito difícil seguir adiante. Os outros 80% das necessidades são atendidos pelos 20% dos arquitetos restantes, que compreenderam o mecanismo do mercado e sabem onde verdadeiramente os seus serviços fazem falta.

Esse é o oceano azul da arquitetura. O oceano onde temos opções, onde a competição é irrelevante, onde os clientes estão dispostos a pagar mais por nossos honorários, e onde supomos ajudar verdadeiramente os demais. Isso se dá em qualquer país em que você esteja, independentemente da condição econômica ou do nível de formação. O oceano azul a que me refiro está disponível para todo arquiteto que aprenda a ler as motivações emocionais das pessoas no mercado.

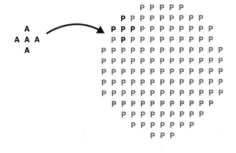

Relação passada: poucos arquitetos (A) atendendo um número reduzido de problemáticas (P), suficiente para ter uma carreira próspera.

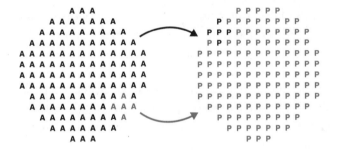

Relação contemporânea: demasiados arquitetos (A) atendendo o mesmo número reduzido de problemáticas (P), competindo em um mercado supersaturado.

Os sinais para saber se pertencemos aos 80% de arquitetos atendendo os 20% das problemáticas são:

1. Sentimos que, para o cliente, somos facilmente substituíveis.
2. Procuramos fazer a diferença elaborando um portfólio melhor.
3. Recebemos constantes comparações com honorários de outros arquitetos.
4. Temos uma visão em túnel sobre nossas possibilidades profissionais.
5. Experimentamos uma perda de utilidade e valor por parte da sociedade.

Sei que você está esperando a chave, o segredo, a proposta mágica pela qual todo mundo fará fila para contratá-lo nesse oceano azul. Mas não funciona assim. Se você se perguntar o que falta para que um lugar onde

92 O MERCADO

se venda comida tenha uma fila de espera para comprá-la, saiba que a resposta pouco tem a ver com a comida. O que se necessita é de um público faminto. Para se ter acesso a um oceano azul, deve-se encontrar as pessoas que têm fome no mercado. E para isso você está aqui: faz parte de sua responsabilidade e independência aprender a encontrá-las.

Não somente existem vastos oceanos azuis no mercado da arquitetura (nos esperando para serem conquistados), como ainda não são estáticos. Mudam com o passar do tempo, se veem afetados pelas tendências, avanços e crises, e tudo isso abre passagem a novos oceanos para explorar. Na década de 1980, enquanto a indústria do circo vivia um momento de declive, o Cirque du Soleil atendeu à demanda de um conjunto de pessoas ignorado pelos profissionais da animação: os adultos. Sua estratégia concentrou-se em evitar competir com outras empresas de entretenimento, que lutavam para atrair o público infantil, e em seu lugar alimentou a fome de um público do qual ninguém fazia caso.

Outro exemplo: quando regressei do meu segundo período de trabalho em Nova York à minha pequena ilha de origem, com o intuito de estabelecer meu escritório de arquitetura, com apenas 25 anos, eu aceitava qualquer tipo de trabalho que aparecesse, como, aliás, fazemos todos. Rapidamente, experimentei o oceano vermelho, no qual me achava fazendo reformas, cobrando uma miséria e sobrevivendo mês a mês. À medida que fui compreendendo o que agora explico aqui, comecei a observar um desejo particular de um certo tipo de pessoa que visitava a ilha num determinado período do ano. Alguns nórdicos, cansados de seu inverno escuro e frio, desejavam com tanto fervor sentir o calor do sol que transferiam toda a sua vida por vários meses, alugando andares velhos e decepcionantes no arquipélago. Continuei *fazendo reformas*, mas minha remuneração, meu estúdio e minha vida mudaram radicalmente. A razão é que nenhum outro arquiteto havia observado o que percebi.

Ainda que agora você não veja, ou só chegue a vislumbrar, existem muitas pessoas que requerem os serviços de um arquiteto para abrir a porta e ter acesso à Situação Desejada. Sei que as opções que surgem em sua cabeça agora são limitadas, e por isso trabalharemos para ampliá-las a partir do próximo ponto.

3.
INFINITAS POSSIBILIDADES DE EXERCER A ARQUITETURA

Quando delineamos nossa carreira profissional, as opções que aparecem no horizonte são escassas: fazer casas, intervenções urbanas, arranjo de interiores e… um pouco mais. Faz alguns anos entrou em moda a sustentabilidade e a isso alguns de nós aderiram; os mais atrevidos embarcaram no investimento imobiliário e em outros ramos menos populares, como o paisagismo, enquanto outros resignaram-se à arquitetura legal, como peritagem ou fiscalização, sob a asa do funcionalismo público.

Mas o que mais podemos fazer, nos perguntamos? As possibilidades que imaginamos para nos desenvolver como arquitetos são reduzidas e, sinceramente, não muito emocionantes pelas condições que oferecem. Literalmente, somos arquitetos vestindo antolhos, de visão limitada. As referências que temos são réplicas exatas do "típico arquiteto que faz projetos de arquitetura", e é muito difícil sair desse túnel pequeno, estreito e desolador, graças ao qual estamos presos a crises, pandemias e vaivéns da sociedade.

Mas se entendermos que o mercado são as pessoas e suas aspirações, e que é preciso traçar o desenvolvimento de nossa profissão sobre essa base, e não daquilo que se quer fazer como arquiteto, as possibilidades começam a se multiplicar exponencialmente. São as pessoas. Literalmente, você possui quase oito bilhões de oportunidades para ajudá-las com seu esforço.

Entender assim o mercado e as pessoas que o formam nos permite organizar e categorizá-lo, sem necessidade de muito requinte, por áreas, setores, indústrias, campos, ramos ou como se quiser chamá-los. Esses

94 O MERCADO

temas são os da própria vida, e neles se sucedem todos os aspectos de nossa existência e a organização da sociedade na qual vivemos. O objetivo não é categorizar o mercado segundo um critério absoluto ou matemático, e sim produzir uma gama de conceitos que nos ajudem a visualizar outras histórias. Desde a área de logística até a de sexo, do setor alimentício ao de entretenimento, em todas as suas acepções e dimensões, podemos inventariar o mercado em temáticas para despertar novas ideias e sair da visão esquálida e centrada de que padecemos.

Esse é o começo de um novo olhar para além da arquitetura, requisito indispensável para exercê-la.

Inventário imperfeito de temáticas de mercado

1. Desenho de mobiliário
2. Iluminação
3. Acústica
4. Obra nova
5. Reabilitação
6. Divulgação
7. Investimento
8. Promoção imobiliária
9. Eventos
10. Festivais
11. Conferências
12. Férias
13. Fóruns
14. Cinema
15. Teatro
16. Restauração
17. Gastronomia
18. Desenho de animação
19. Espaços de trabalho
20. Paisagismo
21. Arquitetura legal
22. Patrimônio
23. Equipes de trabalho
24. Videojogos
25. Venda a varejo
26. Globalização
27. Marcas
28. Marketing
29. Mobilidade urbana
30. Materiais de construção
31. Acessibilidade
32. Monitorização
33. Urbanismo
34. Plano máster
35. Sustentabilidade
36. Mundo hospitalar
37. Tecnologia
38. *Software*
39. Visualização
40. Realidade virtual
41. Reformas
42. Acidentes
43. Religião
44. Dependência
45. Relações públicas
46. Política
47. Terceira idade
48. Medições
49. Arquitetura de interiores
50. Recursos naturais
51. Engenharia
52. Drones
53. Sistemas construtivos
54. Mundo funerário
55. Mineração
56. Cantaria (marmoraria)
57. Cenografia
58. Auditoria
59. Alimentação
60. Administração pública
61. Big data
62. Análise de dados
63. Arquitetura da informação
64. Arte
65. Exposição
66. Museus
67. *Coliving*
68. História
69. Fotografia
70. *Set up*
71. Moda
72. Psicologia
73. Extremos climáticos
74. Compras *on-line*
75. Viagens
76. Turismo
77. Climatologia
78. Ar
79. Acondicionamento (armazenagem)
80. Agricultura

3. INFINITAS POSSIBILIDADES DE EXERCER A ARQUITETURA **95**

81. Logística
82. Territórios insulares
83. Programação
84. UX / UI (design)
85. Impressão 3D
86. Joalheria
87. Fitness
88. Esportes
89. Indústria musical
90. ONGs e entidades sociais
91. Limpeza
92. Manutenção
93. Comércio varejista
94. Instalações
95. Gado
96. Espaços públicos
97. Infância
98. Crianças
99. Usos mistos
100. Mudança climática
101. Laboratórios
102. Inteligência artificial
103. Mundo rural
104. Emergências

105. Pré-fabricação
106. Sistemas modulares
107. Gênero
108. Energia
109. Energias renováveis
110. Domótica (Automação residencial)
111. Robótica
112. Mapeamento
113. Geolocalização
114. Trabalho remoto
115. Higiene
116. Self-care
117. Packaging
118. Segurança
119. Vigilância
120. Concursos
121. Competições
122. Família
123. Relações públicas
124. Relações internacionais
125. Comunicação
126. Hotéis
127. Aeroportuário

128. Economia circular
129. Zoologia
130. Animais
131. Maternidade
132. Contabilidade
133. Resíduos
134. Reciclagem
135. Automobilística
136. Projeto gráfico
137. Ilustração
138. CAD / BIM
139. Sociologia
140. Organização
141. Gestão
142. Estruturas
143. Gestão de obras
144. Project management
145. Internet das coisas (IoT)
146. Conquista espacial
147. Sexo
148. Educação
149. Serviços bancários
150. ...

> Inventário de mercado que desenvolvemos e usamos na metodologia de Líderes Para a Arquitetura para ir além e descortinar novas possibilidades arquitetônicas.

Esse quadro nos permite explorar novos possíveis terrenos de ação. Nesse ponto, peço encarecidamente que invoque sua criatividade e abertura de mente. Saia do "não se pode fazer", do "aí não há oportunidades" ou do "isso nada tem a ver com arquitetura" porque, certamente, você se autorrestringe em sua própria realização. Dê a si mesmo a oportunidade de observar, escutar e aprender sobre o mercado. Quem sabe, pela primeira vez.

Pois bem, o que fazer com essa lista extensa de temáticas? Esse é o momento de depurar até ficarmos com aquilo que se adapta ao nosso *Ikigai*, aquilo que tem o potencial de nos apaixonar, aquilo em que somos habilidosos, no que encontramos utilidade e alguém disposto a pagar. Para nos assegurar de que estaremos explorando oportunidades no mercado que realmente ecoem em nosso coração, começaremos pelo que nos apaixona e em que somos bons. Você pode seguir os três passos que há na continuação:

96   O MERCADO

1. Anote as vinte temáticas que geram o maior interesse. Esqueça se elas estão ou não relacionadas com a arquitetura e com o que tem sido sua experiência até o momento. Simplesmente anote os temas que lhe interessam. Se for ornitologia, escreva ornitologia. Se for política, escreva política. Quero que você assinale seus interesses como pessoa (você ainda é uma pessoa, não é?).

_____

_____

_____

_____

2. Dessas vinte temáticas, assinale com outra cor as dez que mais o apaixonam. Aquelas pelas quais você tem uma predileção ou pressentimento especial. Essa não é uma decisão racional, nem estamos valorizando a capacitação profissional, somente aquelas que despertam entusiasmo e paixão. Aquelas em que você faria coisas, mesmo que ninguém pagasse por elas.

3. Dessas dez temáticas, assinale então as cinco para as quais você tem mais aptidões. Aquelas para as quais você tem algo com que contribuir, ainda que não saiba propriamente o que nem como. Você pode recorrer à sua experiência de vida (não apenas profissional) e lembrar-se de momentos em que teve a ocasião de proporcionar algo, momento em que alguém reconheceu em você uma determinada capacidade, ou se sentiu especialmente agradecido, ou em que você recebeu uma menção ou mesmo um prêmio. Anote então as cinco finalistas e descreva em seguida as razões mais precisas pelas quais foram escolhidas. Quanto mais concretas forem as razões, mais ferramentas você terá depois:

Temática: _____

Por que razão você anotou essa área, o que lhe interessa, o que lhe move ou no que acredita que se dê bem?

_____

3. INFINITAS POSSIBILIDADES DE EXERCER A ARQUITETURA

Temática: _____

_____

Temática: _____

_____

Temática: _____

_____

Temática: _____

_____

Essa é uma forma de nos aproximarmos do mercado, segmentando e priorizando temáticas, decompondo a massa complexa em partes menores para nos aprofundarmos. Só assim começaremos a explorar novos rumos de oportunidades que talvez nunca antes tivéssemos proposto. Acaso podemos oferecer soluções no campo da zoologia? E no setor automobilístico? No mundo funerário, também? Claro, e acabar desenvolvendo serviços tão únicos ou singulares como os que fazemos na comunidade Líderes Para a Arquitetura:

- metodologias de participação cidadã para garantir o êxito das propostas urbanas;
- investimento e gestão de propriedades para nômades ou itinerantes;
- safaris imobiliários para descobrir habitações com maior potencial oculto;
- vitrines e galerias virtuais para melhorar a experiência dos produtos e facilitar a decisão de compra;
- jogos estimulantes através do espaço para crianças viciadas em telas;
- planos arquitetônico-financeiros para que famílias com baixo e médio poder aquisitivo possam ter acesso à casa própria;
- pacotes de conceitos a varejo, individuais (*retail*), para ativar locais vazios de forma expressa e integral;

O MERCADO

- FF & E 360° com a chave em mãos para agilizar a entrega de promoções;
- mapas de produtividade para empresários com escritórios;
- estrebarias monitorizadas para garantir o máximo de rendimento de animais de competição;
- blindagens arquitetônicas para lugares com alto risco de assalto;
- gêmeos digitais para minimizar atrasos e custos excedentes de construtoras;
- reformas estratégicas para aumentar a possibilidade e o valor de aluguel;
- ambientes lúdicos e inovadores de aprendizagem para alunos criativos;
- salas de terapia virtual para o estímulo imersivo de pessoas com transtornos mentais.

É muito provável que você não tenha imaginado sequer um terço dessa lista como possibilidades profissionais para um arquiteto. E, no entanto, estão aí. Invisíveis até agora para você, à espera de que você retire os óculos escuros.

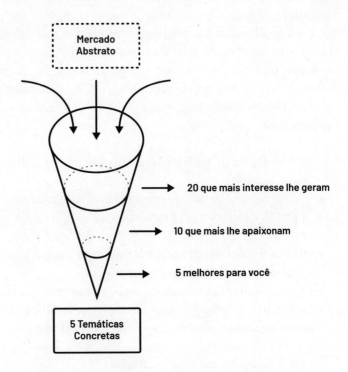

3. INFINITAS POSSIBILIDADES DE EXERCER A ARQUITETURA

Bem, inventariado o mercado e escolhidas cinco temáticas, podemos começar nossa exploração de maneira mais concreta. E essas não são cinco temáticas definitivas, podendo ser mudadas quantas vezes você quiser. Não obstante, para chegar a conclusões precisas e manipuláveis, com as quais armar uma estratégia de negócio, é importante debulhar o mercado em partes menores e alcançar maior precisão. Especificar. Especificar. Esse é o começo da análise de mercado.

4.
COMO DETECTAR UM NICHO DE MERCADO COM POTENCIAL

Aprender a observar o mercado é dar um passo atrás desse videogame que chamamos vida e passar a ver as coisas com distância e desapego. Tudo o que você pensa saber sobre ser arquiteto e arquitetura trouxe você até este livro, e ele não é a melhor leitura para alguém que está indo realmente bem em seus negócios. Portanto, é preciso esvaziar a cabeça de todos os preconceitos sobre o mercado e a economia e nos submergirmos em outra visão mais estratégica e produtiva.

Existem dois tipos de arquitetos que observam o mercado de duas maneiras diferentes.

Arquitetos Participantes

Observam a realidade de forma emocional e subjetiva, em função de sua autoimagem e de sua experiência passada. Necessitam defender suas ideias para sentir-se seguros, sem questionar-se se são construtivas ou não para sua carreira. Expressões como "isso sempre foi assim", "aquilo é impossível", "não sobra outra opção", "se houver crise, estou perdido" delatam o arquiteto participante. Sente que o mundo está contra ele, apega-se muito ao que já conhece e acha que tudo o que pensa é verdade.

Arquitetos Observadores

Tratam a realidade de forma racional e com desapego. Sabem que nada tem a ver com sua identidade ou seu valor pessoal, e por isso conseguem ver adiante de suas próprias ideias, compreendendo as motivações das outras pessoas. O arquiteto observador se pergunta por que as coisas são como são, quais as suas causas, de onde vêm as tendências e por que as pessoas se comportam assim. O arquiteto observador questiona suas próprias ideias e busca as respostas nas pessoas do mercado, não em sua cabeça.

Agora, preciso que você se esqueça momentaneamente do que o apaixona e no que é habilidoso, de ideias preconcebidas que tenha sobre o mercado e suas possibilidades, e se concentre nas cinco temáticas que você assinalou e nas pessoas que nelas atuam. Detectaremos nichos de mercado dentro dessas temáticas, avaliaremos seu potencial e, finalmente, elegeremos um nicho concreto para armar a primeira peça da estratégia de negócio.

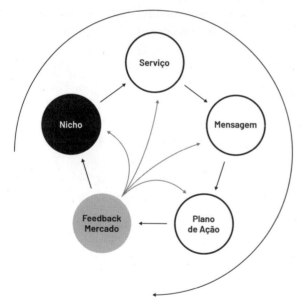

Mas, um momento, você sabe o que é um nicho de mercado? Proponho uma definição própria, simples e útil.

Nicho de mercado: conjunto de pessoas que compartilham um problema, necessidade ou desejo.

A palavra mais importante da definição de nicho é "pessoas". Pessoas de carne e osso. Lembre-se de que apenas pessoas têm problemas, necessidades

102　O MERCADO

e desejos; e suas emoções são aquilo que as leva a contratá-lo. Um *interior* não tem sonhos. Uma *habitação* não possui preocupações. Um *desenho industrial* não tem dinheiro para lhe pagar. Embora a tendência seja a de se esquecer disso, é importante relembrar: um nicho são pessoas. Assim, por favor, nunca mais diga "meu nicho são sistemas modulares", ou "meu nicho são investimentos imobiliários", pois essas coisas não são nichos.

Para detectar nichos de mercado dentro de cada uma das cinco temáticas, realizaremos dois tipos de análise: direta e indireta. Nelas, o propósito é encontrar problemas, necessidades e desejos de pessoas reais.

Imagine ser um detetive, um espião, um rastreador sondando o mercado em busca de dificuldades (impulsos) e aspirações (atrativos). Outra comparação: imagine ser um médico diagnosticando o mercado para descobrir onde se encontra o ponto dolorido das pessoas e seus desejos de cura. Observe. Indague. Tenha empatia com as pessoas do mercado.

▪ 1ª Análise Indireta

Antes de começar a análise, respire fundo e mantenha a calma. Não trate de chegar rapidamente a conclusões. Abra a sua mente. Pegue uma folha grande para anotar as averiguações de sua enquete. Compor mapas mentais e esquemas visuais é de enorme utilidade.

Análise indireta quer dizer que utilizaremos fontes terciárias ou indiretas para obter uma primeira impressão sobre cada uma das temáticas assinaladas e detectar nelas possíveis nichos.

> FONTES INDIRETAS: blogues, artigos, páginas da web, livros, revistas, periódicos, notícias, foros, grupos, conteúdos, vídeos, comentários, resenhas, publicações, perfis sociais e profissionais, serviços, fornecedores, clientes, influenciadores, anúncios, eventos, reuniões, debates, empresas, organizações...

Utilize cada uma dessas fontes (tanto *on-line* quanto *off-line*) para compreender as dinâmicas e os grupos de pessoas envolvidos em cada temática. Quando navegar pela internet, escreva no buscador frases como as seguintes, ou qualquer outra que lhe pareça interessante, e também deixe que o buscador complete suas frases, revisando a seção de "buscas relacionadas"

4. COMO DETECTAR UM NICHO DE MERCADO COM POTENCIAL

que aparece ao final de cada página e acesse a seção de "notícias" para obter novos conceitos ou enfoques que não lhe haviam ocorrido.

Tendências TEMÁTICA

Análise de mercado TEMÁTICA

Problemas TEMÁTICA

Desafios TEMÁTICA

Atualidade TEMÁTICA

Notícias TEMÁTICA

Serviços TEMÁTICA

Permita que essa explosão de novas ideias invada a sua mente, salte de página em página e se deixe levar pela *serendipia*[36] de sua investigação. Extraia dessas fontes palavras, conceitos, enunciados, comentários, perfis etc. os mais relevantes e aponte-os em seu mapa mental. A partir dessa rica constelação de informações, comece a definir grupos de pessoas (nichos) dentro de cada temática, assim como as problemáticas que você for intuindo em cada nicho. Que grupos de pessoas interatuam dentro de cada temática e que papel têm?

Por exemplo, se a temática for "iluminação", podemos definir grupos de pessoas como engenheiros elétricos, cenógrafos, iluminadores de cenas, fornecedores de luminárias, donos de lojas de iluminação, proprietários de comércios fixos, desenhistas, comunidades de proprietários, responsáveis por recursos humanos de empresas etc. Repare que cada um desses nichos pode recobrir outras temáticas relacionadas com "entretenimento", "sustentabilidade", "varejo" etc. Não importa. O propósito não é o de fazer uma categorização perfeita do mercado, e sim catalisar novos nichos. Trata-se de construir seu próprio critério de investigação para se tomar decisões pessoais.

Portanto, esse processo é desregrado, e mesmo caótico. Pode ser que as temáticas e os nichos que você comece a definir se mesclem entre si e, quem sabe, você consiga extrair alguns nichos diferentes, ou de outra temática detecte apenas um, sem estar seguro de algumas coisas. Não é o momento de ter certezas, mas assim seguimos bem, inclusive se seu mapa mental ficar parecido com um desenho de Gehry.

104   O MERCADO

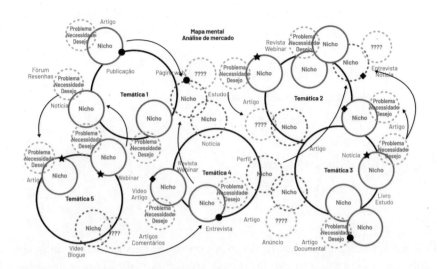

Essa primeira análise indireta deve ter-lhe consumido um mínimo de oito horas e, antes de passar à análise direta, é importante tomar algumas decisões. Sim, decisões. Na medida em que você avança, entenderá que os nichos não são encontrados, mas sim decididos.

Pegue o seu mapa mental e escolha os cinco grupos de pessoas (cinco nichos) nos quais você detectou problemas, necessidades e desejos mais fortes do que nos demais, sem considerar as temáticas a que pertencem. Lembre-se de que nenhuma decisão é definitiva e você poderá mudar os nichos quando quiser. Agora escolha os cinco nichos para começar a análise direta. Por que cinco? Porque queremos contar com um número de opções suficientemente variado e compreensível para continuar a análise. Bem poderiam ser quatro ou seis, mas nem mais nem menos.

4. COMO DETECTAR UM NICHO DE MERCADO COM POTENCIAL **105**

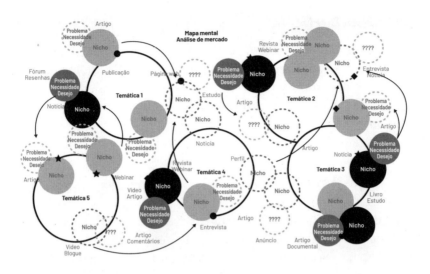

1. Nicho: _____
   Problema, necessidade, desejo:
   _____

2. Nicho: _____
   Problema, necessidade, desejo:
   _____

3. Nicho: _____
   Problema, necessidade, desejo:
   _____

4. Nicho: _____
   Problema, necessidade, desejo:
   _____

5. Nicho: _____
   Problema, necessidade, desejo:
   _____

O MERCADO

▪ 2º Análise Direta:

Nesse tipo de análise você tem de utilizar o contato direto com as pessoas do nicho para obter a informação da própria fonte. É o momento de sair por aí, fazer perguntas, passar vergonha e expor-se. Sua independência e estabilidade profissional estão desse lado do rio; você tem apenas de cruzar alguns momentos de insegurança e timidez, mas prometo que falar com estranhos não lhe trará qualquer dano. É hora de sair da jaula de ouro.

FONTES DIRETAS: as pessoas que formam parte dos nichos escolhidos.

O objetivo da análise direta é saber das pessoas, em primeira mão, se o problema, necessidade ou desejo que definimos em cada nicho é real também para elas, é outra coisa completamente diferente, nem lhes havia ocorrido ou, em casos extremos, têm necessidade, mas não é sua prioridade fazer mudança. Vamos ao ponto: entraremos em contato com ao menos dez pessoas do nicho e perguntaremos a elas: "Escute, fulano, isso acontece com você?" Uma conversa frente a frente ou por telefone é mais efetiva. Dependendo da natureza de cada nicho, sugiro, ademais, utilizar esses formatos para o contato:

NICHOS PARTICULARES (B2C, *BUSINESS TO CUSTOMERS*): aqueles grupos de pessoas que representam o cliente, usuário ou consumidor final. Para os nichos desse tipo, funciona muito bem enviar um questionário para os contatos de sua agenda ou de redes sociais com perguntas relevantes sobre problemas, necessidades e desejos. Os nichos particulares quase sempre se encontram ao seu redor, são numerosos, e se você enviar uma grande quantidade de questionários, facilmente obterá uma boa quantidade de respostas, o que lhe permitirá observar padrões.

NICHOS PROFISSIONAIS (B2B, *BUSINESS TO BUSINESS*): aqueles grupos de pessoas que representam o empresário, profissional ou fornecedor intermediário que, por sua vez, oferece serviços ao cliente, usuário ou consumidor final. Para os nichos desse

4. COMO DETECTAR UM NICHO DE MERCADO COM POTENCIAL

tipo, o contato deve ser mais artesanal e cuidadoso, pois não necessariamente pertencem à sua roda de conhecidos e temos um grau menor de proximidade e confiança. Sugiro recorrer à rede social, onde interatuam mais amiúde, e relacionar-se com eles privadamente, com mensagem personalizada, sem cuidar de vender seu papel de arquiteto, mas sim interessando-se por eles de verdade, isto é, sobre sua situação, problemas, necessidades e desejos.

É necessário compreender que essas duas categorias de nichos são pessoas com natureza, propósitos e formas de comunicar muito diferentes, recomendando-se agir de acordo com essas características. Quando for difícil contatar essas pessoas e se acreditar que tudo já foi tentado, saiba que não é suficiente. No caminho da independência, temos um objetivo: conhecer o mercado. Encontre uma maneira de conseguir esse objetivo. Peça ajuda, experimente outros canais, mude sua maneira de se aproximar dos nichos e você conseguirá.

Recompile todas as informações que extrair dessas conversas e siga aprofundando seu mapa mental. Descarte ou modifique aquelas suposições que você fez na análise indireta e que se descobriram diferentes após a análise direta. Retome a busca por meio das fontes indiretas para corroborar novas ideias que tenham surgido. Ponha-se na pele de cada um desses cinco nichos e perceba suas preocupações e desejos. Interiorize seus testemunhos diretos e não ponha suas próprias ideias por cima. Queremos observar a realidade dos nichos.

Uma vez que tenha interiorizado e digerido a informação de sua análise, terá chegado o momento de tomar uma decisão. Eleja um nicho maior sem demora. O que tenha maior potencial, o que mais lhe agrade ou aquele que lhe causa mais raiva. Na continuação, avaliaremos seu potencial e, então, você poderá continuar com ele ou escolher outro da lista.

108 O MERCADO

Anote aqui o nicho eleito por você e atualize a informação da qual você tem necessidade:

Nicho: _____

Problema, necessidade, desejo:

_____

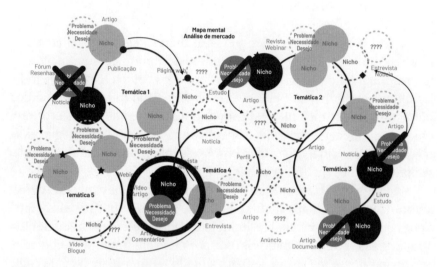

5.
AVALIAÇÃO DE UM NICHO DE MERCADO

Quando analisamos o mercado, a tendência geral é imaginar possibilidades onde elas não existem, estando especialmente influenciados pelos novos *hits* da arquitetura. São os unicórnios da arquitetura, correntes que se põem na moda e que estão na boca de todos, representados especialmente nos títulos de pós-graduação, que nos confundem, fazendo-nos pensar que descobriremos a próxima mina de ouro. Alguns desses unicórnios têm sido e são a sustentabilidade, as tipologias de convivência coletiva, como o *cohousing*, o *coliving*, as metodologias BIM[37] e o conjunto de termos estrambóticos como neuroarquitetura ou arquitetura biodigital. Embora esses campos de ação reúnam oportunidades de negócios magníficas para nós, nem por isso ter a certificação LEED, o uso do Revit ou possuir o pós-doutorado mais avançado proporcionará a garantia de um fluxo constante de clientes.

Muito frequentemente, o programa de estudos das melhores pós-graduações de arquitetura dista muito da demanda real de um nicho concreto e específico do mercado. Não é a mesma coisa o que pensamos das pessoas de um nicho e o que elas pensam de si mesmas. Talvez pensemos que tenham uma certa necessidade, mas isso não quer dizer que realmente a tenham. Nem sequer é suficiente que elas tenham necessidade de algo; você já sabe que, sobretudo, as pessoas devem *querer* esse algo.

Nós, arquitetos, somos muito bons em imaginar realidades que não existem. Quando analisamos o mercado, esse dom volta-se contra nós, e por isso é crucial sintonizar a percepção que temos de nosso nicho com sua realidade.

A pergunta é:
o que penso que ocorre com essa gente, pensa ela assim também?

Para sintonizar esses dois elementos (sua ideia e as ideias das pessoas) e avaliar o potencial de um nicho com certa objetividade, devemos considerar um aspecto-chave: o nível de consciência desse nicho acerca de sua necessidade, problema e desejo.

Sei que muitas pessoas vivem em lares feios, hostis e angustiantes, mas elas pensam assim? Sei que as pessoas precisam viver de modo mais ecológico, mas têm elas consciência disso? Uma vez mais, reconhecemos humildemente que o que alguém pensa sobre as pessoas não corresponde ao que elas próprias pensam de si. O nível de consciência que essas pessoas têm sobre problemas, necessidades e desejos determina seu potencial como nicho de mercado. Apenas se estiverem conscientes de suas dores e desejos então poderemos dizer que estamos diante de uma verdadeira oportunidade de negócios. De fato, essa separação é a causa principal de nosso dissabor profissional.

Em geral, encontramos num mesmo nicho pessoas que vivem em três diferentes níveis de consciência:

5. AVALIAÇÃO DE UM NICHO DE MERCADO **111**

▪ Pré-Contemplativo

As pessoas não estão sequer conscientes de que têm um problema, necessidade ou desejo. Como arquitetos, podemos observá-los e analisá-los exteriormente, mas isso não quer dizer que estejam efetivamente conscientes e muito menos que tenham a vontade de pedir a ajuda profissional necessária. Quando a maior parte das pessoas de um nicho se encontra num estado pré-contemplativo, pouco ou nada podemos fazer. São os chamados nichos "fictícios". Costumam aparecer quando somos excessivamente visionários e pretendemos ver oportunidades em rumores e coisas futuras, irreais nesse momento.

Um exemplo disso é o nicho das pessoas que querem vender ou alugar um imóvel que se encontra em péssimas condições. Se em determinado contexto existe pouca oferta de imóveis, por piores que sejam as condições das propriedades, acabarão sendo vendidas ou alugadas. Aqueles primeiros proprietários não estão conscientes de que, provavelmente, a qualidade do imóvel que vendem ou alugam equivale à qualidade do comprador ou inquilino que conseguem atrair. Estão obcecados com a possibilidade de entrada rápida e fácil de dinheiro, e acreditam que não necessitam de muito. Claro que seu nível de consciência mudará drasticamente quando mudar a balança da oferta e da procura.

▪ Contemplativo

Nesse estado, as pessoas têm consciência de um problema, de uma necessidade ou desejo, mas, por alguma razão, ainda não se sentem preparadas para entrar em ação. Algo as detém na relação incômodo-incerteza que mencionamos antes. Pode ser que as soluções disponíveis nesse momento resultem demasiado pesadas ou arriscadas, ou não se sintam tão mal por permanecer onde estão. Seja como for, observam sua necessidade, mas não atuam para satisfazê-la.

Prosseguindo com o mesmo exemplo de nicho, aqueles proprietários de imóveis que não têm uma necessidade econômica imperante conduzirão com muita calma o vender ou alugar. Deduzimos que o mesmo ocorrerá quando o mercado imobiliário estiver saturado de oferta, e a solução consistirá em fazer uma reforma integral para dar destaque ao

O MERCADO

imóvel. Não soa muito atraente. O estado de consciência do nicho sem dúvida mudará se, de repente, surgir o desejo de se fazer um investimento com o dinheiro que se possa obter pelo imóvel, ou se a solução que se ofereça para propiciar a transação for vista como ágil, simples e efetiva.

- **Ação**

Esse é o estado ideal, em que as pessoas de um nicho estão conscientes de seu problema, necessidade ou desejo e, além disso, têm vontade de entrar em ação. Existem diferentes fontes que sugerem que, de um mesmo nicho de mercado com problema, necessidade ou desejo determinado, aproximadamente 3% das pessoas, em um dado momento, encontram-se nesse nível de consciência[38]. São os chamados *leads*, que potencialmente poderão se converter em clientes.

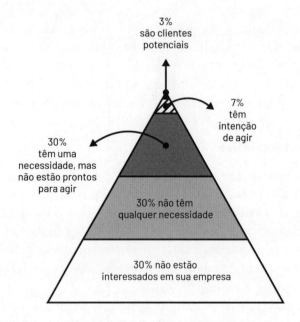

Fonte: Sticky Branding 12.5, Principles to Stand Out, Attract Customers and Grow an incredible Brand.

É a proporção de pessoas dispostas a entrar em ação, comparada ao conjunto total de pessoas, o que determina o potencial de um nicho. Se a maioria das pessoas se encontra num estado pré-contemplativo, isso quer

5. AVALIAÇÃO DE UM NICHO DE MERCADO

dizer que, seguramente, estamos nos adiantando no tempo, que chegamos demasiadamente cedo.

À medida que transcorrem os acontecimentos e a sociedade vai avançando, se nossa análise do mercado está bem fundamentada, vemos que cada vez mais pessoas passam ao estado contemplativo e, conforme o tempo passa e uma tendência se confirma, a maioria das pessoas acaba entrando no estado de ação. Essa é a história das tendências e das modas em geral. No princípio, só uns poucos são pioneiros, depois outros vão se somando até alcançar a massa, e quando isso se torna uma normalidade, aparece uma nova tendência, com novos pioneiros, seguida por outros poucos e depois pela massa.

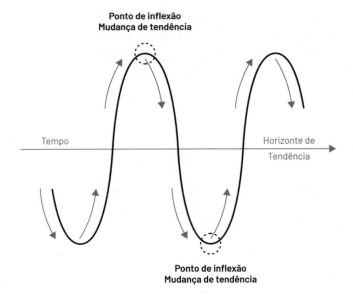

Em definitivo, interessa-nos detectar nichos nos quais pelo menos 50% das pessoas estejam conscientes de seus problemas, necessidades e desejos, e ao menos 25% tenham vontade de entrar em ação. Se em sua análise direta a metade das respostas indicou a existência de problema, necessidade ou desejo, e ao menos um quarto delas estava disposta a passar da Situação Atual à Situação Desejada, isso quer dizer que você está diante de uma oportunidade suculenta.

114 O MERCADO

Além do "Nível de **CONSCIÊNCIA** sobre o seu problema/seu desejo", podemos considerar outra série de parâmetros para avaliar o potencial de um nicho específico; avaliação que determinaremos com a informação recompilada nas análises indireta e direta, com uma pontuação de 1 a 10. Alguns dos parâmetros mais importantes são:

- Nível de **URGÊNCIA** para resolver o problema e alcançar o desejo.
- Nível de **IMPORTÂNCIA** para resolver o problema e alcançar o desejo.
- Nível de **ACESSIBILIDADE** para contatá-los.
- Nível da **VONTADE** de pagar para resolver o problema e alcançar o desejo.

Claro que essa avaliação está condicionada à sua percepção, mas é tremendamente útil para ajudá-lo a fazer as perguntas mais adequadas e apelar ao sentido comum. Se você considera um 3 para o parâmetro "nível da VONTADE de pagar", é lógico pensar que esse caminho não tem boa perspectiva, e sugiro avaliar outro nicho que tenha no escaninho. Se, no geral, as pontuações estiverem acima de 7/8, isso quer dizer que o nicho tem potencial e você deve continuar armando sua estratégia de negócio nessa direção.

Você já possui a sua primeira peça da estratégia e a partir de agora ela se chamará "hipótese de nicho".

6.
COMO SABER SE O NICHO ELEITO REPRESENTA UMA VERDADEIRA OPORTUNIDADE

C hega um dia em que, naturalmente, sentimos o chamado de trabalhar por conta própria. Faz parte do que chamamos de livre exercício da profissão. Nele, somos nós quem lideramos a relação com os clientes e experimentamos em primeira pessoa o fruto de nossa dedicação, que é o agradecimento. Paradoxalmente, ainda que a grande maioria dos arquitetos tenha esse objetivo de realização profissional, quando saímos para o mercado levamos a cabo o seguinte plano:

1. Temos uma ideia para nosso escritório de arquitetura.
2. Investimos toneladas de energia, tempo e dinheiro para dar-lhe forma.
3. Abrimos o escritório e esperamos que os clientes cheguem.
4. Esperamos.
5. Esperamos.
6. Esperamos.
7. Percebemos que não somos economicamente sustentáveis.
8. Voltamos a procurar um emprego seguro ou, pior ainda, ficamos num barco que naufraga lentamente, durante décadas de deterioração profissional.

O MERCADO

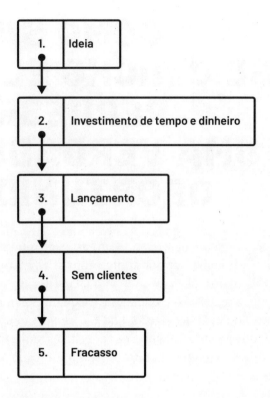

Nossa intenção começa e termina sem maiores repercussões; lançamos uma ideia, vemos que a ideia não funciona e desistimos. Nós nos jogamos por inteiro numa ideia, pensando que deveria funcionar de imediato, pensando que seria perfeita desde o início e imaginando que seria a única forma de possibilitar a nossa independência. Que extenuante é viver assim. Essa maneira de montar um negócio tem um nome. Chama-se processo em cascata e, literalmente, significa "crônica de uma morte anunciada", segundo a qual uma ideia de negócio só possui uma chance de funcionar; do contrário, morre como nove entre dez ideias que seguem o mesmo método. Porém, há outros processos para se conceber um negócio e *garantir* (sim, garantir) que ele funcionará no mercado para gerar clientes de qualidade de forma estável. São os processos iterativos.

6. COMO SABER SE O NICHO REPRESENTA UMA OPORTUNIDADE

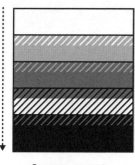
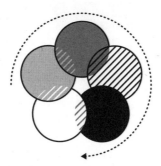

Processos em cascata
Princípio – fim

Processos iterativos
Infinito

Na década de 2000, fruto do *boom* empreendedor que teve lugar graças ao desenvolvimento da internet e aplicativos digitais, Eric Ries desenvolveu, juntamente com seus colegas e professores do Vale do Silício, a metodologia *Lean Startup*[39] para a criação, mobilização e validação eficaz de uma ideia de negócio no mercado[40].

O objetivo da *Lean Startup* consiste em reduzir o investimento de tempo e dinheiro antes de lançar um negócio no mercado, assim como o risco e a incerteza sobre as possibilidades de atrair clientes.

Em síntese, essa metodologia se baseia na criação de hipóteses e na obtenção de retroalimentações para iterar as hipóteses, gerando novas hipóteses e novas respostas ou reações até reafirmar o mercado, princípios fundamentais que se regem por enfoque científico e pelas relações de causa e efeito ou ação e reação.

Isso que parece tão afastado da corporação dos arquitetos acontece todos os dias em nossa carreira profissional. Por que algumas ideias funcionam e outras não? Por que alguns nichos representam uma verdadeira oportunidade e outros não? Por que alguns serviços são procurados e outros não? Por que algumas publicações têm mais seguidores do que outras? Nada disso sucede ao acaso: há uma relação direta entre minhas ações como independente (causa) e a resposta ou reação (*feedback*) gerada. Se seguirmos o princípio dos processos iterativos, o efeito que retorna permite repetir minhas ações (causa) para obter uma retroalimentação (efeito diferente) que, por sua vez, me permite seguir...

Simplesmente a possibilidade de fracasso desaparece.

O MERCADO

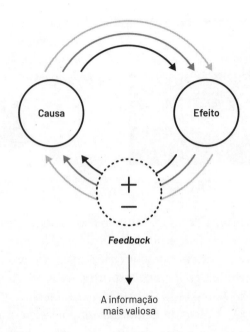

Logo, para se conceber uma ideia de negócio e encontrar um nicho com potencial de garantia de clientes, devemos nos lembrar que nossas ideias são apenas hipóteses, meras conjecturas que não daremos por verdadeiras até validá-las no próprio mercado, fechando com clientes de forma estável. Até então, suas hipóteses podem (e devem) mudar.

**Hipótese de trabalho:
uma ideia que se estabelece provisoriamente
como base de um experimento que pode confirmar
ou negar sua validade.**

Agora mesmo você deve ter uma hipótese de nicho: você acredita que a um conjunto de pessoas acontece alguma coisa e elas desejam solucionar essa coisa com intensidade suficiente para pagar pela solução. Quando você lançar sua hipótese no mercado, se produzirá um desses dois efeitos: chegarão clientes ou não chegarão clientes. Se chegarem, maravilha, você faz parte dos 10% dos arquitetos que acertam de primeira. Mas se os clientes não chegarem, não se preocupe, não jogue a toalha,

6. COMO SABER SE O NICHO REPRESENTA UMA OPORTUNIDADE

não procure um emprego seguro nem prepare algo contrário como um louco: você pertence à imensa maioria que recebe um *feedback* negativo e deve mudar a ideia inicial por outra melhor. Esse *feedback* negativo não mata. É apenas um *feedback*. É o nosso material mais valioso para ajustar as nossas ideias.

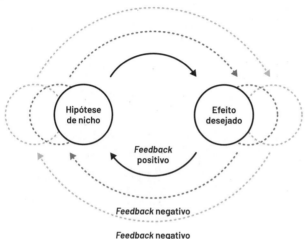

Feedback negativo

De fato, a hipótese que você possui sobre seu nicho mudará radicalmente quando você concluir as peças restantes de sua estratégia e sair para o mercado. O mais provável é que as pessoas não se lancem em avalanche para contratá-lo desde o primeiro dia, e sim que, em troca, você receba uma boa quantidade de *feedback* negativo; o que é estupendo porque, graças a esse material, você poderá sintonizar-se com o que as pessoas pensam (requisito indiscutível para gerar relações profissionais produtivas).

"Mas como vou levantar a cabeça se todo o mundo me diz: 'não, arquiteto, eu não tenho esse problema, não necessito de você'?" Desde pequenos fomos educados a repelir um *feedback* negativo. Tirar uma nota 4 em matemática significava "tensão", em lugar de "oportunidade para fazer melhor", e isso ficou gravado a ferro e fogo em muitos de nós. Para nos lançarmos no mercado, é crucial mudarmos nossa percepção sobre os *feedbacks* negativos que receberemos. Em lugar de um ataque, tome-os como seu melhor aliado.

Por isso, sugiro realizar uma análise de mercado de forma ágil e sem apego, dedicando-lhe não mais do que três semanas. A melhor forma de

120 O MERCADO

se lançar é aceitando que somente ali começamos a lidar com a verdade. No final, por melhor que seja a análise direta que temos, não é a mesma coisa perguntar a alguém se tem vontade de solucionar um problema e concretizar o primeiro depósito em nossa conta bancária. Não é a mesma coisa *dizer* e *fazer*, e só no mercado começaremos a julgar a verdade. Será incômodo porque teremos de mudar nossas ideias para não sucumbir à cascata do fracasso. Lembre-se apenas que esse incômodo será sinônimo de crescimento. Mais ainda, o convido a buscar tal incômodo.

7.
O MITO DA ESPECIALIZAÇÃO

Somos filhos da figura do *artista total* e nossa herança nos diz que o caminho para a especialização é o caminho da morte criativa: "se escolho um nicho de mercado e me especializo, terei de fazer a mesma coisa o resto da minha vida? E o que acontece se não gosto de fazer o que o mercado está efetivamente pedindo? E se acabo por fazer projetos tediosos, como se fosse um carrinho de estourar e vender pipocas?"

**Escolher um nicho não é fazer a mesma coisa,
e sim ajudar as mesmas pessoas.**

Lembre-se de que um nicho são pessoas que ajudamos, e não a arquitetura que fazemos. Julgamos a especialização como renúncia à criatividade porque associamos a especialização "àquilo que fazemos". Especializar-nos, porém, não quer dizer que desenharemos o mesmo tipo de planta até o fim dos dias; quer dizer que usaremos nosso leque de habilidades, trazendo soluções inovadoras que nos ocorram para um nicho específico do mercado. Não nos especializamos em habilidades concretas, e sim em entender perfeitamente um setor específico de mercado para nos imbuirmos de suas idiossincrasias, sonhos, desejos, mitos e dificuldades, até o ponto de sermos percebidos como *experts*.

**A especialização não tem a ver com seu talento
e sim com a estratégia do seu negócio.**

122 O MERCADO

Não devemos confundir nossas *capacidades* com a nossa *expertise*. Seguramente, nossas capacidades são mais amplas do que o nicho ao qual decidimos nos concentrar. Pelo simples fato de sabermos fazer, não temos que aceitar qualquer coisa que venha pela frente. A diferença entre um arquiteto generalista e outro especializado é que o generalista se dirige a qualquer pessoa para solucionar qualquer problema, ao passo que o especializado se dirige a um nicho de mercado concreto para solucionar um problema específico. Os graus de liberdade e de criatividade de um e de outro não mudam, mas a capacidade de conseguir cliente, sim.

Pois se não sabemos quem são nossos clientes, como pretendemos encontrá-los no mercado? Um arquiteto generalista que não sabe a quem dirigir seu talento condena-se a viver uma carreira superficial, insípida, de sobrevivência, ao passo que, quando escolhemos ativamente um caminho, avaliando o potencial de um nicho de mercado e ali pondo energia, nos damos o luxo de experimentar nossa criatividade mais profundamente.

Mas quer dizer que se escolho um nicho de mercado e deposito ali meu talento, isso será para sempre? Em absoluto. Mas não porque você não queira (e sei que você não quer), porém pela simples razão de que a própria evolução do mercado o obrigará a evoluir também em seu nicho.

O caminho da especialização é como o crescimento de uma árvore: começamos elegendo um caminho (tronco) e graças a ele podemos avançar para descobrir depois novas possibilidades (ramos) que nos permitam desenvolver outras possibilidades. Todavia, para que isso aconteça é requisito indispensável escolher um caminho e enfrentar esse pensamento irracional que nos diz: "se escolho só um caminho terei menos possibilidades de conseguir clientes, não conseguirei desenvolver plenamente minha criatividade e ficarei entediado como se fosse uma ostra". Quantos companheiros que sucumbem a essas falsas crenças terminam por não experimentar seu potencial de crescimento porque se aferram ao caminho generalista da "não decisão". Não eleger um caminho por medo de fazer uma só coisa é uma profecia autorrealizada, com a qual acabamos por fazer uma só coisa: nada.

7. O MITO DA ESPECIALIZAÇÃO   **123**

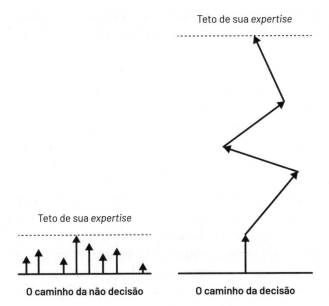

Querer abarcar infinitas possibilidades faz com que ao cabo de cinco, dez, quinze ou quarenta anos não tenhamos muito o que dizer.

Mas não só isso. Todos nós temos 24 horas por dia e um limite de energia. Dispor os 100% de nossos recursos em uma só direção é algo poderoso porque esses recursos físicos, mentais e emocionais estão a serviço desse nicho de mercado que decidimos servir de corpo e alma. No entanto, se repartimos nossos recursos em duas, três ou quatro direções, a única coisa que conseguimos é reduzir a efetividade de cada uma delas. Daí ser de vital importância desenvolver um nicho de mercado por vez.

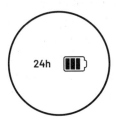

Os únicos e mais preciosos recursos com que conta um arquiteto.

Somos profissionais com uma forte vertente criativa e vemos o mercado como se nos encontrássemos em uma casa com diferentes portas fechadas.

124 O MERCADO

Nossa curiosidade natural nos incita a abrir tantas portas quanto pudermos, entrando e saindo para ver o que há ali dentro, vivendo e acumulando
experiências fugazes em âmbitos diferentes, sem querermos perder nada.
Em inglês, esse comportamento se chama "fomo" (*fear of missing out*),
ou seja, medo de perder algo, e, paradoxalmente, é a causa de sentirmos
não avançar em nossa carreira profissional.

Todavia, como arquitetos autônomos, também somos um negócio.
Sabemos que temos de viver do nosso trabalho, pois a vocação nos esgota
e, sozinha, não se sustenta. Nossa responsabilidade no caminho da *expertise* é abrir uma porta e não voltar. Abri-la e fechá-la atrás de nós.

Alguns pensarão que isso é perder oportunidades, que o que alguém
encontra atrás da porta é uma moradia tediosa e vazia, um beco sem
saída, no qual não poderão seguir evoluindo profissionalmente. O fim
da carreira. Longe disso, o que ocorre quando abrimos uma porta e apostamos numa direção, com o devido entusiasmo, é descobrir que na nova
moradia à qual tivemos acesso existem outras portas (decisões) para con-
tinuarmos em nossa evolução profissional até onde nos leve a ambição,
construindo um caminho coerente e poderoso.

A visão do arquiteto especializado contém um enorme componente de
compromisso e de maturidade, associado a médio e longo prazos. Somos
dependentes quando o mercado escolhe por nós. Somos independentes
quando optamos por um nicho de mercado e apostamos conscientemente
no caminho da *expertise*. Essa é a verdadeira aventura.

8.
COMO EVITAR
A COMPETIÇÃO
FEROZ

A competição nos afeta quando não sabemos quais são os nossos clientes, quer dizer, quando oferecemos um catálogo de soluções insípidas e sem destinatário, como o resto dos arquitetos. Quando estamos dispostos a trabalhar como qualquer outro, tais pessoas também estão dispostas a trabalhar para qualquer um, sendo a vara de medida o preço ou a familiaridade do contato, nunca a qualidade da solução e o valor proporcionado.

Muitos de nós experimentamos as consequências da competição ao longo da carreira: comparações dolorosas, respostas que nunca chegam porque preferiu-se outro, regateios, supostos concursos de anteprojetos, como se fôssemos cães soltos para uma disputa… Pensamos que são os clientes que não têm escrúpulos, mas a verdade é que nós tampouco nos damos o tempo e a dedicação necessária para definir primeiramente a quem será dirigida nossa vocação. Da mesma forma, também os clientes empregam tempo e dedicação para definir quem será o candidato mais idôneo para entregar seus recursos. Quando há competição, as relações profissionais entre arquitetos e clientes são mutuamente insignificantes. O outro não importa a ninguém.

126   O MERCADO

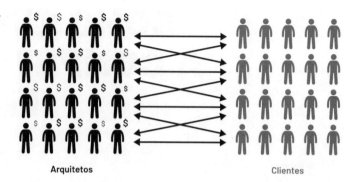

Arquitetos dispostos a trabalhar com qualquer cliente, e clientes dispostos a trabalhar com qualquer arquiteto. O único sinal de diferenciação é o valor de nossos honorários.

Arquitetos   Clientes

Estamos acostumados a que seja o cliente quem detenha o poder na relação; é ele quem possui outras alternativas, outros arquitetos que poderiam ser contratados em nosso lugar. No oceano generalista, o cliente pode escolher, e a nós não cabe outra opção senão vender mal nossas ideias ou oferecê-las para que nos escolham. Como são os clientes que nos elegem, nos vemos na obrigação de lhes oferecer anteprojetos gratuitos, acatando ordens de nossos contratantes pela ameaça sutil de que, a qualquer momento, eles poderão encontrar outro arquiteto. É uma batalha perdida.

No entanto, quando nos posicionamos como especialistas para resolver problemas pouco atendidos, nossa *expertise* nos coloca em uma posição mais vantajosa. Nosso cliente já não tem tantas alternativas e podemos estabelecer nossos preços e condições, não em decorrência de uma competição, e sim em função do valor que, com nosso serviço, estamos criando na vida do cliente. Ao nos concentrarmos em um nicho, acabamos por compreender e falar dos problemas de nossos clientes melhor do que eles próprios, adquirindo a capacidade de sermos percebidos como especialistas. Assim podemos colher as rendas daquilo para que fomos contratados com a confiança de nosso cliente para assegurar os melhores resultados. Trabalhamos com liberdade e prosperidade quando somos os especialistas na relação.

COMO EVITAR A COMPETIÇÃO FEROZ **127**

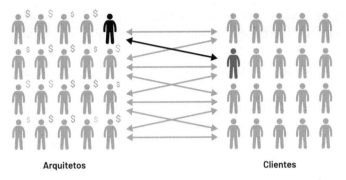

Quando localizamos primeiramente uma porta para abrir no mercado e depois oferecemos a solução específica, estamos enviando uma mensagem ao cliente que não passa despercebida: "você e seu problema importam". E por isso você também passa a ser importante para ele.

Sabe como se põe fim à competição feroz que vivemos? Dizendo *não* para trabalhar com qualquer um e dando poder à nossa *expertise*. Dizendo *não* à imensidão do mercado, e escolhendo, conscientemente, um nicho específico, damos poder ao *sim*. São relações de apreço mútuo, nas quais valorizamos nossos clientes e, por isso, nossos clientes nos respeitam.

Essa é uma nova forma de perceber a competição, naquilo que nos diz respeito. As circunstâncias que nos rodeiam no mercado são, em grande parte, geradas por nós: a forma como produzimos novos arquitetos, a forma como organizamos nossas associações, a forma como exercemos a profissão.

A origem da competição entre arquitetos está em nossa falta de compromisso com os clientes que escolhemos servir.

Saber arquitetura não é suficiente para ser arquiteto. Faz falta um propósito, um farol, uma finalidade: ou seja, um nicho de mercado claro e com potencial. Somente assim começamos a sair do círculo vicioso do "muito trabalho ruim". Para isso, a lição mais importante é aprender a dizer *não*.

Ao definirmos nossa direção profissional (para que sou arquiteto?, a quem serve meu trabalho?, que problema resolve meu conhecimento?), deixamos de exercer a profissão como generalistas. Quando alguém aparece em nosso caminho (um possível cliente) e nos solicita um *trabalhinho* que não se enquadra em nosso âmbito escolhido, devemos ter a coragem de dizer não, ainda que saibamos fazê-lo.

128 O MERCADO

Esse *trabalhinho* não só nos fará perder tempo, dinheiro e entusiasmo, como também nos fará deixar de obter outros encargos que se alinham com nossa *expertise*. Não é só o que perdemos, mas ainda o que deixamos de ganhar. E isso não se paga. Com delicadeza rechaçamos essa distração e continuamos dedicados ao nosso caminho. Dizendo *não* aos demais, damos poder ao nosso *sim*. Ao nosso nicho. À nossa *expertise*.

Por outro lado, existe uma magnífica vantagem competitiva que podemos conseguir facilmente pelo simples fato de que a maioria dos arquitetos não trabalha tão bem. Não tome isso como algo pessoal e mantenha a atitude observadora. A reputação que temos ganho como categoria não é gratuita e tem causas muito concretas. Por exemplo, são poucos os arquitetos que assumem a responsabilidade econômica das obras que projetam, comprometendo-se seriamente com o orçamento do cliente. A culpa pode ser do construtor, mas a responsabilidade é apenas nossa. Esse grande defeito, que muitos compartilham na profissão, é uma vantagem para aqueles que buscam se diferenciar. Comprometer-se com o dinheiro limitado do cliente, velar por seus recursos com dedicação, acalentar suas ideias que com tanto entusiasmo divide consigo e fazer bom uso do tempo são aspectos que, embora pareçam lógicos, quase ninguém pratica. Se você decide assumi-los em seu trabalho, automaticamente conseguirá uma outra luz aos olhos do cliente. E não há melhor notícia para escapar da competição do que o fato de que ela trabalha mal.

9.
ESTABILIDADE PROFISSIONAL EM UM MERCADO CAMBIANTE

O emprego seguro e de qualidade encontra-se em vias de extinção. É lógico que num mercado cada vez mais instável, em que mal se conhecem as metodologias de criação de negócios, torna-se cada vez mais difícil as empresas e escritórios de arquitetura oferecerem um contrato fixo e melhores condições. Não é só pela chegada de uma crise ou pandemia; pode ser também uma mudança na legislação ou a chegada de uma nova tecnologia que transtorne nosso ecossistema profissional e faça com que os clientes cancelem encomendas, fiquem sem dinheiro ou deixem de nos chamar. A velocidade com que sucedem essas mudanças no mercado é cada vez maior, e esse fenômeno tem deveras o nome de "destruição criativa", expressão cunhada pelo economista austríaco Joseph Schumpeter, em meados dos anos 1950.

A média de tempo que uma empresa permanece ativa nos índices da bolsa é cada vez menor. Em 1960, a expectativa de vida de uma empresa no Standard & Poors estadunidense era de cinquenta anos; em 2015, de apenas quinze anos. Uma das causas principais tem a ver justamente com a destruição criativa: nunca foi tão fácil criar uma solução e fazê-la chegar aos clientes.

130 O MERCADO

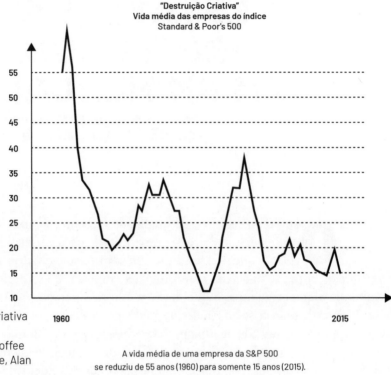

A destruição criativa em ação.
Fonte: When Coffee & Kale Compete, Alan Klement.

A vida média de uma empresa da S&P 500 se reduziu de 55 anos (1960) para somente 15 anos (2015).

Quando uma proposta soluciona melhor do que outra o mesmo problema, uma delas morre. Isso faz com que o trabalho de muitos escritórios e empresas do setor vacile, porém impulsiona o engenho daqueles arquitetos que se dispõem a fazer melhor.

Por exemplo, muitas pessoas vivem angustiadas por não entenderem os planos bidimensionais que elaboramos. Alguns arquitetos utilizam modelos tridimensionais e infográficos em tempo real. As pessoas compram o que podem ver e sentir. Portanto, os arquitetos que produzem esquemas e planos abstratos perdem dinheiro. Outro exemplo: costumamos contratar um calculista que elabora medições e orçamentos de projetos. Alguns de nós aprenderam a utilizar um *software* de desenho para gerar esses dados e atualizá-los automaticamente. Assim, fazemos nossas próprias medições e orçamentos. Portanto, o calculista que elabora medições manualmente perdeu dinheiro.

9. ESTABILIDADE PROFISSIONAL EM UM MERCADO CAMBIANTE

O fenômeno da automação é também responsável pela destruição criativa, o que é fascinante porque elimina aquelas tarefas repetitivas e tediosas que a máquina pode perfeitamente executar, deixando aos humanos o que só eles sabem fazer. Isso pode ser incômodo, pois talvez nos obrigue a mudar a solução que oferecemos, mas sem dúvida faz parte da natureza do mercado, e quanto antes a aceitarmos, melhor.

O paradoxo é que, embora os estúdios ou escritórios tradicionais que não aplicam estratégias de negócio apenas se permitem pagar salários dignos a seus arquitetos empregados, hoje, graças a esse horizonte democrático, qualquer arquiteto, em praticamente qualquer lugar do mundo, pode conseguir seus próprios clientes. Estamos em face de uma claríssima modificação de tendência profissional (nem boa, nem má; lembre-se, você é um observador) em prol de uma autonomia que defende a responsabilidade, a proatividade e a liberdade de cada um de nós.

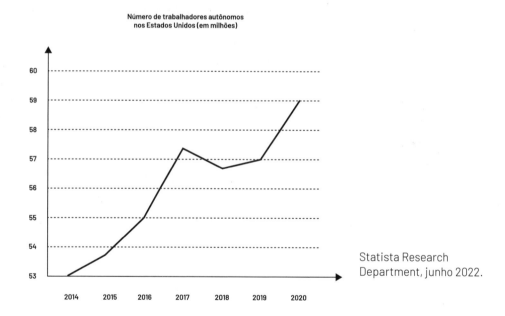

Statista Research Department, junho 2022.

Em geral, nascemos e fomos educados dentro de um sistema de garantias no qual ter uma carreira universitária assegura um emprego digno e próspero, e pensamos que tudo o que foge a essa condição nos leva a

132 O MERCADO

entrar em uma selva incerta e perigosa. É certo que os arquitetos que trabalham por conta própria vivem com uma enorme instabilidade (não muito diferente dos que trabalham por conta alheia), porém é importante saber que essa instabilidade não é consequência de ser independente, *e sim da forma como se exerce a independência.*

Com o tempo, observei que, quando nos lançamos em nossos próprios projetos, o fazemos seguindo três métodos de duvidosa efetividade:

Método "Esperança"

Costuma ser assim que quase todos nós iniciamos, quando nossas ações são passivas e esperamos resultados sem muito vigor de nossa parte. Um exemplo habitual é abrir uma página na rede, compartilhá-la com nossos contatos e esperar que ocorra um milagre. Ou abrir um perfil no Instagram e publicar o portfólio, esperando receber dezenas de *likes*, seguidores e clientes. Não acontece muito mais coisa com esse método porque ele consiste sobretudo em esperar.

Método "Mil Tiros"

No extremo oposto, quando cansamos de esperar, alguns (não todos) começam a experimentar mil coisas diferentes, tratando de aumentar as possibilidades de encontrar esse cliente, mas sem contar com uma estratégia clara e definida. É quando tiramos os blocos adesivos de anotações e criamos uma bateria de tarefas para mobilizar contatos, preparar apresentações, propor ideias gratuitamente a instituições, organizações e particulares duvidosos etc. Parece que acontecem coisas, mas a conta bancária permanece vazia.

Método "Devagar Que Tenho Medo"

Quando alguns poucos de nós chegam à conclusão de que necessitamos de uma estratégia para garantir o fluxo de clientes, somos vagarosos para pedir e implementar a ajuda de que precisamos. Com o passar do tempo, nos desgastamos, frustrados e

9. ESTABILIDADE PROFISSIONAL EM UM MERCADO CAMBIANTE

decepcionados pelo que a arquitetura nos devolve e terminamos por pensar que trabalhar como arquitetos autônomos é instável.

O mercado e a independência não são instáveis. É a nossa forma de nos relacionarmos com ele que gera instabilidade na carreira. Tendo um sistema para criar uma estratégia de negócio cambiante, que nos permita nos adaptar perfeitamente às mudanças naturais do mercado, a independência é o lugar mais seguro para nos exercitarmos hoje em dia, pois, literalmente, somos livres para mudar quando preciso.

**Hoje, o segredo da estabilidade
é a mudança constante, com estratégia.**

Cada nicho de mercado experimenta suas próprias mudanças e movimentos. Em decorrência do nicho de mercado escolhido para traçar sua estratégia, você deverá então definir sua própria linha de tendência para saber de onde ela vem, em que momento se encontra relativamente à necessidade que você detectou, e para onde se dirige.

10.
MEDO DE NÃO CONSEGUIR CLIENTES. MEDO DE CONSEGUIR CLIENTES

Sair para o mercado havendo definido um nicho é como uma aposta. Não podemos nos esconder porque definimos um conjunto de pessoas para nos dirigir e das quais esperamos uma determinada resposta. É possível medir o específico; não é como lançarmos um portfólio no ciberespaço e percebermos um reconfortante, mas enganoso, chapinhar de reações que nos fazem pensar que algo está ocorrendo. Quando chamamos uma pessoa por seu nome, essa pessoa pode voltar-se para nós ou seguir caminhando. Não há meio tom. Não há escapatória.

Sem dúvida, quando se sai para o mercado, acredita-se e espera-se que tudo ocorra bem, imaginamos que a necessidade que pensamos que nosso nicho tem é real e cheguem os clientes. Contudo, pode suceder o contrário. Pode ocorrer, na prática, que ninguém se identifique com a necessidade que lhe é atribuída e que não haja senão silêncio na caixa de e-mails. Se eu tivesse que adivinhar aquilo que lhe dá medo, diria que é fracassar. Mas o certo é o que minha experiência me ensinou – do que verdadeiramente temos medo é que tudo nos saia bem. É ter êxito.

Você está compreendendo que a estratégia deste manual simplesmente não admite fracasso, porque seu fundamento é a iteração constante com o *feedback* que se recebe do mercado até que se alcancem os resultados: um fluxo constante de clientes. Quer dizer, esta metodologia se estende até que funcione e é impossível que nos deixe abandonados pela simples razão de que acabamos descobrindo o que as pessoas desejam com mais força para oferecer precisamente o que pretendem. Então, é impossível sair-se mal. Tão certo quanto saltar e retornar de imediato ao chão, mantendo-se, pois, a constância na estratégia iterativa, está-se fadado ao êxito no mercado.

Ao longo dos anos, e após trabalhar com milhares de arquitetos, observei que no momento de sair para o mercado, em que pomos em marcha nossa estratégia e concentramos nossa vocação no nicho escolhido, o medo aumenta consideravelmente e, em alguns casos, pode ser paralisante. Se sabemos que o fracasso não é possível, a conclusão é que o êxito é que nos dá pânico, pois é o único lugar em que ainda não estivemos.

Queremos encontrar nossos clientes, mas nos invade a timidez e a vergonha de nos expormos. É muito fácil publicar uma foto do projeto que se fez no mês passado, mas isso só faz com que você se pareça com "mais um arquiteto falando de sua arquitetura". É menos fácil e mais incômodo gravar um vídeo falando diretamente às pessoas a quem você se dirige. O mercado está aí para ser visto e conectar-se de forma significativa com as pessoas de quem se solicita a atenção. Ao mercado se vai carregado de incertezas, mas com a firme vontade de honrar sua estratégia. O habitual é que não se obtenham grandes resultados no primeiro dia, mas é só uma questão de tempo. Por isso, o único segredo para prosperar no mercado é enfrentar o medo que se tem de gerar os novos desafios que mudarão sua vida.

Recordo ainda o momento em que também saí para o mercado para encontrar clientes pela primeira vez, valendo-me dessa estratégia. Alguém me disse que eu deveria ter fé; não a fé religiosa, mas a absoluta certeza de que eu seria capaz de assumir com entusiasmo os desafios a que estava entregue, agindo com estratégia. Com o tempo, pude comprovar na própria pele que essa fé é um requisito crucial no caminho de qualquer empreendedor, e que se compõe de dois elementos inseparáveis: ação e confiança. Não podemos praticar a fé sentados em uma poltrona, confiando em que tudo sairá bem; porém, tampouco podemos praticá-la entrando em ação com desinteresse e desconfiança. São dois ingredientes que devem estar presentes diariamente, e um retroalimenta o outro.

"Mas, a princípio, Caterina, se ainda não obtive resultados, é muito difícil sentir confiança." Lógico. Não espero que você tenha a certeza natural de que acontecerá algo que jamais tenha vivido. Por isso começamos fingindo, "fazendo de conta que confiamos". Como no famoso

136 O MERCADO

ditado inglês: *Fake it, till you make it* (Finja até conseguir). Somente assim reunimos a vontade suficiente para nos ocuparmos da ação que, de nossa parte, não pode falhar.

A única coisa desconhecida em nossa carreira profissional é a sensação de que temos o controle e podemos conseguir clientes quando necessitamos. Todos os arquitetos desejam isso, mas nem todos nós estamos dispostos a fazer o que falta para consegui-lo: nos libertar do que os demais possam pensar, superar a crença de que um generalista tem mais possibilidades de obter clientes, vencer a timidez face à exposição e abandonar o apego ao que se quer fazer como arquiteto. Esses são, na verdade, os desafios que nos aterrorizam e muitos deles têm a ver com o julgamento dos outros, o que não deixa de ser uma representação do nosso. O melhor antídoto para o medo de ser julgado é deixar de julgar-se a si mesmo e aos demais.

"Fazendo como que" e entrando em ação, empreende-se a viagem do mercado para descobrir, por fim, o que as pessoas do nicho necessitam de você. E esse é o momento que se tem para expressar sua vocação, criando, com critério e fundamento, sua Proposta de Valor como arquiteto.

3

A
PROPOSTA

1.
COMO DESENHAR UMA VERDADEIRA "PROPOSTA DE VALOR"

Existem problemas em busca de uma solução, e soluções em busca de problemas. Desde já, sugiro a você que pertença ao primeiro grupo. Por isso, a proposta de valor que você desenvolver como arquiteto deve estar baseada num problema real de um grupo real de pessoas (nicho). É tentador começar a construir sua estratégia de negócio a partir daquilo que você deseja oferecer, mas é vital que você coloque suas ideias de lado até que tenha detectado a causa da sua oferta no mercado: o problema de alguém.

Só assim estaremos prontos para nos sentarmos frente ao papel em branco e criar um verdadeiro serviço de arquitetura, a proposta que apresentaremos no cenário do mercado para abrir uma porta na vida de certas pessoas, a chave. Esse pode ser um dos momentos mais criativos de um arquiteto: não quando imaginamos arquitetura, e sim quando somos capazes de idealizar sistemas de soluções a partir da arquitetura. As pessoas do nosso nicho sabem perfeitamente para onde desejam dirigir-se; o objeto de nossa criatividade, quando espremermos o cérebro para encontrar a forma de ajudá-las, não é o "que", mas o "como". O fato de que seja de pedra, de madeira, de metal, de argila ou plástico, redondo ou plano, alto ou baixo é uma questão secundária. A verdadeira potência está no sistema de solução que a sua arquitetura representa.

Por exemplo, imaginemos que os donos de empresas com espaços de escritório desejem melhorar a eficiência e a produtividade de suas equipes e, ao mesmo tempo, queiram reduzir seus custos de operação (aluguel, luz, infraestrutura tecnológica, mobiliário, manutenção etc.). Uma proposta de valor poderia ser (existem tantas propostas de valor quanto arquitetos criativos e ambiciosos) otimizar o espaço utilizando mapas de fluxo de produtividade, entendendo-se as dinâmicas das equipes e redistribuindo áreas e mobiliário para incorporar um modelo semipresencial, o que reduziria a superfície do aluguel e a infraestrutura, melhorando o rendimento dos empregados e ganhando em qualidade de vida e na retenção de talentos. Observe que isso é um sistema de solução que servirá para todas as pessoas do nicho que possuem o mesmo problema, necessidade ou desejo. O fato de usar alvenaria, gesso ou policarbonato para os tabiques é irrelevante quando se está pensando na proposta de valor de sua estratégia de negócio.

A verdadeira criatividade surge quando existem limitações ou condicionantes. A fronteira de nossa criatividade é o desejo de nosso nicho. Criamos um sistema de solução para que alguém consiga algo. O nicho não nos dirá como, porém, marcará o destino da viagem e isso é muito importante. Pense num taxista. Sua proposta de valor reside no fato de que somos nós quem indicamos o destino, mas é ele quem desenha o trajeto mais efetivo para nossas necessidades. O modelo do carro, a cor dos assentos e o tipo de perfume que pende do espelho retrovisor são aspectos secundários, da mesma forma que o fato de lhe convir passar por determinada rua ou a velocidade de trinta ou quarenta quilômetros por hora. Sua proposta de valor consiste em que cheguemos ao aeroporto em tempo, como pedimos. Sua proposta de valor é de *valor* por ser um veículo para o nosso desejo.

De modo semelhante, os clientes valorizam os nossos serviços única e exclusivamente na medida em que protegem o que é mais valioso para eles: seu dinheiro, seu tempo, seu sonho. Por isso, e no sentido mais estrito, o tipo de arquitetura que fazemos não é uma medida de valor, assim como não é o modelo de táxi com o qual chegamos ao aeroporto. É preciso aceitar que os clientes só valorizam seus próprios interesses e motivações, e esta deve ser a base de qualquer proposta que façamos.

Você está entendendo que uma proposta de valor é uma criação conjunta entre o que você quer oferecer e o que o nicho quer obter. Agora que você está sentado em sua casa ou escritório, isolado do exterior, com seus próprios pensamentos, encontra-se em condições de criar 50% de sua proposta de valor. Os outros 50% estão lhe esperando no mercado,

142 A PROPOSTA

na forma de *feedback* do seu nicho, com os gostos, opiniões e preferências próprios desse nicho, que indubitavelmente você terá de incorporar quando chegar o momento. Seu serviço é um presente para eles, não para você. Por isso, não queremos investir milhares de horas dando voltas em suas ideias, aperfeiçoando seu serviço até a saciedade, antes de sair ao mercado. Em vez disso, desenvolveremos a "Proposta Mínima Viável", uma versão sintetizada de sua proposta de valor com a qual sair ao mercado para começar a receber o *feedback*. Essa versão deve responder a três perguntas comuns dos clientes de forma precisa:

- que probabilidade tenho de conseguir meu desejo? (promessa)
- quanto e quando devo pagar? (dinheiro)
- quanto tempo levarei para conseguir meu desejo? (tempo)

**Nossa proposta de valor é,
fundamentalmente, uma promessa.**

No momento em que entendemos isso, sabemos que uma promessa só é valiosa se aquilo que prometemos não é banal nem facilmente realizado por qualquer um. O nível de impotência do nicho para lograr sua situação desejada é diretamente proporcional ao valor que terá sua ajuda para alcançá-la. Muitos arquitetos prometem um projeto de arquitetura e fracassam no intento de valorizar o trabalho precisamente por isso: ninguém quer um simples projeto de arquitetura. Temos que prometer o que vem depois, o resultado, a transformação da vida do nosso cliente. Justamente isso nos dá tanto medo.

Observe a diferença entre um arquiteto que promete a casa dos sonhos a um cliente e um arquiteto que promete a casa dos sonhos sem atrasos e com um orçamento fechado. O primeiro é banal e não implica qualquer compromisso para além daquilo que se assentou diante de um papel. Todavia, aqueles que prometem e se comprometem com aquilo que importa ao cliente acedem a uma dimensão privilegiada do exercício profissional porque contribuem com um valor real e, de volta, obtêm valor.

Como saber se estamos diante de uma verdadeira proposta de valor? É simples: se a sua proposta provoca embrulhos de estômago, se uma parte dessa proposta gera insegurança, se lhe assaltam pensamentos sobre

1. COMO DESENHAR UMA VERDADEIRA "PROPOSTA DE VALOR"

a capacidade de conseguir, se você sente riscos, se os percebe como desafios, então é uma proposta de valor. Essa é a porta de excelência profissional: o que poucos fazem e muitos evitam. Prometer algo valioso para outra pessoa gera um enredo natural, algo que qualquer ser humano sente quando defende a possibilidade de fazer algo diferente e tornar possível realidades impossíveis para os demais. É o suor de um cirurgião que opera o coração para fazer desaparecer a enfermidade. É o tremor da mão de um piloto quando faz o avião levantar voo. É a vigília de um esportista na noite prévia da competição. Essa tensão frente ao desconhecido é o que nos posiciona em um lugar de vantagem absoluta como profissionais autônomos.

Não fazemos arquitetura para prometer desenhos coloridos. Com nossa arquitetura prometemos que a vida mudará. O alcance de nossa responsabilidade marca nossa ambição e nossa vocação.

A régua que mede o valor que recebemos de volta é a que mede até onde estamos dispostos a ajudar as pessoas. Minha sugestão para desenvolver uma verdadeira proposta de valor é estabelecer o compromisso de acompanhar os trabalhos até o final do seu destino; não deixar os clientes abandonados pelo caminho com meia solução nem oferecer a eles algo que sabemos que não servirá para alcançar seus desejos, só porque queremos fazer "um tipo de arquitetura".

Decidimos ajudar um conjunto de pessoas com problema, necessidade ou desejo. O sentido real do valor é possuir a utilidade de acompanhá-las para cruzar a porta até a situação desejada. Há que se ter valor para oferecer valor. Só os arquitetos *valentes* estão aptos a oferecer soluções *valiosas*. Assim o demonstra o mercado.

2. RELAÇÃO ENTRE VALOR E DINHEIRO EM ARQUITETURA

Embora tenhamos escutado muitas vezes a expressão "proposta de valor", existe uma grande confusão com respeito ao seu significado. A maioria dos arquitetos pensa que o valor recai no próprio projeto: suas fases, prazos de entrega, metros quadrados, horas gastas etc. E compartilhamos três pensamentos sobre o esquema de valor do nosso trabalho:

- os clientes compram arquitetura;
- os clientes não valorizam a arquitetura;
- os clientes são um obstáculo para a arquitetura.

Tais pensamentos, que trazemos desde a faculdade, se apoiam, por sua vez, em uma crença muito profunda e característica de nossa agremiação em particular:

Tudo o que custa e requer esforço vale.
Falso!

Formar-se em arquitetura supõe um grande esforço. Exercê-la depois como profissional é complexo. Suportar a responsabilidade de nosso trabalho é muito duro. "Tudo isso deve ser valorizado", pensamos. Por isso nos sentimos frustrados quando sentamos frente a um cliente que não está disposto a pagar o que pedimos.

Nosso esquema de valor deve ser reiniciado por completo e por isso necessito que você compreenda as seguintes ideias-chaves:

▪ O valor nada tem a ver com o "esforço"

No mercado não existe qualquer relação entre o esforço, que supõe oferecer uma solução, e o valor dessa solução. O mercado não premia o fato de que nos matemos de trabalhar, nem a falta de sono pelas noites que estivemos preocupados, nem o investimento que fizemos durante uma década de nossa vida para obter o título e a licença profissional. Insaciável e ininterruptamente, o mercado só procura valor. Ou seja, justamente o elemento que considerávamos mais importante para medir o valor de nosso trabalho (esforço, dificuldade, complexidade) não apenas não importa a ninguém, mas ainda por cima nos afasta de sermos rentáveis.

Na hora de oferecer esse valor ao mercado, devemos considerar um equilíbrio importantíssimo entre o que resulta *atrativo* para o cliente e o que resulta *rentável* para nós.

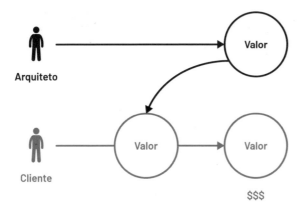

O que mais vale no mercado? Uma solução valiosa para o nosso cliente que supõe pouco esforço nosso ou uma solução inútil para nosso cliente que supõe muito esforço nosso?

Esse é o estigma que nós, arquitetos, carregamos no mercado. Pertencemos a esse conjunto de profissionais que construiu uma grande expectativa sobre o sacrifício, o esforço e o sofrimento que, depois, seriam recompensados pelo mercado. Nos *campi* universitários é bastante comum que sejam precisamente as aulas da escola de arquitetura as que ficam abertas 24 horas. Educados por esse esquema de valor, colocamos o maior esforço e quantidade de horas sem saber que o valor nada tem a ver com

146 A PROPOSTA

isso. Literalmente, as pessoas pensam de nós: "que pena desses arquitetos, com tudo o que sabem e a responsabilidade que têm, se matam de trabalhar para ganhar uma miséria".

▪ O valor nada tem a ver com a quantidade

Pense, por exemplo, na florista do seu bairro. Na próxima vez que for comprar um ramalhete de rosas, observe que um pequeno conjunto de apenas oito ou dez rosas, que murcharão dentro de poucos dias, tem um preço muito superior ao de um pacote de cinquenta sementes, com as quais se obtêm inúmeras rosas. Por que alguém iria pagar mais por menos rosas? Porque soluciona um problema.

50 sementes de rosa
0,08 € a unidade

Pensamos que fatores como a quantidade de material, o número de horas, a idade etc. são fatores determinantes para estabelecer o valor de algo

1 ramo de rosas
5 € a unidade

No entanto, é a solução/o resultado/ a transformação que determina o valor de um produto ou um serviço e, portanto, seu preço

O que uma pessoa paga por esse ramalhete de rosas não é o ramalhete em si, mas o tempo que se economiza para se cultivar algumas sementes. A pessoa não está comprando flores, está comprando tempo e uma solução específica que deve obter de imediato. Essa é a única razão que justifica pagar um preço extraordinariamente superior por menos quantidade de rosas; não se buscam rosas, e sim conseguir uma situação desejada (uma surpresa para uma cena romântica, o rosto de felicidade de quem faz anos, a satisfação de presentear etc.).

Como os arquitetos desenvolvem tradicionalmente obras físicas construídas, tendem a equiparar o tamanho e a quantidade desse objeto ao

2. RELAÇÃO ENTRE VALOR E DINHEIRO EM ARQUITETURA   **147**

valor do serviço profissional, associando honorários a metros quadrados ou orçamentos de execução. Mas o que teria ocorrido se o escritório de arquitetura encarregado de projetar a loja da Apple na Quinta Avenida houvesse cobrado seus honorários apenas por metro quadrado? Não somente teria perdido um cliente, indignado por honorários tão baixos, mas ainda teria perdido a oportunidade de cobrar pelo valor que se supõe que essa loja tenha para o cliente, que acabou sendo o ponto de venda mais rentável de toda a companhia[41]. Se um certo metro quadrado supõe um ingresso anual de um milhão de euros para meu cliente, seria sensato cobrar por um miserável metro quadrado ou pelo milhão que sou capaz de gerar?

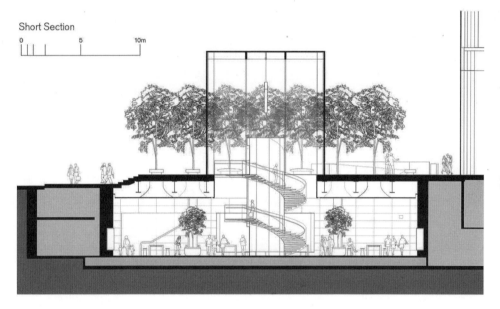

Projeto original de 2006. Bohlin Cywinski Jackson. Renovação de Foster-Partners finalizada em 2019. Fonte: Foster-Partners.

Romper a relação valor-quantidade, assim como a relação valor-esforço, significa que você poderá libertar-se da cadeia da precariedade, que o torna vítima do seu próprio sistema de valor distorcido.

Lembre-se de que, no mercado, as pessoas se movem por suas próprias emoções. São as emoções, associadas ao objetivo delas, que possuem valor e que, portanto, estão associadas ao preço. Quanto mais poderosas e profundas forem as emoções associadas ao desejo, maiores valores terão e mais dinheiro poderemos cobrar para ajudar um determinado cliente a conseguir o que deseja. Observe, então, que o preço do serviço não tem nada a ver com o seu esforço ou quantidade de horas empregadas. Tem a ver unicamente com o fator emocional do seu cliente.

Quer dizer, o preço não é a métrica que se extrai de um coeficiente matemático racional. O preço se estabelece por meio das emoções e é uma medida puramente subjetiva, baseada no desejo da outra pessoa. Assim, além do portfólio, você pode queimar as tabelas de honorários de sua ordem profissional, porque elas subestimam em demasia o poder emocional do seu cliente e medem o valor do serviço em função de "esforço e quantidade" (ou, o que dá no mesmo, fazem de você escravo de um sistema de valor disfuncional no qual se você quer cobrar mais é preciso que trabalhe mais duramente e por mais horas). A única forma de cobrar honorários melhores é desenvolvendo a empatia necessária para saber o que querem as pessoas e colocar-se exatamente como a solução entre elas e os desejos que elas apresentam.

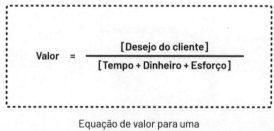

Equação de valor para uma proposta arquitetônica

Um exemplo bastante popular que mostra o que é valioso para os outros foi dado, em uma de suas aulas, por Theodor Levitt, professor da Harvard Business School: "People don't want to buy a quarter-inch drill. They want to by a quarter-ich hole!" (As pessoas não querem comprar uma furadeira que tenha uma broca de um quarto de polegada. Elas querem comprar um buraco de um quarto de polegada). Poderíamos, inclusive, ir mais longe: em função da utilidade que possa ter o buraco na parede, cada pessoa poderá estar disposta a pagar mais ou menos por ele. O valor

2. RELAÇÃO ENTRE VALOR E DINHEIRO EM ARQUITETURA **149**

do buraco para pregar a Mona Lisa na parede do Louvre é muitíssimo maior do que os buracos necessários para dependurar toalhas no seu banheiro. São as emoções associadas ao resultado de usar furadeira que têm preço, não a furadeira em si. Outro exemplo: você é um amante de um bom café pela manhã e, por isso, todo dia você escolhe a cafeteria ou o bar mais caro do bairro. Imagine, além disso, que seja domingo, que tudo esteja fechado e não haja café em casa. Você será capaz de percorrer uma distância ainda maior do que a habitual para conseguir um café ainda mais caro. Quantos quilômetros você estará disposto a se deslocar? Quanto está disposto a pagar? Essa medida não é estabelecida por quem vende o café; na verdade, você e seu desejo a estabelecem. Por isso o preço de nossos serviços não somos nós quem ditamos; nossos clientes e seus desejos é que o determinam.

Claro que há uma relação direta entre a escassez de uma solução e seu valor. Havendo tantos arquitetos quanto somos oferecendo o mesmo tipo de serviço, o valor que aduzimos, ao oferecer arquitetura, tem um limite. Daí ser crucial aprendermos a observar o mercado para detectar nichos com problemas singulares e oferecer soluções específicas que não estejam sendo ofertadas por centenas de arquitetos ao mesmo tempo. Não é possível exercer prosperamente a profissão de arquiteto pretendendo vender (*sua*) arquitetura. É preciso vender (*seus*) desejos.

O preço é aquele que o cliente põe.
O valor é aquele que o cliente recebe.
Não é o que você faz como arquiteto, é o que os seus clientes recebem.

Não representa valor e, portanto, não representa dinheiro (arquiteto, sua arquitetura)	Sim, representa valor e, portanto, sim, representa dinheiro (cliente, desejo do cliente)
▪ esforço	▪ promessa
▪ horas	▪ emoção
▪ superfície	▪ escassez
▪ orçamento de execução	▪ retorno

3.
CHAVES PARA A DIFERENCIAÇÃO DA PROPOSTA: INOVAR

Quando menciono a diferenciação para potencializar nossa estratégia de negócio, não me refiro ao estilo arquitetônico de cada um, ao logotipo do estúdio ou ao nome pessoal. Claro que tudo isso é diferente em si mesmo, mas não se encontra aí o segredo para a diferenciação aos olhos de nossos clientes. Você pode fazer a prova ao buscar "arquiteto" ou "serviço de arquitetura" na internet e analisar como a vasta maioria se apresenta no mercado.

"Oferecendo soluções originais para a arquitetura e o desenho."

"Escritório de arquitetura e desenho em (cidade). Especialistas em desenvolver projetos residenciais e corporativos."

"Estúdio multidisciplinar especializado em projetos residenciais, lojas e farmácias. Nossas bases são a estética e a funcionalidade."

"Serviços de arquitetura. Transformamos seus sonhos em realidade."

"Arquitetura, desenho, interiores, obras."

"Desenho multidisciplinar: arquitetura, paisagismo e mobiliário."

"Projetamos suas ideias e as tornamos realidades."

"Projetos, documentação, interiores, direção de obra."

"Estúdio de arquitetura fundado por (fulano), especializado em projetos de arquitetura integral."

Observe que todos falam de arquitetura, mas ninguém fala com precisão da promessa que nossa arquitetura consegue, quer dizer, da proposta de valor. "Transformamos seus sonhos em realidade" ou "oferecemos soluções originais" é o mesmo que dizer "nada". Quando alguém procura uma solução para seu problema, é isso que encontra: uma sopa de arquitetos com muito talento falando sobre arquitetura.

Você se surpreenderá ao saber que, para nossos clientes, resulta ser tão difícil nos encontrar quanto nós a eles. Imagine se você tivesse uma hérnia de disco e ao buscar na internet o que fazer os resultados fossem: "médico com muita experiência", "cirurgia cardiovascular", "extração de pedras dos rins", "neurocirurgião em finais de semana", "recuperamos sua saúde". Seguramente você se poria a chorar.

Nessas circunstâncias, o que você faria se fosse o cliente na hora de procurar um arquiteto? Imediatamente pensaria no cunhado, que é arquiteto, ou na sobrinha de sua companheira, que também é arquiteta, o que já supõe um diferencial (com certeza prejudicial para o cunhado ou a sobrinha, que perderão dinheiro por trabalhar com familiares e amigos).

Agora, se você não conhece ninguém nem quer saber de seu cunhado, provavelmente escolherá três ou quatro arquitetos ao acaso, frustrado com os resultados, porque ninguém soube escutar seu problema específico, e pedirá uma reunião com cada um deles para obter um dado diferencial quando todas as opções parecem iguais. Suponhamos que, depois dessas reuniões, os quatro arquitetos lhe passem os seguintes honorários:

$$\text{Arquiteto 1} = 2.500 \ €^*$$
$$\text{Arquiteto 2} = 6.700 \ €$$
$$\text{Arquiteto 3} = 7.300 \ €$$
$$\text{Arquiteto 4} = 12.500 \ €$$

Você não vai querer trabalhar com o mais caro e, no melhor dos casos, tampouco com o mais barato. Digamos que você fique com os dois intermediários. Mas são tão parecidos que se faz necessário encontrar

. . . .

* Como o importante no trabalho é a proporção entre os valores informados, ao longo do texto o euro foi mantido como padrão monetário. (N. da E.)

152 A PROPOSTA

outras pistas para diferenciá-los. Como? Pedindo-lhes algum desenho, um esboço, um anteprojeto… o concurso infernal que todos conhecemos. Até onde esteja disposto a chegar cada um, só prejudica a relação hierárquica com o cliente: aquele que mais longe for é o que menos profissionalismo demonstra com o cliente.

Como se vê, o problema de parecerem iguais não só afeta nossa capacidade para fechar com clientes e cobrar mais por nossos serviços, mas ainda a qualidade da relação que forjamos com os clientes que nos contratam.

Quando uma pessoa vai ao mercado buscando uma solução para seu problema, ela sempre se apoia no contraste ou na diferença para tomar uma decisão. É inevitável, pois faz parte de nosso sistema cognitivo para detectar a melhor opção. Por isso, é crucial que aprendamos a canalizar essa diferença para que nos meçam com a régua adequada.

As réguas para medir os arquitetos que não possuem uma estratégia de diferenciação são:

1. Familiaridade (conhecido de, indicado por).
2. Honorários.
3. Disposição para começar a trabalhar sem cobrar.

Já as réguas para medir os arquitetos que possuem uma estratégia de diferenciação são:

1. Promessa ou o firme compromisso que se assume perante o cliente para ajudá-lo a lograr a situação desejada.
2. Expectativas (a empatia necessária para conhecer e cuidar das expectativas e dos recursos econômicos, do tempo e das emoções durante o processo).
3. Confiança (a prova do que você diz e do que você faz coincidem na prática. A confiança não se recebe, se ganha).

A diferenciação como estratégia se refere ao impacto que terá na vida das pessoas de nosso nicho. Estamos fazendo uma diferença em sua vida? Qual é esse diferencial? Por que você, e não outro arquiteto, faz a diferença? Não se trata de ser diferente por ser diferente. Poderíamos pintar nossa arquitetura de rosa e nos vestirmos de unicórnios sem que com isso

3. CHAVES PARA A DIFERENCIAÇÃO DA PROPOSTA: INOVAR **153**

fizéssemos o cliente nos contratar. O diferencial que marcará um antes e um depois em nossa estratégia de negócio tem a ver com a promessa que somos capazes de cumprir para os demais.

Quer ser diferente? Quer inovar no campo da arquitetura? Quer oferecer uma solução única, singular? Aprenda a escutar o que outros arquitetos não são capazes de escutar. Como disse Seth Godin: "You can't be seen until you learn to see." (Você não pode ser visto até que aprenda a ver.)

Somente assim estaremos preparados para armar uma proposta de valor *diferente*. Quando saímos para o mercado, nos expomos numa vitrine juntamente com outras centenas de arquitetos, e quanto mais soubermos a respeito das pessoas que queremos que nos encontrem, mais fácil será para elas nos encontrar, pois seremos capazes de deixar pistas adequadas no caminho: as que sabemos que nelas ecoam.

A partir do primeiro segundo que os olhos desse estranho pousarem em nossa proposta, devemos canalizar sua percepção se quisermos criar um impacto único que, automaticamente, descarte outras opções vagas ou generalistas. Essa é a sequência natural que devemos cumprir:

▪ Cinco segundos para cativar sua "atenção"

Quando alguém passa casualmente por seu perfil, ou se depara com uma publicação ou o escuta pela primeira vez, há uma mensagem que temos de lhe fazer chegar nesses cinco segundos que queremos que se detenha para depois passar à fase seguinte. Essa mensagem é a expressão da sua proposta de valor e deve reunir três ingredientes essenciais: a quem você ajuda, o que conseguem as pessoas que você ajuda e como você faz. É o que chamamos sua "promessa de marca" ou "mensagem nuclear" (no ponto seguinte do manual desenvolveremos isso em profundidade).

▪ Cinco segundos para gerar "confiança"

Se a sua mensagem calou na pessoa, a primeira coisa que ela se perguntará é "quem será esse fulano?". A ferramenta de confiança mais poderosa de qualquer ser humano é seu próprio rosto, e por isso sugiro que ponha uma foto de seu lindo rosto nos perfis que você utiliza, em lugar do logotipo

154 A PROPOSTA

insípido que não diz nada. Ponha seu rosto, escreva seu nome, não o do escritório ou estúdio. Publique um vídeo em que se escutem sua voz e pensamento, não a foto de seu último projeto. As pessoas querem contratar pessoas com quem iriam tomar um café, não seres intelectuais iluminados, superiores, com ares distantes e corporativos.

▪ Dez segundos para criar "identificação"

Uma vez que você tenha gerado confiança em seu cliente potencial, eis a chave da sequência que marcará a diferença nos passos seguintes que essa pessoa decidirá dar: ou continua o dia como se nada tivesse acontecido ou lhe escreve uma mensagem. A chave aqui é a identificação com os temas que você trata em seu perfil, se são de seu interesse e se ressoam em suas motivações ou não. Por isso, não há sentido que em seus perfis você fale do que lhe agrada como arquiteto, e sim do que você sabe a respeito do nicho, daquilo que lhe interessa ou preocupa. Nesse ponto, o objetivo é que o cliente potencial pense "esse fulano está lendo minha mente" e se sinta impelido a estabelecer contato com você.

Com as indicações dessa simples sequência, você garante um impacto diferente nas pessoas que se encontram com você. A velocidade com que uma pessoa lhe põe na caixa de "arquiteto típico" é surpreendente. Daí que, desde o primeiro segundo, deve-se cuidar da percepção e mostrar-se tal como se é: uma pessoa que decidiu escutar e dar respostas às necessidades de outra pessoa.

4.
COMO COMUNICAR SUA PROPOSTA DE VALOR

Proponho um exercício espetacular para que você mesmo comprove a distância comunicativa que pusemos entre nós e o resto das pessoas, utilizando o conceito nuclear que descreve nosso trabalho profissional.

Pegue o seu telefone e chame agora mesmo cinco pessoas de seu conhecimento, que não sejam arquitetos, e pergunte a elas, sem outras explicações: "O que você entende por um projeto arquitetônico?" Anote em seguida as respostas recebidas.

1. _____
2. _____
3. _____
4 _____
5. _____

Então você pode refletir por alguns minutos sobre o fato de que essas pessoas possuem apenas uma vaga ideia do que significa o eixo fundamental com o qual comunicamos nosso trabalho, quer dizer, vendemos projetos de arquitetura quando, em realidade, quase ninguém sabe que diabo isso significa.

A PROPOSTA

Além do mais, não se entende o que fazem em absoluto todos os arquitetos ao se dizer exatamente: "projetos arquitetônicos". Lembre-se de que chamar a nossa proposta de valor por aquilo que fazemos é um erro muito grave que afeta diretamente o valor percebido pelos clientes, porque não nos diferencia. Todos nós dizemos que fazemos a mesma coisa. Além de não nos diferenciar, o que tem realmente valor para o cliente? Não é o nosso trabalho, não é o projeto nem a obra, os honorários ou as roupas que usamos em reuniões. O que tem valor para o cliente não é a arquitetura e sim o que se consegue graças a ela.

A maioria dos arquitetos cumpre três condições para passar completamente despercebida ou acabar no jogo dos descontos, competindo com outros arquitetos. Devido à nossa forma de comunicar a proposta de valor, o cliente:

- não entende;
- não vê qualquer diferença;
- não sabe que resultado conseguirá.

Ser arquiteto independente significa ser suficientemente empático e generoso para conseguir ajudar alguma pessoa com o sonho dela. O sonho dela. Quando falamos de comunicação, falamos de nos conectar com outra pessoa. A forma mais efetiva de criar essa ponte emocional entre nós e os clientes é falando deles: procurando compreender o que eles pretendem conseguir, saber quais são as suas preocupações, quais são suas motivações reais para nos contratar.

Justamente ao contrário do que acreditamos, em nossa comunicação, nós e o que fazemos deve ficar relegado a um segundo plano, deve ser colocado somente como meio, considerando, dessa forma, o objetivo do cliente como verdadeiro protagonista. Assim fica refletida a importância de se saber quem são essas pessoas e que mudança específica procuram realizar em vida, porque isso é o que se deve comunicar de forma concisa se você quiser que o entendam, o diferenciem e saibam que você é o único arquiteto que compreendeu o que era importante para elas.

Você já sabe que tem cinco segundos para cativar a atenção da pessoa do seu nicho. A ferramenta que usamos para isso é uma *fórmula* breve e original que descreve nossa Proposta de Valor seguindo algumas das

4. COMO COMUNICAR SUA PROPOSTA DE VALOR

seguintes estruturas e completando os espaços em branco em função das peças de sua estratégia:

Ajudo a _____ (NICHO) a _____ (SITUAÇÃO DESE-JADA) por meio de _____ (PROPOSTA DE VALOR).

_____ (PROPOSTA DE VALOR) para _____ (NICHO) que desejam, creem, apostam por _____ (SITUAÇÃO DESEJADA).

_____ (SITUAÇÃO DESEJADA) mediante _____ (PRO-POSTA DE VALOR).

Essa frase ou *slogan* também se conhece como "promessa de marca" ou "mensagem nuclear", e a diferença fundamental com respeito às descrições típicas de um escritório de arquitetura é que põe o foco no desejo que o cliente pretende satisfazer e nosso compromisso em ajudá-lo nesse propósito. Observe como as mensagens seguintes contêm uma ressonância muito diferente, dependendo se você fala do cliente e de seus desejos ou do arquiteto e do seu trabalho.

Não repercute em ninguém	Sim, repercute em alguém
Fazemos projetos de arquitetura e de reforma	Ajudamos donos de restaurante a atrair e fidelizar mais clientes através da decoração estratégica de interiores
Escritório de arquitetura: transformamos seus sonhos em realidade	Um plano arquitetônico-financeiro para famílias jovens que desejam realizar o sonho da primeira casa
Arquiteto especialista em construção e desenvolvimento imobiliário	Gera novas rendas de forma segura e sem estresse, mediante propriedades imobiliárias rentáveis

A PROPOSTA

Estúdio de decoração e de mobiliário infantil	Criamos juntos ambientes únicos para seus filhos com máximo aproveitamento de espaço
Empresa especializada em reforma e reabilitação de interiores	Desfrute e tenha renda com um lugar de descanso, com as melhores oportunidades de casas rurais à venda

Ao tornar pública sua promessa de marca em todas as vitrines do seu nicho (página web, perfis sociais, apresentações etc.), você poderá então comprovar os efeitos gerados e, a partir daí, realizar ajustes para refinar cada vez mais seus instrumentos de comunicação. Talvez seu nicho não se coadune com a forma com que você descreve a promessa; talvez não seja uma palavra e sim outra a que melhor se ajuste à situação desejada; talvez sua proposta de valor não expresse qualquer novidade tal como está. Sua mensagem não é estática e seus elementos mudarão em decorrência da retroalimentação que se receba do mercado. É assim que se descobre que o segredo para desenvolver uma comunicação potente é escutar. Primeiramente, escutar.

Uma vez que você verifique que sua mensagem encontra eco em seu nicho, e se encaixa perfeitamente com o que querem escutar, é habitual que as pessoas interessadas lhe escrevam diretamente, surpreendidas por você ter sido capaz de descrever, melhor do que elas, aquilo que estavam procurando. Esse é um momento dos mais satisfatórios que vivemos como arquitetos, porque começamos a compor nosso *Ikigai* na realidade do mercado; parece que, finalmente, a forma com que canalizamos nossa vocação adquire sentido e utilidade para alguém. Somos capazes de nos expressar com clareza e as pessoas se emocionam com uma mensagem que compusemos especificamente para elas.

As palavras que você utiliza para se comunicar com seu nicho, seja na fase de captação de clientes, ou ainda no próprio desenvolvimento do serviço, devem ser sempre compreensíveis. Na continuação, mostro um inventário de palavras gerais, próprias ao nosso trabalho, divididas em duas categorias, em função do grau de entendimento por parte das pessoas que nos contratam.

4. COMO COMUNICAR SUA PROPOSTA DE VALOR **159**

Palavras difíceis de entender	Palavras fáceis de entender

Interstício Licença	Sólido Amplitude
Licitação Ordenamento	Supervisionar Necessidades
Tectônico Execução	Quente Qualidade
Projeto Infografias	Terreno Garantia
Revestimento Geotécnico	Estética Imaginar
Direção Modelo	Negócio Permissão
Tipologia Instalações	Controle Planos
Emolumentos Volumetria	Fachada Imagens
Acabamento Levantamento	Duração Desejos
Anteprojeto Elevação	Realizar Obra
Programa Projeto básico	Documentação Construção
Insolação Iluminação	Desenho Espaço
Topográfico Projeto	Moderno Materiais
Execução Planejamento	Tranquilidade Pressuposto
Seção Empreiteiro	Cômodo Luz natural
Cota Planimetrias	Habitação Prático
Medição Diáfano	Luminoso Sonho
Detalhe Construtivo	Edifício Medida
Paramétrico Paramento	Moradia Serviço
Obra Modular	Atrativo Casa

Evite os termos mais difíceis de entender e aprenda a desenvolver uma comunicação próxima com seus clientes. A verdade é que ninguém paga para se sentir idiota.

5.
MODELOS E TIPOS DE SERVIÇOS DE ARQUITETURA

A proposta ou modelo de solução que desenhamos para nosso nicho pode conter muitas formas em função do problema, da necessidade ou do desejo para o qual esteja dirigido. Não obstante, antes de explicar-lhe quais são os modelos e os tipos de serviços com que trabalhamos na comunidade, é preciso saber que três são as características a cumprir para se lograr o objetivo principal, que é o de ser contratado por seu cliente em troca de honorários.

Saiba que, absolutamente, todas as pessoas contratam e adquirem soluções no mercado movidas por uma tensão entre uma situação atual (na qual se ressentem de um incômodo, o que representa um impulso) e uma situação desejada (pela qual se sentem motivadas ou desejosas, o que representa tensão). Essas forças emocionais podem minguar, no entanto, pela ação de outras duas forças igualmente poderosas: a inércia ou costume, e a ansiedade ou medo. Saber lidar com elas é responsabilidade do profissional por meio da solução que venha a propor, e esse é o verdadeiro segredo da inovação.

Caso você detecte um nicho de mercado com um problema, necessidade ou desejo, e a solução que lhe ocorre propor é *complexa*, então, com esse tipo de solução, você irá alimentar o vetor do medo ou da ansiedade dos seus potenciais clientes que provavelmente decidirão ficar como estão. Um exemplo disso é o típico serviço de arquitetura tedioso de projeto e de obra do qual todo cliente tem pavor por causa de suas intermináveis fases, resultados, documentos, decisões, palavras complicadas… Por outro lado, caso você idealize uma solução *estranha* para chamar a atenção dos clientes, eles decidirão não contratá-lo devido a uma inércia poderosa ou porque, por costume, preferem o que já é conhecido. Por exemplo, os rascunhos e colagens abstratas utilizados para representar as conclusões de um projeto, muito bonitos, mas que ninguém entende.

Um serviço de arquitetura realmente inovador deve considerar as resistências que uma pessoa encontra na hora de passar de uma situação atual a outra desejada, e assim reunir três características, se quisermos que seja um serviço valorizado e contratado:

▪ Um serviço de arquitetura tem de se mostrar "familiar"

Por exemplo, usar expressões como "fase de desenho" ou "fase de ideias" em lugar de "fase de anteprojeto" faz com que o cliente perceba as soluções que oferecemos de maneira mais próxima, o que, automaticamente, gera tranquilidade e confiança. Também é recomendável adotar aqueles aspectos aos quais o nosso nicho está habituado, incorporando seu imaginário de espaços e de utilidades ao desenho de nosso serviço. Por exemplo, os donos de um restaurante gostarão de ouvir que se levará em conta a sua proposta gastronômica e para as pessoas que trabalham em casa será muito positivo que tratemos da produtividade em nosso projeto. Embora o esquema possa ser o mesmo para ambos os casos (projeto + obra), considerar as particularidades de cada nicho facilitará a identificação.

▪ Um serviço de arquitetura tem de se mostrar "simples"

Não tem de ser simples, mas resultar simples aos olhos dos clientes. Nós desenvolvemos tarefas árduas, complexas, e muitas vezes perigosas, mas o cliente não tem de sabê-lo, já que isso (como já mencionamos) não tem valor para ele e, mais do que justificar nosso honorário, o que fazemos é espantar as pessoas. Ninguém quer contratar algo que se mostre embaraçoso. Ao contrário, será muito mais produtivo se na hora de desenhar o serviço você criar duas versões: uma para você, com todos os detalhes sobre o processo de trabalho, e outra versão edulcorada e sintética, em que se transmitam ao cliente os aspectos essenciais e, sobretudo, os objetivos a serem alcançados. Não é verdade que o cirurgião não lhe passa todos os detalhes do protocolo antes de você ir para a mesa de operação?

162   A PROPOSTA

Se o fizesse, acredite, você sairia correndo do hospital. O mesmo ocorre com clientes que contratam arquitetos; não precisam saber que existe uma coisa chamada "memorial descritivo" nem aprender a decifrar a medição de um projeto. Precisam saber quando e quanto devem pagar, que probabilidades têm de satisfazer seus desejos e quanto tempo para torná-los realidade. O simples ajuda. E o que ajuda é valioso.

▪ Um serviço de arquitetura tem de se mostrar "efetivo"

É evidente que se deve conseguir os efeitos para os quais fomos contratados: a situação desejada por nossos clientes. Por vezes queremos liderar parte da execução da obra, o que nada tem de mal sempre e quando o cliente percebe que assim se obtém a situação desejada. Do contrário, estamos deixando o cliente desamparado na metade do trajeto, o que pode fazer com que decida não contratar nossa solução, porque se revela meia solução. Se, por exemplo, seu nicho for o de pais e mães de crianças pequenas cuja situação desejada é desenvolver as crianças, é perfeitamente possível entregar um pacote de desenhos, com lista de compra, para que sejam eles mesmos os que implementem essas mudanças no dormitório. Mas se, por exemplo, o seu nicho for de pessoas do norte da Europa, aquelas que desejam desfrutar de uma segunda residência em um lugar de clima mais quente para escapar dos invernos escuros, vai--se compreender que não estarão dispostas a contratá-lo apenas por uns planos. A viagem haverá de ser completa.

Sempre que um serviço de arquitetura resulte familiar, simples e efetivo, o modelo pelo qual se opte terá de responder diretamente à necessidade de seu nicho e, dentro dele, às suas preferências e capacidade criativa. Dentro das diferentes possibilidades, podemos definir quatro modelos de serviços de arquitetura e quatro modelos de negócios derivados, que são os seguintes:

▪ Modelos de Serviços

Feitos para você – são serviços totalmente personalizados que o arquiteto desenvolve para um cliente específico. O arquiteto não necessita do cliente para executar seu trabalho (salvo tomadas de decisão). O cliente é

5. MODELOS E TIPOS DE SERVIÇOS DE ARQUITETURA **163**

totalmente dependente do arquiteto e voltará a contratá-lo cada vez que precisar de tal serviço. O volume de trabalho que o arquiteto pode abarcar é limitado porque está associado ao número de horas disponíveis no dia.

> Por exemplo, serviços de projetos
> e de obras para nichos particulares.

FEITOS COM VOCÊ.
Também são serviços totalmente personalizados que o arquiteto desenvolve para um cliente específico.

Nesse caso, sim, o arquiteto precisa do cliente para desenvolver uma parte de seu trabalho, o que leva à coordenação entre eles.

O cliente não é de todo dependente do arquiteto, pois realiza uma parte do trabalho.

O volume de trabalho que o arquiteto pode abarcar é maior pela carga associada ao cliente.

> Por exemplo, serviços de projetos e de obras
> para nichos profissionais, como promotoras imobiliárias
> ou empresas com equipe própria.

CONSULTORIA.
Também são serviços totalmente personalizados para um cliente específico.

Nesse caso, a carga de trabalho recai sobretudo no cliente, com o que o arquiteto pode abarcar mais volume.

O arquiteto depende do cliente para ver os resultados de seu trabalho.

Como o objetivo é ensinar o cliente (não o arquiteto fazer), o cliente não precisará contratá-lo uma segunda vez.

> Por exemplo, serviços de consultoria
> para implementação BIM em escritórios.

PRODUTO.

Nesse caso, são serviços *standard* para produção em série.

O mesmo serviço serve para muitos clientes.

164 A PROPOSTA

É necessário ter clientes para manter a produção ativa.

Como a produção está totalmente automatizada, é fácil escalar sem necessidade do trabalho do arquiteto.

Por exemplo, *software*,
revistas ou protótipos arquitetônicos.

■ Modelos de Negócios

ELEFANTE.
O modelo de negócios elefante costuma apoiar-se nos serviços "feito para você" e "feito com você", de grande envergadura e prazos dilatados, requerendo um mínimo de cinco ou seis clientes por ano para funcionar. A parte do negócio que mais tempo leva é a da produção e existe uma grande dependência de cada cliente, pela faturação que chega de cada um deles.

ENTRELAÇADO.
O modelo entrelaçado também costuma apoiar-se no tipo de serviço "feito para você" ou "feito com você", mas este tem menos envergadura. A quantidade de clientes costuma ser de um a três por mês, o que reduz a dependência de cada cliente. A chave está na coordenação dos projetos que terminam e começam para manter o fluxo de caixa, daí a denominação.

ISCA/ANZOL.
Esse modelo se baseia precisamente na combinação de vários modelos de serviço em um só, de forma que existe um serviço isca de menor escala, tipo consultoria ou produto, que permite ao cliente entrar em contato com o arquiteto tomando uma pequena decisão, e um serviço anzol de maior envergadura, tipo "feito para você" ou "feito com você", pelo que se pode optar pelo cliente depois. O primeiro supõe um fluxo de ingresso constante, ainda que reduzido; o segundo pressupõe um pico de ingresso maior, mas pontual, e ambos se retroalimentam.

VOLUME.
Nesse modelo se prioriza a quantidade de serviços, o que faz com que sejam do tipo "consultoria" ou "produto" para terem escala. Há uma dependência menor em relação a cada cliente, mas é preciso fechar com

5. MODELOS E TIPOS DE SERVIÇOS DE ARQUITETURA **165**

muitos para se obter uma rentabilidade mínima (normalmente, mais de seis por mês). Os processos são estandardizados, fazendo com que, em lugar da produção, a parte do negócio que mais tempo leva seja a captação.

Feito para você	- investimento inicial + personalização + clientes recorrentes - margem de erro + *expertise* reconhecida	Elefante
Feito com você	+ remuneração/cliente + esforço + tempo - substituível	Entrelaçado
Consultoria	+ substituível - tempo - esforço - remuneração/cliente - *expertise* reconhecida	Isca/Anzol
Produto	+ margem de erro - clientes recorrentes - personalização + investimento inicial	Volume

Como saber qual é o modelo de serviço e o modelo de negócio mais adequado? Será aquele que melhor responder às necessidades do seu nicho. Sempre é melhor começar por um modelo "feito para você" ou "feito com você", porque lhe permitirá conhecer de perto as necessidades do cliente, trabalhando lado a lado com ele. Uma vez que você tenha estruturado sua proposta de valor, conforme um desses modelos de serviço e de negócio, saiba que ele pode evoluir segundo suas prioridades, *expertise* e credibilidade no mercado.

Se, por exemplo, você trabalhou com vários escritórios, ajudando a implementar a tecnologia BIM em sua prática de trabalho, você terá uma experiência suficientemente diversificada para agrupar todo o seu conhecimento e antecipar os diversos casos em um pacote de lições pré-gravadas, passando de um modelo "consultoria" a um modelo "produto" que lhe permita automatizar e liberar tempo. Outro exemplo é o do arquiteto

166 A PROPOSTA

que, depois de trabalhar com clientes particulares, transformando espaços segundo um modelo "feito para você", decide reunir sua experiência e seu conhecimento para ajudar pessoas que querem transformar seus espaços por si mesmas segundo um modelo de "consultoria". E, a partir daqui, outro exemplo é o do arquiteto que, depois de haver realizado vários projetos de casas, com características similares, dá o passo para o modelo "produto", tendo a certeza de possuir protótipos de moradias fáceis de vender a um tipo de cliente concreto.

Lembre-se de que as três constantes a conservar são a familiaridade, a simplicidade e a efetividade. Dentro disso, o terreno de exploração será delimitado por sua criatividade no desenho da solução.

6.
COMO DEFINIR OS HONORÁRIOS
(SEM TABELAS DE COEFICIENTES, HORAS, METROS QUADRADOS OU ORÇAMENTOS DE EXECUÇÃO MATERIAL)

Podemos definir nossos honorários com referência a *coisas* ou a *valor*. Ou se cobra por coisas que serão dadas ao cliente, ou pelo valor que se cria em sua vida ou negócio. Não há uma relação direta entre as coisas e o valor; o cliente está disposto a pagar de acordo com o valor que percebe, não pelo esforço que você investe.

Quando definimos nossos honorários por coisas, sentimos a necessidade de justificar os honorários usando outras métricas, como os metros quadrados, as horas ou o orçamento da execução material. É o mesmo que ocorreria se um produtor de carros contasse as toneladas de aço para determinar o preço de seus automóveis. Rapidamente encontrará um teto em sua capacidade de criar riqueza, pois se quiser ganhar mais tem de trabalhar mais para conseguir mais aço. Quando definimos nossos honorários em função de coisas, estamos limitando sem querer nossa capacidade de ganhar dinheiro por dois motivos:

1. essas *coisas* representam esforços para nós (mais metros quadrados, mais horas, mais orçamentos para manejar, maior complexidade) e nos fazem pouco rentáveis;

A PROPOSTA

2. essas coisas servirão para que o cliente possa comparar-nos racionalmente com outros arquitetos, eliminando por completo o fator emocional.

Você já viu que o mercado se move por pura eficiência: se a mesma coisa se vende por menos dinheiro, as pessoas comprarão o mais barato. Nós, arquitetos, pensamos ser únicos e não entendemos por que os clientes nos comparam, mas pense um pouco: se você for a uma concessionária Mercedes-Benz e lhe disserem que o preço por tonelada de aço é quatro vezes o da Fiat, fica claro que o que se está vendendo são toneladas de aço. Automaticamente, tudo o que representa a Mercedes-Benz fica em segundo plano e, por muito que se pense que ela é especial, representa apenas um montão de sucata, como qualquer outro carro.

Pois bem, quando cobramos por valor, em lugar de cobrarmos por coisas, estamos abrindo as portas ao mundo abstrato e emocional; é o único lugar de onde podemos construir riqueza verdadeira, por dois motivos:

1. esse valor nada tem a ver com nosso esforço; podemos oferecer algo valiosíssimo para alguém que nos tome apenas cinco minutos para produzi-lo;
2. esse valor terá um componente emocional tão grande que será muito difícil para um cliente comparar-nos a outro arquiteto.

Estabelecer honorários por valor tem um só benefício: oferecer um valor real. Isso quer dizer que a cifra que você estabelecer agora mesmo por seu trabalho é completamente subjetiva e emocional, porque tem por base os desejos de seu nicho, que são completamente subjetivos e irracionais. Por exemplo, uma pessoa x poderá não entender por que uma pessoa y gasta 150 euros em alguns AirPods. Isso é compreensível. O valor, e portanto o preço de nossos serviços, não tem de ter uma explicação matemática nem racional.

Sei que para muitos arquitetos é intrincado entender assim os honorários e alguns se mostram céticos perante a ideia de cobrar mais, simplesmente porque sim. Será possível? Por isso é fundamental ir construindo de forma paulatina uma confiança que agora não temos, começando desde o princípio: cobrando de menos para mais e comprometendo-nos a incrementar nossos preços pouco a pouco, até encontrar o equilíbrio entre uma excelente remuneração para nós e um excelente serviço para os clientes. Na medida em que nossa *expertise* se consolida, e o impacto de nosso trabalho sobre a vida de nosso cliente cresce, incrementamos nossos preços para refletir esse impacto crescente.

Por isso, devemos nos mover entre um mínimo e um máximo, começando pelo mínimo viável para nós e construindo nossa confiança profissional até alcançarmos o máximo viável para nossos clientes.

▪ Mínimo viável (para você)

Esse é o primeiro limite ao qual não se renuncia, sob nenhum conceito como arquiteto, e unicamente você o estabelece. Essa cifra representa o mínimo que você necessita para custear seu estilo de vida. Não se trata de sobreviver à base de sopa de pacote; cada um define seu estilo de vida e estabelece um preço, e por isso é importante eliminar os preconceitos morais sobre o que está bem ou está mal. Se alguém considera que seu estilo de vida vale mil e quinhentos euros por mês, perfeito. Se vale dez mil euros, perfeito também. Não é o que custa, mas o que vale para cada um. Podemos utilizar a seguinte tabela para estabelecer o valor de seu estilo de vida, uma cifra que certamente mudará no futuro.

Mínimo viável/Mês			
Pessoais		**Profissionais**	
Aluguel/Hipoteca	0.00€	Impostos	0.00€
Água/Luz/Internet	0.00€	Gestão	0.00€
Transporte	0.00€	Órgãos de classe	0.00€
Telefonia/Comunicações	0.00€	*Software*	0.00€
Seguros Privados	0.00€	Material de escritório	0.00€
Restaurantes/Lazer	0.00€	Mentoria/Aprendizagem	0.00€
...	0.00€	...	0.00€
...	0.00€	...	0.00€
Total	**0.00€**	**Total**	**0.00€**
Total Pessoal + Profissional/Mês			**0.00€**
Total Pessoal + Profissional/Ano			**0.00€**

A PROPOSTA

Esse valor representa o mínimo ao qual você pode baixar. Do contrário, você será outro arquiteto que vive de outra coisa, não da arquitetura. Se você aplicar as sugestões deste manual de maneira rigorosa, o que obtiver em sua proposta de valor facilmente irá superar o mínimo viável. Suponhamos, por exemplo, que seu mínimo mensal viável seja de dois mil euros. Se fechar com dois clientes cujos primeiros pagamentos sejam de mil euros, já terá coberto o mínimo. Sem contar os pagamentos desses mesmos clientes, que chegarão nos meses seguintes e que irão acrescendo camadas de honorários, você já está assegurando a viabilidade de seu negócio desde o primeiro mês.

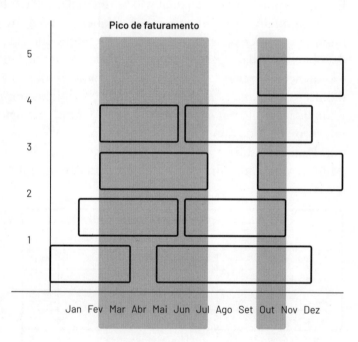

Acumulação de pagamentos por cliente obtido, ao longo dos meses. Esse tipo de esquema é útil para prever e planificar picos de descenso e de faturamento, assim como carga de trabalho.

Procuramos ser rentáveis desde o primeiro mês e por isso estabelecemos nossos honorários partindo primeiramente de nosso mínimo viável com que saímos ao mercado. Uma vez fechado negócios com três clientes, é hora de ir aumentando o preço de nossos serviços progressivamente.

6. COMO DEFINIR OS HONORÁRIOS

▪ Máximo viável (para seus clientes)

Esse é o segundo limite que você não deve superar, sob qualquer circunstância, e são estabelecidos unicamente por seus clientes. Essa é a cifra que estipula o máximo que estão dispostos a pagar para obter em troca o valor de seu serviço. É preciso sair para o mercado e entabular conversas com clientes potenciais para averiguar qual ele é. Aqui você tem uma boa referência para saber quando se pode e se deve subir os honorários (importante: essas medições dependerão muito da escala do seu negócio e da magnitude do seu serviço; são também medições mínimas que consideramos para os clientes potenciais, completamente desconhecidos e que não vêm por recomendação):

Se de cada dez reuniões com clientes potenciais você é capaz de fechar com mais de dois clientes (mais de 20% de conversão), é hora de subir os honorários; ou, o que dá no mesmo, quando se tem mais demanda do que se pode abarcar, o primeiro movimento (antes mesmo de delegar) é aumentar sua margem de lucro. Sugiro fazê-lo por porções de 15 ou 20%, validando cada nova cifra conforme a referência.

Se de cada dez reuniões com clientes potenciais você é capaz de fechar com um ou dois clientes (10 a 20% de conversão), você está num ponto de equilíbrio superável se melhorar sua capacidade de transmitir o valor de sua proposta na reunião de venda. Não se trata de baixar os preços, e sim de aumentar o valor que você é capaz de transmitir na própria reunião.

Se de cada dez reuniões com clientes potenciais você não é capaz de gerar qualquer cliente (0% de conversão), então é crucial que você revise seu nicho de mercado e sua proposta de valor, porque está oferecendo algo que não interessa a ninguém.

Lembre-se de que em nenhum caso faz sentido propor uma baixa de honorários se partimos do mínimo viável; simplesmente é algo que você não se deve permitir, o que é bom, pois isso o obriga a conceber uma nova estratégia de negócio.

172   A PROPOSTA

De qualquer modo, como essas medidas podem oscilar entre as distintas escalas de serviço de arquitetura, sugiro fazer um inventário das reuniões com clientes potenciais com quem esteve nos últimos tempos e determinar que percentual dessas reuniões foram convertidas em clientes. Use esse percentual como referência e suba os preços paulatinamente uns 10% uma vez por mês ou por trimestre, até que esse percentual baixe uns 10% durante ao menos dois meses seguidos.

Mas, por que é preciso incrementar o preço de nosso serviço paulatinamente se é suficiente com o mínimo viável? Por quatro motivos:

1. Porque, conforme vamos construindo um caminho profissional, o impacto que as nossas soluções têm na vida das pessoas também cresce. O valor monetário sempre deve representar a capacidade de nosso serviço de transformar a vida das pessoas.
2. Porque os honorários agem como um filtro seletivo, de maneira que, à medida que o tempo passa, vamos trabalhando com menos clientes, mas de melhor qualidade.
3. Porque, se quisermos ser verdadeiramente independentes, devemos ter uma margem econômica capaz de absorver períodos extraordinários, como uma doença ou férias.
4. Porque é crucial ter a capacidade de reinvestir em sua independência por meio de formação, automatização, colaboradores, infraestruturas, ferramentas etc.

Serei clara: a ideia é cobrar a quantidade máxima possível de modo que possamos comunicar essa cifra em uma reunião sem que nos escape um sorriso. As pessoas não pagam o que querem, e sim querem o que pagam, sendo os seus desejos o único teto para a sua capacidade de criar riqueza. Em sua vida e na delas.

Nossos ganhos melhoram nosso serviço. É um fato. Quando cobramos mais, fazemos um trabalho melhor. Nós nos sentimos melhores, mais motivados e entregues à causa de nosso cliente. Nós nos sentimo satisfeitos e agradecidos profundamente pelo que fazemos e isso, inevitavelmente, se reflete em nosso serviço.

6. COMO DEFINIR OS HONORÁRIOS

Quando cobramos mais, podemos confeccionar um só orçamento que absorva as mudanças e as surpresas que já conhecemos, em lugar de ficar enviando pequenas e incômodas faturas aos clientes.

Pois bem, como arquitetos, devemos saber que os honorários que manejamos costumam representar grandes quantias. Por isso, sugiro dividir esses honorários na forma de um pagamento que diminua o valor inicial, para que o primeiro não seja de 30 ou 40% do preço total, como normalmente fazemos, e sim um percentual menor que sirva de símbolo de compromisso, mas que não cause medo. Uma vez que o cliente comece a trabalhar conosco, sentirá maior confiança para pagar o restante convencionado.

> Esquema orientativo de forma de pagamento
> para honorários inferiores a 1.000 euros:
> 50% - 50%

> Esquema orientativo
> para honorários entre 1.000 e 7.500 euros:
> 20% - 70% - 10%

> Esquema orientativo
> para honorários superiores a 7.500 euros:
> 10% - 40% - 40% - 10%

7.
COMO OFERECER E TRABALHAR COM UM ORÇAMENTO FECHADO

Além dos honorários por nosso trabalho intelectual, manejamos outra cifra importante: o orçamento da execução material de tudo o que projetamos. São os preços dos materiais, que também incluem sua logística, instalação e execução por meio de mão de obra, aquilo que nos lembra que nossas ideias são construídas, que nesse processo se incluem outros profissionais e que tudo isso custa dinheiro.

Muitos de nós têm uma relação complicada com esse orçamento de execução material. No fundo, percebemos de que modo um valor castiga nossa liberdade criativa. É a primeira coisa que nos pergunta o cliente (até mesmo antes de nossos honorários) e é a última coisa com que cumpre o construtor. É um dos principais motivos de conflito no transcurso de um projeto e a razão fundamental pela qual terminamos uma obra com um sabor agridoce. Não é algo banal; embora se trate de uma parte essencial de nosso trabalho, o orçamento é uma fonte de caos e sofrimento para a maioria dos arquitetos, porque fundimos ideias com materiais.

Compreendemos que uma verdadeira proposta de valor é aquela que acompanha nosso cliente até lograr sua situação desejada. Isso quer dizer que, dependendo do nicho de mercado que se tenha escolhido, com seu problema, necessidade ou desejo, incluir a direção da obra como parte de sua proposta é essencial, se não se quiser deixá-la abandonada no meio do caminho. Para o cliente, satisfazer esse desejo é tão importante quanto consegui-lo em tempo, forma e gastos, e por isso não só devemos aprender a conduzir o orçamento de execução como também aprender a garanti-lo.

E posso perceber os alertas em sua cabeça: "Garantir um orçamento de execução? Isso é impossível!" Que a sua experiência não tenha sido essa não quer dizer que não se possa fazê-lo com a metodologia adequada. Por isso quero lhe ensinar como se trabalha com um orçamento fechado. Um orçamento fechado é um compromisso profissional com o cliente e com a excelência do trabalho a ser oferecido. É sua garantia como arquiteto e uma das finalidades pelas quais você está aqui: cuidar dos recursos do cliente, extraindo o máximo potencial.

Somos os guardiães do sonho, do tempo e do dinheiro do cliente. Está em nossas mãos velar por esses recursos desde o primeiro momento em que desenhamos uma linha até a instalação do último detalhe. Poderíamos não fazer isso, mas, em geral, nós, arquitetos, ganhamos má fama precisamente porque não assumimos a condução econômica do que projetamos. "Mas eu sou arquiteto, fui formado para ter ideias, não para saber quanto custam as coisas" – esse é um pensamento que vai acabar nos sepultando na sociedade. Se você quiser seguir de pé como espécie profissional, deve alinhar o que é valioso para os seus clientes com o que é valioso para você.

O paradoxo é que, embora você não queira garantir um orçamento fechado como parte de sua proposta de valor, você sempre estará lutando com um orçamento limite, que é o dinheiro que o cliente possui. Simplesmente, não há mais. Quanto antes você aceitar que, sob qualquer circunstância, existe um máximo de dinheiro, mais cedo você deixará de topar com surpresas e más notícias no transcorrer dos seus projetos, e mais cedo poderá usar essa consciência como instrumento de venda e de trabalho.

O orçamento fechado de nossos projetos é o orçamento limite de nosso cliente. Por quê? porque, simplesmente, não há mais dinheiro.

"Mas se meu cliente quer viver como um príncipe em um castelo e me diz que só tem dez euros, evidentemente não posso garantir nada." Correto. Por isso, a primeira condição para trabalhar com orçamentos fechados é a de estabelecer o limite mínimo aceitável, abaixo do qual o cliente não poderá realizar seu sonho. E o que deve incluir esse mínimo aceitável? Absolutamente tudo:

176 A PROPOSTA

▪ Custo de execução material

A primeira coisa a averiguar é o preço médio do metro quadrado de execução de projeto em seu nicho, considerando-se material e mão de obra. Por exemplo, o preço do metro quadrado de construção de uma clínica médica não será o mesmo do de um supermercado ou o de uma loja, de um colégio ou de um aeroporto. Não é o mesmo para uma obra nova e para uma reforma. Não é o mesmo em zonas diferentes do país. Investigue esses preços fazendo chamadas ou contatando fornecedores, estudando o orçamento de outras obras, solicitando estimativas de construtoras etc. Por exemplo, eu, que me movimento no mundo das reformas de casas, sei que atualmente o preço do metro quadrado, conforme a qualidade de trabalho e a localização em que me encontro, é de setenta euros. Esse valor é estabelecido pelo mercado. Verifique o seu.

▪ Custo de execução por contrato

Também conhecido como "benefício industrial" nos orçamentos por contrato, é o dinheiro *oficial* que o construtor embolsa como lucro de uma obra. Digo oficial porque uma construtora sempre vai gerar ingressos ocultos a partir de pedidos de materiais com descontos ou por meio de micros incrementos de certas unidades de obra. É uma prática malévola e sistemática difícil de controlar. Sugiro simplesmente rever se o custo de execução material de cada saída está logicamente referenciado no mercado, e considerar em seu orçamento o lucro oficial que o contratado levará.

▪ Honorários profissionais

Isso significa os seus honorários, como também os honorários do resto do pessoal com quem você decide colaborar nos serviços, desde a fase de projetos (infografistas, fotógrafos, calculistas) até a fase de obras (mestre de obras, pedreiros, engenheiros).

▪ Vistorias, taxas e autorizações

Para levar a cabo determinadas obras, é necessário o pagamento de tributos (impostos, taxas, contribuições) ou de certas autorizações municipais,

7. COMO OFERECER E TRABALHAR COM UM ORÇAMENTO FECHADO

incluindo as de órgão de classe. Preveja quais são e inclua na contabilidade. Também leve em conta outras permissões que seja preciso solicitar e que resultem em taxas como a licença de ocupação de via pública e outras.

▪ Impostos

Os impostos habituais que se devem contemplar são os relacionados com honorários profissionais, como serviços, o orçamento de execução por contrato e os impostos solicitados pela administração pública, em troca de licença, como o imposto sobre construções, instalações e obras. Para conhecer cada uma dessas porcentagens, basta perguntar ao seu assessor ou ao conselho regional de arquitetos.

▪ Desvios e incentivos

Uma vez que se tenha a somatória de todos os gastos, será possível observar que o que se destina realmente ao projeto é uma quantia menor do que o total (costuma rondar em 75% do orçamento do cliente). Ademais, sugiro contemplar um pequeno "colchão" econômico, que esteja na casa dos 10 ou 15% para absorver os imprevistos e surpresas que certamente ocorrerão durante a obra. Dependendo da complexidade ou do risco da execução (para obras de reabilitação em que haja intervenção na estrutura, sugiro considerar um colchão maior, de 15 ou 20%), podemos destinar uma pequena parte para oferecer incentivos aos contratados se cumprirem os prazos estabelecidos. Os incentivos são algo opcional e, na verdade, não funcionam com todos os contratados, mas o que não deve faltar é o colchão econômico para assumir possíveis desvios da obra, sem afetar nosso compromisso com o cliente e seus recursos.

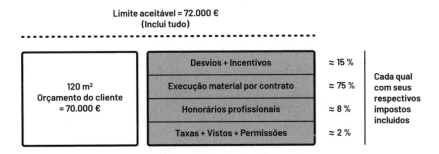

A PROPOSTA

Uma vez que tenhamos todos esses dados em valor aproximado e tipificando as dimensões dos espaços que projetamos mais amiúde (também por isso nos beneficia definir um nicho apenas de mercado, sendo possível estudar à parte as exceções que podem surgir), devemos sintetizar o limite mínimo aceitável em um preço por metro quadrado que englobe tudo: repito, absolutamente tudo.

Por exemplo, alguém que se concentre em um determinado nicho em área residencial urbana saberá que se movimenta entre 100 e 200 metros quadrados de intervenção. Você deve encontrar uma média de superfície de intervenção. Se ela for muito díspar, pois você poderá encontrar casos de dimensões variadas, estabeleça categorias e crie um limite mínimo aceitável para cada um.

Uma vez estabelecido o limite mínimo aceitável, você poderá sentar-se com um cliente potencial em um encontro com a confiança de saber quanto custam as coisas *grosso modo*. Quando o cliente perguntar: "Qual é o orçamento?", você deve responder com outra pergunta, especialmente se for um cliente particular: "Que quantia disponível você tem para realizar seu desejo?" Se esse número estiver acima do limite mínimo aceitável, então esse será o seu orçamento fechado e poderá comunicá-lo no mesmo encontro, sem quebrar a cabeça, sem trabalhar três dias gratuitamente em um anteprojeto que depois o cliente não poderá pagar. Feche tudo na própria reunião. Lembre-se: não há mais dinheiro além daquele do qual o cliente dispõe.

Uma vez acertado o orçamento, é crucial trabalhar conforme as seguintes indicações:

1. **Controle de custo** do que se projeta, desde o primeiro esboço.
2. **Não exponha nada ao cliente** sem antes saber o preço.
3. **Nunca leve o projeto ao limite**; mantenha sempre um colchão intacto até o andamento da obra.
4. **Entregue a sua própria medição** do projeto para cotação (medição cega).
5. **Compare ao menos três orçamentos** de diferentes construtoras.
6. **Use as certificações de obra** como pontos de controle e de ajuste.
7. **Estabeleça incentivos ou consequências** para concluir em tempo, forma e orçamento.

7. COMO OFERECER E TRABALHAR COM UM ORÇAMENTO FECHADO

Somos os guardiães do dinheiro do cliente. Os valores que os clientes nos pagam são diretamente proporcionais aos nossos compromissos para fazer o melhor uso de seus recursos. Muitos arquitetos pensam que os clientes nos contratam por nossas ideias, mas a verdade é que isso só acontece com uma condição econômica pela qual devemos assumir a completa liderança. Trabalhar com orçamento fechado supõe uma vantagem competitiva muito grande e dignifica nossa categoria com a importância que ela realmente tem para a sociedade.

8.
INTRODUÇÃO AOS SISTEMAS DE DESENHO

O que fazemos nos apaixona muito e tanto nos motiva pelo desafio de enfrentar uma nova configuração espacial que, em muitas ocasiões, nos sentamos para projetar como se fora a primeira vez, tomando o desafio como se tivéssemos de inventar a roda. É o nosso afã de exploração, a nossa forma de expressar nosso espírito criador, que é fantástico se, além disso, considerarmos a conformação de um sistema de desenho que potencialize o histórico de nossas melhores ideias.

Um sistema de desenhos é um conjunto de regras que garantem a qualidade de um projeto sem que se tenha de inventar a pólvora, utilizando componentes e padrões que reúnem, de maneira excelente, as melhores soluções que criamos com o passar do tempo.

Cada vez que nos sentamos diante de um papel em branco e esquentamos a cabeça para desenvolver novas soluções do quebra-cabeças de um projeto, estamos enchendo uma vasilha de conhecimento empírico valiosíssimo que botamos a perder se não a guardamos e protegemos.

Sem esse sistema de desenho, na próxima vez que nos sentarmos diante de outro papel em branco confiaremos ingenuamente em nossa débil memória, pretendendo recordar todas as grandes ideias do passado que fizeram com que partes de um projeto funcionassem maravilhosamente. Esqueceremos a maior parte delas e voltaremos a tropeçar nos mesmos obstáculos já enfrentados e, assim, as dezenas de horas investidas para conseguir uma solução meses atrás se esfumarão pela janela com um problema que agora parece novo.

Por isso, os sistemas de desenho agilizam enormemente nosso trabalho e, mais do que diminuir nosso espírito criativo, o que fazem é potencializar uma sábia criatividade acumulada, o que nos permite usar materiais, tipologias, distribuições, peças, cores etc. que sabemos que funcionam para nossos projetos. Todo o tempo que esse sistema de desenho nos fornece pode ser utilizado para criar novas soluções ou melhorar as soluções que já experimentamos e que funcionaram bem. Podemos acrescer o sistema com soluções que, por sua vez, já comprovamos funcionar.

Essa biblioteca de conhecimento criativo que desenvolvemos no transcurso de nossa carreira nos permite antecipar combinações, preços, fornecedores, instalações, eficiência etc., agilizando o andamento de projetos e reduzindo a margem de falhas ou de surpresas. Alguns exemplos representativos dessa forma de pensamento são os *moodboards* de decoração de interiores, as tipologias de casas, as famílias paramétricas ou, inclusive, os catálogos de colecionadores de qualquer fornecedor.

Tudo isso simplifica o nosso trabalho e não só nos ajuda a garantir melhores resultados para os clientes, mas ainda nos permite usar soluções que se provaram geniais no passado para se somar à nossa criatividade a partir daí. Um sistema de desenho permite aumentar sua criatividade ao máximo.

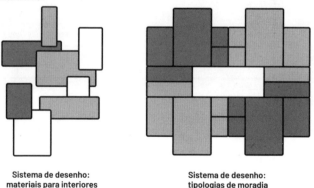

Sistema de desenho:
materiais para interiores

Sistema de desenho:
tipologias de moradia

Você poderá observar que, ao focar sua estratégia de negócio em um só nicho de mercado, não apenas ocorre a melhora de sua capacidade para encontrar e fechar com clientes, mas também revela ser muito mais fácil para você apoiar-se num sistema de desenho. Em função da tipologia de propostas que você venha a desenvolver para o seu nicho (sempre a

182 A PROPOSTA

serviço de uma situação desejada), você poderá ordenar e categorizar sua biblioteca criativa, otimizando os tempos de desenvolvimento de projetos e melhorando a rentabilidade.

Um projeto que em circunstâncias normais se desenvolve em um prazo de até doze semanas, contando com um sistema de desenho pode ficar pronto em pouco mais de três, tendo-se ademais a certeza de que contamos com soluções de qualidade já aprovadas anteriormente, isolando assim as novas soluções com que nos deparamos pela primeira vez. "Sei que essa madeira é boa, sei que aquele encontro de fachadas funciona, sei que esse sistema de iluminação é ideal... a única incógnita é com o fornecedor de cozinhas e veremos se responde bem." A maioria dos projetos arquitetônicos fogem do preço durante a obra, pois gerenciamos demasiadas variáveis desconhecidas e muitos fornecedores novos, o que também tem como consequência uma definição insuficiente no desenho.

Planilha tipo de sistema de desenho para projetos de reforma. Utilizando-se pontos coloridos, se reconhecem facilmente as combinações experimentadas que melhor funcionam.

Revestimentos verticais ID ●●●			Revestimentos horizontais ID ●			Carpintarias, serralherias e vidros ID ●●		
Nome	Preço	Fornecedor	Nome	Preço	Fornecedor	Nome	Preço	Fornecedor
Prazo de entrega	Instalação	Acabamento	Prazo de entrega	Instalação	Acabamento	Prazo de entrega	Instalação	Acabamento
Têxteis ID ●●			Pinturas e papéis ID ●●			Iluminação ID ●		
Nome	Preço	Fornecedor	Nome	Preço	Fornecedor	Nome	Preço	Fornecedor
Prazo de entrega	Instalação	Acabamento	Prazo de entrega	Instalação	Acabamento	Prazo de entrega	Instalação	Acabamento
Aparelhos sanitários ID ●●			Eletrodomésticos ID ●●●			Mobiliário ID ●●●		
Nome	Preço	Fornecedor	Nome	Preço	Fornecedor	Nome	Preço	Fornecedor
Prazo de entrega	Instalação	Acabamento	Prazo de entrega	Instalação	Acabamento	Prazo de entrega	Instalação	Acabamento

8. INTRODUÇÃO AOS SISTEMAS DE DESENHO

Seja qual for seu nicho de mercado e a proposta arquitetônica que se faça, pouco a pouco poderá ir dando forma a esse valiosíssimo sistema de desenho. Cada cliente e projeto que se acrescente contribuirá para a riqueza do sistema e, ao final, você terá um receituário pessoal extraordinário do seu próprio fazer como arquiteto.

Uma das maiores vantagens de contar com um sistema de desenho é que resulta muito simples e esclarecedor compilar as informações iniciais do cliente para conhecer seus gostos e necessidades, antes de nos pormos a desenhar. É o que chamamos de entrevista inicial (*briefing*, em inglês) e tem como propósito compilar da parte do cliente os termos com os quais devemos desenvolver seu projeto.

Essa entrevista inicial é uma das conquistas mais importantes de qualquer encargo criativo (não só no mundo da arquitetura, sendo uma prática habitual em outras categorias, como as de desenhistas, programadores e consultores) e é o maior antídoto contra os mal-entendidos e os infinitos pedidos de mudanças depois. Trata-se de conformar um guia de instruções que lhe permita desenhar *para* e *com* seu cliente, como assinalou o arquiteto Rodolfo Livingston no desenvolvimento de sua própria metodologia para pôr as pessoas no centro do nosso trabalho criativo e profissional[42].

> Aristóteles dizia que o início contém o final. O início sempre nos indica qual vai ser a continuação. Nós, arquitetos, sempre começamos por perguntar: "o que você quer fazer?", e entregamos a execução ao cliente sem indagar. Vai-se diretamente ao como executar. Entretanto, toda essa indagação prévia nos dá informação para começar e logo seguir o projeto, reduzido ao mínimo com o máximo resultado.[43]

Para esse fim, devemos recompilar uma bateria de perguntas-tipo, igual para todos os clientes, baseadas em nosso sistema de desenho, e estabelecer como protocolo convocar essa primeira entrevista inicial e receber o primeiro pagamento do cliente, antes de desenhar uma única linha no papel. Essa entrevista deve ser presencial ou por vídeo. Costuma durar entre sessenta e noventa minutos, e nela anotaremos as respostas que o cliente vai dando às perguntas que temos preparadas. Em nenhum caso sugiro enviar as perguntas por e-mail para que o cliente responda quando tiver tempo. Não! O cliente mal o conhece e fazer essa entrevista de

184 A PROPOSTA

modo interativo permitirá que você ganhe sua confiança, torne claras as perguntas, aprofunde as respostas e extraia informações sutis e valiosas a respeito da personalidade do cliente.

As perguntas devem ser as mais concisas possíveis, indo do geral ao particular, desde aspectos emocionais – "como você gostaria que fosse..." – até o menor detalhe – "no banheiro principal, prefere chuveiro ou banheira?". Um bom número de perguntas pode ser por volta de umas sessenta, e, possivelmente, na medida em que o tempo passe e você amplie sua experiência, irá incorporando novas questões em relação ao que você necessita para sentar e projetar com fundamento, o que lhe poupará da torpe e familiar situação de desenhar sem ter perguntado, para depois lidar com numerosas ocasiões de mudança, de ajuste e desconfiança. Talvez algumas perguntas não sejam respondidas nessa mesma entrevista ("Olhe, senhor arquiteto, a essa altura não tenho ideia se prefiro a torneira à esquerda ou à direita"). Não tem problema, anotamos esses aspectos como pendentes, os retiramos de nossa primeira proposta e voltamos a perguntar na reunião seguinte, trazendo uma sugestão, se nos parecer oportuno.

Você deve ajustar as perguntas ao seu nicho de mercado, aos objetivos que o cliente deseja obter e à sua proposta de valor. É necessário que você amplie essas perguntas na medida em que se relacionar com mais clientes.

Cliente:

01. Onde você gostaria de construir sua segunda residência?
○ na praia ○ no centro histórico ○ fora da cidade

02. Pergunta

03. No banheiro principal, prefere box de chuveiro ou banheira?
○ box de chuveiro ○ banheira

04. Pergunta

05. Pergunta

06. Que tipo de piso você imagina para o espaço principal?
○ madeira ○ microcimento ○ cerâmica ○ carpete

07. Pergunta

08. Pergunta

09. Pergunta

10. Como descreveria o espaço que imagina?

8. INTRODUÇÃO AOS SISTEMAS DE DESENHO

Ao finalizar a entrevista, enviaremos uma cópia ao cliente com suas respostas para que tenha constância nos parâmetros que você seguirá a partir desse momento; essa pequena ação é, além disso, uma mensagem subliminar para que o cliente assuma a responsabilidade sobre *suas decisões*, o que é essencial, principalmente se oferecemos serviços "feitos com você", nos quais o cliente tem uma parte da responsabilidade sobre o projeto, e a coordenação é importante.

Isso não só facilitará o trabalho de pôr em marcha o nosso sistema de desenho, quando nos sentarmos para desenhar, como ainda nos permitirá atinar com uma precisão extraordinária as perspectivas, gostos e preferências do cliente, podendo-se fechar o desenho com duas ou três reuniões de mudanças, como veremos na continuação.

9.
ESQUEMA-TIPO DE UM SERVIÇO DE ARQUITETURA RENTÁVEL

Quase a totalidade das propostas que desenvolvemos como arquitetos possui um altíssimo componente subjetivo e de coordenação com nossos clientes. Não somos artistas aos quais se recorre por sua arte; somos profissionais dos quais se valem os que precisam de ajuda. Parte dessa ajuda reside no que eles podem expressar de seus próprios gostos e desejos, somados à nossa *expertise* técnica e sentido estético, para fazê-los ainda melhores e não às suas custas.

Que um serviço de arquitetura tenha pouca rentabilidade não é normal, ainda que seja habitual. A razão é que muitas vezes não terminamos por abraçar essa interdependência com o cliente, querendo impor nosso próprio critério, e tampouco terminamos de assumir plena responsabilidade sobre a parte econômica, quando depois vamos à obra, o que supõe uma imediata perda de confiança por parte do cliente e, logicamente, nosso serviço de arquitetura acaba se entorpecendo. O que deveria durar três semanas, durou três meses. O que deveria ser resolvido em uma reunião, ainda está pendente. E o que deveria custar 250 mil passou a 315 mil. Por isso é indispensável desenvolver um protocolo de serviço.

Cada proposta arquitetônica é única e deve servir a um único objetivo: conseguir que seu nicho alcance a situação desejada. Dentre os diferentes tipos de serviços que você pode imaginar para isso, existem duas chaves essenciais que o convido a incorporar em seu protocolo para, primeiramente, evitar numerosos obstáculos no transcorrer de seu trabalho e, em segundo lugar, melhorar a remuneração líquida que será capaz de extrair no final do projeto:

▪ Diferenciar a fase criativa da fase produtiva

A estrutura típica do serviço de arquitetura que chegamos a vislumbrar quase por casualidade durante nossos anos na faculdade tem a seguinte forma:

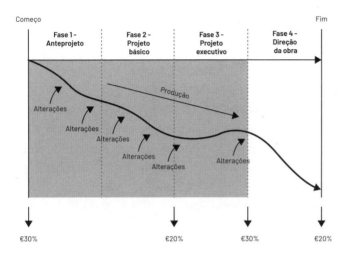

Tudo soa fantástico, mas, para ser franca, ninguém que não seja arquiteto entende a diferença real entre um anteprojeto, um projeto básico e um projeto de execução, ou entre um anteprojeto e um projeto técnico. Isso não só gera frustração no cliente, por ter de lidar com um processo cifrado, do qual não pode ser partícipe, como, além disso, o pouco que consegue entender da palavra "projeto" é igual a "momento de ter ideias". Adivinhe o que acontece. Quando consideramos que o projeto está encerrado e é hora de produzirmos as planimetrias e documentação para a administração e solicitar orçamentos, o cliente considera que ainda é o momento de ter ideias porque nos encontramos na fase de "projeto", e continua a pedir modificações até no dia de começar a obra.

Essa falta de diferenciação entre as fases criativa e produtiva, dentro do mesmo projeto, resulta catastrófica para o desenrolar do trabalho, chegando inclusive a atrasar outras fases e pagamentos porque nos vemos na situação de não poder concluir. Por isso, quanto antes incorporarmos uma clara distinção em nosso esquema de serviço, mais desfrutaremos das vantagens que há em se produzir com cuidado e carinho, e sem interrupções.

A PROPOSTA

Não importa se internamente você segue utilizando a nomenclatura técnica para diferenciar as fases do projeto; o que você mostra e compartilha com seu cliente é o que, verdadeiramente, tem importância e afetará diretamente a rentabilidade do serviço, porque o que o seu cliente não entende vai acabar respingando em você, cedo ou tarde.

Em definitivo, as três fases em que sugiro dividir o serviço são (sempre dependendo de adaptações particulares que se considerem necessárias para o ajuste de sua proposta de valor):

Fase de desenho (criativa)

Em que concentramos o desenvolvimento projetivo e a tomada de decisões por parte do cliente para chegar a uma conclusão de desenho final. Aqui desenvolveremos os recursos gráficos necessários para que o cliente entenda as soluções propostas, sem ter em mente que esses recursos formarão parte, necessariamente, da documentação que entregaremos para solicitar permissões ou licitações.

Uma coisa são os recursos gráficos em que você se apoia para comunicar-se com seu cliente, e outra coisa é a documentação técnica para desenvolver uma obra. Por favor, nessa fase evite mostrar qualquer plano que sua mãe não saiba interpretar, e se seu nicho é capaz de interpretá-lo (porque se dedica ao mundo imobiliário, por exemplo), faça esse plano sempre pensando nos objetivos que eles querem alcançar; sempre lhes dê um incentivo.

Outro ponto importante é reduzir a duração dessa fase ao mínimo possível, tendo como referência entre duas e seis semanas. Por que tão pouco tempo? Porque se estendemos a fase criativa por dois a quatro meses, como fazem muitos arquitetos, estamos maximizando os riscos de que o cliente venha com novas ideias, mude de opinião, fale de seu projeto a conhecidos e queira incorporar a fabulosa ideia que seu cunhado lhe deu no domingo à tarde. Quanto mais durar a fase criativa, mais alterações o cliente pedirá. Portanto, cuidado, a fase criativa deve ser concisa, ágil, eficaz, o que é perfeitamente possível agora com um sistema de desenho.

9. ESQUEMA-TIPO DE UM SERVIÇO DE ARQUITETURA RENTÁVEL **189**

Fase de documentação (produtiva)

Nessa fase, coloque logo o celular no modo silencioso, desative as notificações do seu computador e sente para produzir a documentação daquilo que *foi decidido*. O cliente entende perfeitamente que esse é o momento de traduzir o desenho convencionado em um material técnico, porque assim você explicou, e está consciente de que se nessa altura lhe pede "uma pequena mudança a mais", estará atrasando o andamento do serviço e assumindo um custo extra por fazê-lo fora de prazo, como você explicou anteriormente.

Claro, é sempre bom manter o cliente a par do que se avança nessa fase, para que não se produza um silêncio demasiado longo. Quando obtiver todas as autorizações e começar a pedir orçamentos, envie uma mensagem ao cliente, informando-o do transcurso do trabalho e dos passos seguintes.

Essa fase pode prolongar-se bastante, em função das licenças ou do recebimento dos orçamentos por parte de construtoras e fornecedores. Assim, devemos comunicar ao cliente apenas o que diz respeito a essas medidas; sei que muitos arquitetos se sentem responsáveis por atrasos dessa natureza e não deveria ser assim. Simplesmente informamos ao cliente e nos ocupamos, sim, do que depende de nós mesmos, ou seja: desenvolver com agilidade, em um prazo entre quatro e oito semanas, o pacote mínimo de documentação para poder começar com a tramitação o quanto antes (ainda que depois possamos seguir desenvolvendo o resto da documentação referente à obra, que é sempre mais exaustiva) e ampliar a rede de construtoras e de fornecedores, aos quais pedimos orçamentos, entre cinco e dez, a fim de não depender de poucos e-mails enviados, juntando uma medição cega que tenhamos feito do projeto para que eles forneçam preços (assim garantimos uma medição precisa do projeto e depois se torna mais fácil comparar orçamentos, porque o fazemos com uma só planilha de base).

Fase de obra (executiva)

Nessa fase, nos encarregamos de dirigir e coordenar a obra, contando com os especialistas de que necessitamos (engenheiros, mestre de obras, pintor), como temos feito ao longo do projeto.

Nossa missão principal nessa fase é minimizar e corrigir os desvios estéticos, funcionais, econômicos e temporais que sucedam ao passarmos nossas ideias do papel para a realidade. "Caterina, mas quem faz isso é o construtor, o engenheiro, o mestre de obras, o fulaninho…" Esqueça. Você é o arquiteto e é sua responsabilidade conduzir essa parte, porque isso os seus clientes irão valorizar. Você bem pode delegar essa tarefa a um especialista que seja contratado, mas é crucial que você assuma essa liderança sobre esse colaborador na execução daquilo que você, e só você, projetou. No mundo em que hoje vivemos, os escritórios de arquitetura não são valorizados por ter ideias, mas por ajudar os clientes a realizar seus sonhos no tempo e na forma.

Para minimizar e corrigir os desvios no transcurso da obra, nos apoiamos sempre nas certificações (que medem as porções de projeto executadas na realidade), comparando-as com os orçamentos acordados e corroborando cada gasto adicional *in situ*. Recordem que nosso cliente não possui mais dinheiro, pelo que assumimos as surpresas ou os imprevistos (que sempre há em qualquer obra), contando com o colchão econômico de nosso orçamento fechado e fazendo os ajustes necessários nas porções do projeto que ainda estarão por vir. Imagine que ao retirar um forro ou falso teto em uma reforma você percebe que a estrutura de sustentação necessita de saneamento (não previsto), devido à umidade no piso superior. Você utiliza o colchão para assumir o reparo e talvez considere mudar peças cerâmicas por outras mais baratas, a fim de não ultrapassar a cifra limite, caso o cliente esteja de acordo.

A chave nessa fase de obra reside em lembrar-se que o projeto é uma ferramenta flexível com a qual modelar o orçamento, mantendo-se o acordo com o cliente. O projeto é um termômetro ou calibrador. É sua arma mais poderosa.

9. ESQUEMA-TIPO DE UM SERVIÇO DE ARQUITETURA RENTÁVEL **191**

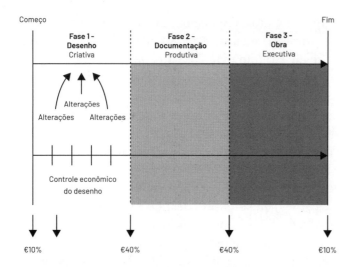

- **Projetar e orçar simultaneamente**

O processo habitual que seguimos para desenvolver um projeto é primeiramente desenhar e depois saber quanto custa o que projetamos. Rapidamente nos damos conta de que, quando seguimos esse esquema, temos de retroagir para retificar o projetado e tornar a fazer um orçamento, cruzando os dedos para que caiba no estipulado (se é que tivemos a ideia de perguntar ao cliente qual é o orçamento dentro do qual devemos ficar).

Esse procedimento é muito mais efetivo se, ao mesmo tempo que desenhamos, medimos e começamos a verificar números aproximados do custo que nossas ideias pressupõem desde o mesmíssimo anteprojeto. Uma das maiores transformações que se deve produzir em nossa categoria é projetar segundo um orçamento, e não orçar conforme um desenho. Por essa razão, não há nenhum sentido em esperar um desenho para saber quanto custará (e muito menos para saber nossos honorários, que agora você sabe que nunca representam um orçamento, nem metros quadrados, nem número de horas, e sim um valor puramente emocional da situação desejada pelo cliente).

Lembremos de que o cliente não possui mais dinheiro do aquele que ele tem. A questão fundamental é que devemos reprimir nossa tentação de mostrar ao cliente qualquer bosquejo se não temos como comprovar primeiramente quanto custa torná-lo realidade, ainda que seja de forma

192 A PROPOSTA

aproximada. Um conflito habitual em que nos encontramos é alimentar expectativas com as primeiras ideias e depois dar ao cliente a péssima notícia de que a realidade é muito mais cara do que seu limite previsto. Não há jeito melhor de perder a confiança dele e nosso tempo.

Uma vez que você tenha o guia de instruções da entrevista inicial e conte com o seu sistema de desenho, projetar e orçar de forma simultânea é simples, o que lhe permite apresentar suas ideias com a garantia de serem viáveis. Se você não possui os preços de determinados elementos, pegue o telefone e faça três pesquisas de preço para poder comparar. No princípio, na fase de desenho, buscamos números redondos, aproximações que nos permitam saber se o que estamos ideando é sensato. Na medida em que vamos tomando decisões e começamos a fase de produção, refinamos esses números e ajustamos o projeto, num processo de constante iteração. As ideias alimentam os preços e esses retroalimentam as ideias. É assim que um arquiteto independente projeta.

10.
O ERRO DE OFERECER UM CATÁLOGO DE SERVIÇOS

Embora Mies tenha se encarregado de nos relembrar que menos é mais, muitos arquitetos ainda pensam que em quanto mais nichos trabalharmos e quanto mais serviços oferecermos, mais possibilidades teremos de conseguir algo. A realidade nos demonstrou mais de uma vez que, por detrás dessas crenças, não há nada senão muita insegurança e falta de compromisso com uma solução verdadeira. E que essa estratégia tem o efeito justamente contrário do que esperamos. Ao querer abarcar o maior número de opções, deixamos de ser opção para qualquer um. Mesmo havendo definido um único nicho de mercado, como sugiro neste manual, é habitual ver como muitos arquitetos sucumbem à tentação de oferecer um catálogo de serviços com diferentes nomenclaturas peculiares – (s, m, l) (*standard* e *premium*) (assessoramento, projeto e obra) –, como se fosse um catálogo de torneiras, entre as quais o cliente pode escolher. Nesse momento, condenamos nosso próprio êxito, porque passamos a vender coisas e não soluções.

Imagine que um dia você vá ao dermatologista por causa de uma erupção na pele. Depois de lhe contar qual é o seu problema, o doutor diagnostica o caso e começa a colocar sobre a mesa um montão de caixas de creme com nomes distintos e características medicinais. E então diz: "Esses são os cremes que ofereço; escolha qual deles você prefere para se curar." Não só você ficará de boca aberta, confundido com tantas opções desconhecidas, mas confirmará que o dermatologista não tem ideia de como curá-lo, porque deixa em suas mãos a prescrição do remédio de que você precisa. Um bom dermatologista omitiria o espetáculo de retirar o

194 A PROPOSTA

catálogo de cremes e lhe mostraria unicamente a opção requerida, e não outra. Em lugar de dizer "essas são as opções que ofereço", dirá "esta é a solução de que você necessita".

Da mesma maneira, quando você desenvolver sua proposta de valor, procure mostrar a solução de que seu nicho precisa. E ponto. Se dentro do mesmo nicho que detectou você observa cenários diferentes, que requerem pequenas variações em sua proposta, considere todas as alternativas e estabeleça preços para todas elas, porém mostre apenas a solução ideal, a melhor, a que seu cliente necessita quando chegar o momento de expô-la em uma reunião de venda. Omita o catálogo de cremes, pois você é o especialista, e não o cliente, aquele capaz de prescrever a solução que o caso específico exige.

Por exemplo, imaginemos que você tenha escolhido o nicho de casais jovens que desejam adquirir a primeira casa própria. As situações podem variar de caso a caso, desde casais com poupança e acesso ao crédito imobiliário até casais que acabam de receber como herança um imóvel para vender. É lógico que em sua proposta de valor deve ser incluída uma fase prévia ao projeto, que ajude a desbloquear o resto do serviço e responda diretamente ao caso específico do casal, mas isso não quer dizer que, quando você se sentar diante do casal possuidor de uma poupança, comentará que entre os seus serviços está previsto o de agilizar a venda de propriedades. Embora seja atribuição do cliente saber qual é sua situação desejada e aonde quer chegar, é trabalho seu saber qual o percurso mais adequado para otimizar os recursos disponíveis. Mostre ao casal a solução necessária e nada mais.

Ao longo de nosso desenvolvimento profissional trabalhando com clientes próprios, encontramos uma constante tensão entre *o que o cliente quer e o que ele necessita*. Por isso devemos recordar claramente o limite de nossa *expertise* no que diz respeito aos desejos das pessoas com as quais trabalhamos, lembrando a elas e a nós mesmos qual é essa nossa *expertise*. Podemos utilizar a metáfora do taxista para se compreender a função de cada parte: o passageiro se encarrega de determinar um destino real e o motorista se encarrega de percorrer o melhor trajeto. Nossa proposta de valor como arquitetos é o trajeto, a prescrição médica, a solução específica para o problema específico do cliente.

Dito isso, você compreenderá que não há qualquer sentido em se oferecer um catálogo de serviços entre os quais o cliente poderá escolher um

10. O ERRO DE OFERECER UM CATÁLOGO DE SERVIÇOS

deles como se fosse comida por quilo. Observe que os negócios nos quais o cliente é quem escolhe são aqueles em que menos dinheiro se recebe. Um salão de cabeleireiro que oferece ao cliente algumas revistas para que ele escolha o penteado, enquanto espera para lavar os cabelos, está vendendo penteados (coisas), não a imagem específica que o cliente deseja (soluções de desejos). Se em lugar de um penteado horrível, do qual você logo se arrependerá (porque você não é especialista em corte e estética de penteado), o profissional lhe ajudar a alcançar a imagem que você deseja, não apenas seu negócio será mais próspero como também sua *expertise* será incomparável com outros cabeleireiros, porque não se trata de alguns tipos de franjas ou mechas, e sim de uma mudança ou arranjo estético que você quer obter ou incorporar, antes de sair pela porta do salão de beleza.

Após formular sua proposta de valor, chega o momento em que você deve sair para vender e transmitir aquele valor a pessoas interessadas. Você verá que os clientes potenciais com os quais vai se reunir são pessoas que nada lhe devem, e ninguém melhor do que você será capaz de descrever a elas as virtudes de sua proposta arquitetônica.

Antes de encerrar este capítulo, e passar a aprender a arte sutil da venda, sugiro que por meio de três perguntas você mesmo questione o valor que criou para o seu nicho. Dessa forma, encontrará os verdadeiros motivos pelos quais será uma proposta valiosa para alguém mais além de você:

1. Que transformação específica (situação desejada) buscam as pessoas do meu nicho para a vida delas?

2. Qual é a solução mais efetiva e eficiente (proposta de valor) entre as possíveis para se conseguir a transformação?

3. Que outros dois ou três cenários de partida (situação atual) poderiam ser encontrados dentro do mesmo nicho, e como variaria sua solução em cada caso?

4

A
VENDA

1.
UMA NOVA FORMA DE PENSAR A VENDA, O DINHEIRO E OS NEGÓCIOS

Culturalmente, determinados conceitos como venda, dinheiro ou negócios estiveram e estão rodeados de numerosas conotações negativas, especialmente naqueles países com tradição católica, nos quais o fruto do trabalho deve ser motivo de discrição, estando a riqueza associada a preconceitos como a culpa, a falta de humildade e o medo. Nesse contexto cultural, dizer quanto se ganha está fora de lugar, ter muito dinheiro é sinal de avareza e cobrar uma boa quantia por seu trabalho significa que você se aproveita dos demais. São crenças coletivas que vão além da questão religiosa e que, ainda que não queiramos, influenciam profundamente nossa visão de mundo, nossa relação com o dinheiro e a forma de desenvolver nossa profissão[44].

Muito diferentes são essas crenças em países protestantes, em que se compartilha com toda a naturalidade o quanto se ganha, quanto dinheiro se possui ou quão rentável é seu negócio. Para não mencionar o fato de que esses países europeus foram os precursores da publicidade e do marketing, antes de se dar o salto para os Estados Unidos, produtor inquestionável de empreendedores. Anos atrás tive a oportunidade de experimentar essa dicotomia em primeira pessoa quando passei de exercer a profissão no contexto latino da Espanha para a idiossincrasia anglo-saxã dos Estados Unidos, o que me serviu para encontrar a explicação de muitas crenças disfuncionais que carregava sobre conceitos essenciais em minha carreira de arquiteta.

Por outro lado, é notável observar que até agora nossa categoria não teve que lidar com orçamentos reduzidos ou limitados das classes média e baixa. Lembremo-nos de que, antes, o número de arquitetos era bem menor e seu trabalho se dirigia aos setores mais abastados da sociedade, como o da aristocracia, da alta burguesia, dos governos, instituições e corporações. Não era necessário procurar clientes, porque eles chegavam por si mesmos, nem se falava de dinheiro, porque ele sobrava. Hoje, porém, muitos de nós pensam que "um bom arquiteto não tem por que vender-se" e uma boa parte da sociedade ainda acredita que "um bom arquiteto é caro". Crenças que são vestígios de um passado não tão longínquo da época em que vivemos.

É um fato: para a maioria dos arquitetos, o dinheiro é um tema que resulta bastante incômodo na conversa com um cliente. Tanto é assim que preferimos enviar por e-mail o montante de nossos honorários em lugar de comentá-lo diretamente; e tampouco nos sentimos com o poder de perguntar diretamente ao cliente quanto dinheiro ele pode investir no sonho de que nos encarrega porque pensamos que nos tachará de oportunista (o que é perfeitamente lógico, se continuamos a cobrar um percentual de algo). São temas que geram pudor e cautela; pensamos que as pessoas nos julgam por isso, quando, na realidade, somos nós que assim nos julgamos.

Cada arquiteto carrega seu próprio sistema de crenças sobre dinheiro, vendas e negócios, mas em geral dividimos várias concepções conscientes ou inconscientes dessa lista abaixo:

- ter muito dinheiro o faz pouco humilde;
- se você tem muito dinheiro é porque se aproveita das pessoas de alguma forma;
- cobrar muito por seu serviço não é ético;
- melhor ser feliz do que ter muito dinheiro;
- é certo que o cliente pensa que é muito caro;
- o cliente só tem em vista o dinheiro;
- os ricos se aproveitam dos pobres;
- as pessoas de negócios não têm escrúpulos;
- para vender é preciso ter sangue frio, falar rapidamente e fingir que sabe;
- vender é manipular alguém para fazer o que não quer;
- vender é convencer o cliente;
- vender é criar uma necessidade no cliente;

200 A VENDA

- um bom arquiteto não tem por que vender-se;
- não sei vender;
- vender é ruim.

Em nosso caso específico, várias dessas crenças disfuncionais têm a ver precisamente com o fato de que até agora a nossa energia criativa não foi dirigida para ninguém e para nenhuma necessidade concreta no mercado, e então é quando os clientes se convertem em meios para que possamos nos expressar criativamente. Como no fundo não os servimos, e sim os usamos como pretexto (eles e o dinheiro) para fazer o que nos agrada (arquitetura), nos vemos arrastados por uma culpa inconsciente por cobrar o que pedimos ou por uma insegurança crônica para reclamar o que deveriam nos pagar. Não creio que exista maldade nessa forma de exercício da profissão; simplesmente devemos nos conectar com a ideia de que nosso serviço deve servir aos demais para que nos sintamos verdadeiros merecedores do dinheiro que receberemos em troca.

Essas crenças que nos acompanham em nosso exercício profissional sobre as vendas e o dinheiro criam enormes obstáculos ao intercâmbio essencial que venhamos a realizar como arquitetos:

**Oferecemos ajuda em troca de dinheiro
mediante a venda de nossos serviços.**

Muitos de nós experimentam o que é ter uma conta bancária vazia ou insuficiente e, por mais que nos custe reconhecê-lo, isso não representa nada mais do que nossa incapacidade de produzir intercâmbios frutíferos e valiosos para a sociedade. Ao contrário do que dizem as crenças coletivas, das quais quase todos nós compartilhamos, ter pouco dinheiro significa que não somos capazes de ajudar e de fornecer verdadeiro valor aos demais.

**Repito: ter pouco dinheiro significa que alguém,
como profissional, não é capaz de ser
verdadeiramente útil para os demais.**

Por fim, nos pomos frente à realidade de nossa precariedade econômica, e só reconhecendo esse fato poderemos armar um novo entendimento

1. UMA NOVA FORMA DE PENSAR A VENDA E OS NEGÓCIOS

mais construtivo sobre o dinheiro e as vendas que nos devolva o valor que perdemos como categoria. Vender não é mau nem nos converte em manipuladores, nem com isso nos aproveitamos das pessoas. Isso se chama "defraudar". Vender, pelo contrário, é um ato de extrema valentia em que o profissional se expõe à dolorosa recusa de um cliente, com o único objetivo de fazer-lhe saber que existe uma solução para seu problema, necessidade ou desejo. É o ato de antepor sua ajuda profissional ao medo pessoal.

> **Vender é um ato de extrema valentia em que o profissional se expõe à dolorosa recusa de um cliente, com o único objetivo de fazer-lhe saber que existe uma solução para seu problema, necessidade ou desejo.**

Reflita: você tem observado o mercado utilizar ao máximo a sua capacidade empática para encontrar necessidades não atendidas de pessoas de carne e osso que desejam alcançar um objetivo e não podem obtê-lo por si mesmas. Em lugar de isolar-se em seu escritório ou estúdio, para produzir ideias sem fundamento e um portfólio egocêntrico sobre si mesmo e seu papel de arquiteto, você escolheu destinar sua vocação a pessoas concretas e suas necessidades para conceber um veículo que ajude a alcançar os desejos *delas*. Você criou uma proposta de valor *para elas* e assegurou-se de que essa proposta é de ajuda em seu propósito. Entregou-se à causa dessas pessoas e tem o sincero desejo de ajudá-las a conseguir aquilo a que se propõem. Não existe razão lógica alguma para pensar que a venda é uma ação malévola e acabar transmitindo sem firmeza as virtudes de sua solução, escondendo-se atrás de uma falsa humildade. Algo foi feito para os clientes, e sua missão é fazer chegar a eles a notícia de que, por fim, existe uma solução que poderá ajudá-los a progredir na vida.

O verdadeiro arquiteto independente se move por dois incentivos não excludentes entre si, pois que se retroalimentam enormemente: ajudar seus clientes da maneira que eles querem ser ajudados (quanto mais, melhor), e ganhar dinheiro (quanto mais, melhor). Não é verdade que você se sente muito mais motivado a aperfeiçoar seus serviços se com isso você ganha mais dinheiro? Não é verdade que por mais que você tenha uma enorme vocação ela não sobreviverá mais do que alguns meses se a

202   A VENDA

sua conta bancária estiver sempre no vermelho? Não é verdade que ganhar dinheiro o faz sustentável e resiliente face às mudanças no mercado, e que isso garante que possa seguir ajudando as pessoas que necessitam de você? É urgente compreender que nesse mundo material que lhe tocou viver, ser capaz de gerar riquezas é um requisito importante para estar tranquilo e compartilhar ajuda. Se esse é o propósito, o dinheiro, as vendas e os negócios são aspectos altamente honrados na vida de qualquer ser humano. De fato, são o motor de mudanças e de melhorias que permitem que outras iniciativas não lucrativas e igualmente necessárias possam existir e funcionar.

Ajude os outros, fazendo com que consigam alcançar seus objetivos, para poder ajudar a si mesmo, ganhando dinheiro.

2.
SEM REUNIÕES NÃO HÁ CLIENTES

Todo arquiteto sonha em desenvolver projetos. Quando nos imaginamos em um escritório de arquitetura, imediatamente pensamos na parte produtiva: os rascunhos, as imagens, as maquetes, os espaços que projetamos, os intercâmbios com os clientes, os materiais, as visitas às obras… No entanto, poucos de nós consideram haver dois passos prévios a serem dados inexoravelmente para que tudo isso ocorra e que, ademais, formam parte da dinâmica de qualquer arquiteto que se queira considerar "independente".

Imagine que seu exercício profissional seja como uma estrutura de canalização: você quer que saia água pela torneira (fazer projetos), mas primeiramente você deve se encarregar de pôr água no outro extremo dos tubos (conseguir clientes). Para acabar desenvolvendo um projeto de arquitetura, antes é necessário ter gerado uma reunião de venda com um cliente potencial; e para se conseguir uma reunião é preciso que tenha havido uma conversa com essa mesma pessoa. Não há projetos sem reuniões e nem reuniões sem conversas. Esse é o motor de nossa independência, e compreendemos que aprender a conduzir as reuniões de venda com clientes potenciais e dominar a arte sutil da conversação são requisitos indispensáveis para todo arquiteto que queira desfrutar de autonomia.

Se achamos que os clientes é que devem bater à nossa porta para evitar o estorvo de ter de sair para vender, renunciamos literalmente à nossa independência, pois simplesmente não sabemos quando chegará um novo cliente. Não é predizível e não temos qualquer controle em relação a isso. Aprender a vender é um requisito essencial para recuperar

A VENDA

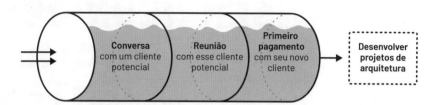

Com a analogia da tubulação de água, compreendemos que para que se produza um efeito (desenvolver projetos de arquitetura) temos de haver acionado uma causa anterior (estabelecer conversas e reuniões de venda com clientes potenciais). O sistema consiste em sistematizar essa correlação de acontecimentos para aumentar as possibilidades de fechar novos contratos.

as rédeas de nossa carreira. Sem venda não há intercâmbio, e se não houver intercâmbio, esqueça de ajudar os outros. A venda nos traz a liberdade de trabalhar com nossos próprios clientes em nossas condições, ou então teremos que depender de um chefe que se encarregue de trazer os encargos e condições.

Provavelmente você pensa que não sabe vender ou que não tem a personalidade adequada para isso; que ser vendedor requer algumas qualidades inatas, como a extroversão e a astúcia, e que se alguém não cumpre com essas características está condenado a depender do trabalho alheio. Mas deixe-me dizer algo a você: vender, como qualquer outra técnica, *se aprende*. E ao contrário da típica imagem de vendedor que todos temos na cabeça (enfadonho, tagarela, atrevido), o segredo da venda consiste muito mais em falar pouco. De fato, as pessoas tímidas ou introvertidas ou de poucas palavras têm vantagem para dominar a verdadeira arte da venda, como veremos em pontos seguintes deste capítulo.

Como a maioria de nós nunca chega a aprender essa técnica (por alguma estranha razão, pensamos ser algo que devemos saber desde o nascimento), é habitual que o processo, que transcorre desde o momento em que um cliente potencial nos procura para nos propor um serviço até que se produza o bendito primeiro pagamento, seja algo incerto e escabroso, de vários dias ou semanas, durante o qual trabalhar gratuitamente é o mais comum. Chega um momento em que não sabemos se estamos vendendo ou trabalhando, porque no afã de convencer uma pessoa para que ela nos escolha, começamos a produzir rascunhos, anteprojetos e orçamentos com a esperança do primeiro ingresso, fato que, em muitas ocasiões, não chega sequer a acontecer.

2. SEM REUNIÕES NÃO HÁ CLIENTES **205**

Isso que é sumamente confuso e desordenado para nós também o é para o cliente. Em nossa inocente manipulação com o processo de venda, invadidos por uma grande incerteza, nos pomos a produzir um material que, em realidade, corresponde à contratação de um encargo. Quando, sem haver cobrado um centavo, adiantamos propostas e documentos, seja porque o cliente pediu, seja porque cremos ser uma estratégia magnífica de convencimento, estamos enviando, sem querer, uma mensagem contraproducente para nós: "meu tempo, minha energia e meu trabalho não são importantes e valem pouco, e, portanto, eu os dou de presente". É assim que viciamos a relação desde o primeiro momento, o que deriva em uma série de consequências no transcurso de um serviço de arquitetura que não se caracteriza precisamente por ser curto, rápido e limpo.

Devemos aprender a conduzir esse lapso temporal entre o momento em que se produz uma conversa com um possível cliente e se confirma o primeiro pagamento, e ser capazes de condensá-lo efetivamente em uma só reunião de cerca de 45 minutos: a reunião de venda. De forma excepcional, em alguns nichos de maior envergadura e de tipo profissional (B2B), em que existe uma hierarquia organizacional complexa, com vários tomadores de decisões, possivelmente se requeira uma segunda e mesmo uma terceira reunião de venda, como acontece, por exemplo, com a direção de grandes corporações, de instituições ou administrações públicas. Para todo o resto dos nichos de mercado, uma só reunião de 45 minutos é suficiente para ativar o mecanismo de venda e deixar para o cliente a decisão de nos contratar, efetuando o primeiro pagamento para o início dos trabalhos sem que desenhemos uma linha, sem expor qualquer portfólio, sem fazer visita alguma, sem referência de conhecidos. Isso é o que você aprenderá neste valiosíssimo capítulo.

E, antes, preciso que você entenda um último aspecto: *a venda é a sua primeira oportunidade de acrescentar valor ao cliente*. Isso não quer dizer que você deva começar a produzir material como um louco, sem que tenha havido um pagamento. Lembre-se de que o valor não se relaciona com a sua arquitetura. Tem a ver com a sua promessa e garantia de ajudar a alcançar uma situação desejada. O que quero dizer é que a estrutura de reunião de venda, que você aprenderá nas próximas páginas, deve deixar uma marca tão profunda em seu cliente potencial que, quando ele for dormir, lembre-se do que conversaram. A reunião de venda é o primeiro

206 A VENDA

capítulo de uma relação potencial com outra pessoa, a quem você não pode deixar indiferente. E para que isso suceda, suas expectativas devem ser correspondidas com contundência, como veremos a seguir.

3.
AS EXPECTATIVAS DE QUALQUER CLIENTE DE ARQUITETO

É fundamental que você medite sobre o que acaba de ler, porque as crenças e as travas mentais que compartilhamos a respeito de vendas são a causa principal de sermos tão pouco hábeis nessa arte. Não se trata de um mercado saturado, nem é o governo em exercício, nem significa que pareça caro ao cliente. Simplesmente essas crenças têm sido um véu para a nossa empatia e até agora não fomos capazes de compreender o que os clientes esperam de nós.

Isso deriva de uma sequência específica de eventos no processo de venda, como explico a seguir:

1. Temos uma reunião que o cliente acaba conduzindo, na qual se fala sobretudo do projeto que pensamos ser encarregados e as ideias que ocorreram a ele. Essa reunião costuma nos parecer emocionante e ficamos entusiasmados face à oportunidade de sermos encarregados do projeto.

2. Nessa reunião apenas fazemos menção ao funcionamento de nosso serviço, sem saber qual é a capacidade de investimento do cliente.

3. Pela forma com que se desenrolou essa conversa, a mensagem subliminar que se instaurou no final foi a de que o cliente espera algo de nós (uma proposta) e nós dele (a decisão de nos contratar e fazer o primeiro pagamento).

4. Disso resulta que passamos os três dias seguintes trabalhando numa primeira proposta e numa espécie de orçamento, a fim de justificar os honorários como um percentual.

208   A VENDA

5. Na continuação, preparamos um e-mail com o orçamento, um primeiro esboço e nosso portfólio, o enviamos e cruzamos os dedos para que tudo pareça bem ao cliente e ele confirme o trabalho.

Depois dessa sequência, três cenários são possíveis:

Cenário 1 (o mais habitual): nunca mais voltamos a saber do cliente.

Cenário 2: o cliente responde ao e-mail com uma das três seguintes objeções:

a. "excede o meu orçamento" (o que se traduz em voltar a investir mais três dias ajustando a proposta, quer dizer, trabalhando sem cobrar, tentando resgatar sua confiança);

b. "vou pensar, talvez mais adiante" (o que equivale a uma desconfiança);

c. "gostaria de ver outros trabalhos que tenha feito" (o que significa que o cliente assumiu a posição de juiz, talvez pedindo orçamentos a outros arquitetos, com o risco de que acabe tomando uma decisão negativa, influenciado por um aspecto estético caprichoso, que resulta de não ter gostado de nosso portfólio).

Cenário 3: por intercessão divina, o cliente consente em continuar com o projeto, mas como não explicamos a ele nosso protocolo de trabalho nem as formas de pagamento, a relação fica viciada, o cliente não nos leva a sério e os problemas assomam poucas semanas depois de termos começado.

Pense na última reunião mantida com um cliente potencial. Que sensações ficaram depois? O que acha que o cliente pensou de você? Se você se identifica com qualquer um dos três cenários expostos acima, isso quer dizer apenas uma coisa: seja o que for que você disse ou deixou de dizer na reunião, as expectativas do cliente não foram plenamente satisfeitas; até não serem totalmente preenchidas, ele não irá comprar.

3. AS EXPECTATIVAS DE QUALQUER CLIENTE DE ARQUITETO

O objetivo da reunião de venda consiste em ajudar o cliente a completar esses vazios com nossas respostas, mas para isso antes precisamos saber o que o cliente espera que respondamos. Caso contrário, corremos o risco de pronunciar raciocínios ridículos ou insípidos, como "a qualidade de nossos projetos" ou "para nós, o mais importante são as necessidades do cliente"; por favor, evitemos adulações que os deixem indiferentes. É o mesmo que, antes de começar o processo judicial de sua vida, ouvir do seu advogado que ele oferecerá um serviço de qualidade e que suas necessidades serão levadas em conta. Vá à merda![45] Isso é óbvio e o que você quer escutar é outra coisa. É seu compromisso, sua garantia, sua promessa que fará tudo para ganhar a causa. Você precisa ouvir que ele estará com você nessa cruzada, que as suas preocupações serão as dele e que não lhe deixará abandonado. Isso é o que se espera de um profissional. E é o que um cliente espera de um arquiteto.

Essas expectativas nada têm a ver com questões estéticas ou espaciais das quais o cliente pensa nos encarregar. Cuidado: mostrar imagens, referências, esboços ou anteprojetos em uma reunião de venda é o mais contraproducente que um arquiteto pode fazer, pois desvia o foco da decisão de venda para a decisão do projeto, e isso não é venda, é trabalho. Esqueça a mania de fazer desenhos para compensar uma capacidade de venda questionável. Você só precisa utilizar as palavras adequadas que aprenderá neste capítulo durante 45 minutos.

As expectativas de qualquer cliente que um arquiteto deve satisfazer numa primeira reunião têm a ver com as condições de trabalho que mais preocupam o cliente e nossa capacidade de garantir tais condições. Quer dizer, o que qualquer cliente pergunta em silêncio, enquanto nos escuta na reunião de vendas, são três coisas:

1. Você será capaz de me entender e de me ajudar em MEU desejo?
2. Será capaz de cuidar e de cumprir com MEU orçamento?
3. Será capaz de me oferecer garantias que respeitem MINHA confiança?

Como exercício, eu o convido a responder a essas perguntas, tendo em vista a sua proposta de valor. Após escrever a sua resposta, quero que, por um segundo, você se abstraia de seu papel de arquiteto, se converta em simples pessoa e se pergunte: essa resposta vende?

210 A VENDA

1. Como descrevo SEU desejo e os passos que daremos para consegui-lo?
2. Qual é a minha estratégia para cuidar e cumprir com SEU orçamento?
3. Que garantias ofereço no caso de não ser capaz de cumprir com minha palavra para respeitar SUA confiança em mim?

Viemos para jogar seriamente, com estratégia, com garantias, com benefícios, com excelência, o que nos torna mais atraentes aos olhos de qualquer cliente. Você contrataria um arquiteto que lhe dissesse: "faço projetos de qualidade, o primeiro pagamento é de 5.000 e depois veremos se tudo corre bem"? Comprometermo-nos com as expectativas de nossos clientes significa comprometermo-nos com nossa excelência profissional. Não exercemos a arquitetura para dar um exemplo medíocre de nossa capacidade. Se um profissional põe algo a perder[46] e não se importa com as consequências, carece de incentivos para se tornar um melhor profissional. Se um profissional comete um erro e não sente culpa perante o cliente, porque só ele sofre as consequências, acabará alimentando sua insegurança. As consequências que atribuímos a nós em forma de garantias para nossos clientes são o maior presente que podemos nos dar: não apenas permitem conquistar a confiança deles e fechar com mais clientes, como nos educam como arquitetos.

**As expectativas do cliente
são a moldura da excelência do arquiteto.**

4.
COMO FILTRAR CLIENTES POTENCIAIS:
O FUNIL DAS VENDAS

Somos arquitetos, não comerciantes, vendedores ou agentes de marketing. Por essa razão, é vital depurar os tipos de clientes desconhecidos com que entramos em contato, antes de descobrir se verdadeiramente desejam nos contratar ou se só pretendem nos aborrecer com sua indecisão. O processo de venda deve ser ágil e sistemático, de maneira que nos permita dar os mesmos passos com cada um dos clientes potenciais, concentrando-nos somente naqueles que realmente demonstram um alto interesse em receber nossa ajuda, para passar rapidamente ao núcleo de nosso trabalho arquitetônico. Um erro comum que compartilhamos na categoria é tomar cada possibilidade de serviço como a cruzada de nossa vida, dedicando o mesmo tempo e a mesma atenção a todos os clientes potenciais. Acabamos tendo várias reuniões, de várias horas, com pessoas que jamais nos contratarão, e isso resulta numa enorme perda de tempo e sentimento de frustração. Pensamos que vendemos mal ou que não somos suficientemente bons, ou ainda que os clientes são uns oportunistas, quando o único erro que cometemos é não contar com um funil de vendas.

Como já vimos, de todas as pessoas que compõem o seu nicho de mercado somente uma pequena porcentagem está preparada para agir e contratar seus serviços nesse instante. Sabendo, além disso, que somos arquitetos autônomos e que nossos recursos são limitados, como saber quem compõe essa pequena porcentagem para não nos desgastarmos no caminho?

212   A VENDA

Usar a "força bruta" para encontrar clientes significa que investimos ingentes toneladas de tempo e energia em pessoas que não se decidem, até que, por sorte, cheguemos a dar com alguém que nos queira contratar. Como arquitetos autônomos, simplesmente não podemos nos permitir esse tremendo desperdício.

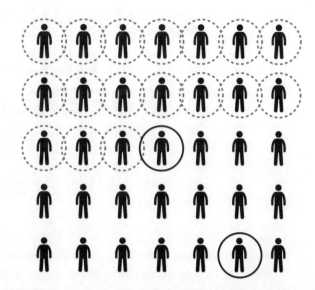

É preciso substituir a força bruta pela inteligência. Mais frequentemente temos escritórios pessoais ou divididos com um sócio ou colaborador, mas em nenhum caso contamos com uma equipe de cinquenta agentes comerciais preparados para bombardear todos os que encontrarem pela frente e cansar inclusive o mais interessado, como ocorre com as típicas chamadas das empresas telefônicas. Em lugar da força bruta, tão pouco elegante e acertada, nossa condição nos obriga a utilizar uma estratégia muito mais sutil e efetiva, que se observa também na natureza.

As plantas são seres vivos com um raio de ação bastante lento e limitado. Muitas delas precisam de outros seres vivos para a formação de frutos e sementes, mas não contam com a velocidade nem a força suficientes para se aproximar dos insetos e assegurar sua descendência. Em lugar de desenvolver os clássicos mecanismos de perseguição, acabaram por desenvolver poderosos mecanismos de atração, servindo, por sua vez, a numerosos insetos que necessitam se alimentar. Essa é a fabulosa função cromática e morfológica das flores. Graças a elas, as plantas, que não possuem recursos para sair correndo atrás de cada inseto que passe na sua frente, esperam pacientemente até que a abelha se acerque, atraída pela brilhante solução que se oferece à sua necessidade. Com as devidas diferenças, esse é um exemplo claríssimo da função que terá seu funil

4. COMO FILTRAR CLIENTES POTENCIAIS: O FUNIL DAS VENDAS

no processo de venda. Em lugar de sair correndo atrás de cada cliente, aguardamos pacientemente que sejam eles que demonstrem os sinais de interesse que esperamos. Com isso, evitamos ser o típico arquiteto aturdido, tratando de convencer as pessoas que nada querem fazer e conservamos engenhosamente nossa preciosa energia. *A melhor promoção é a atração.*

Há um equilíbrio fundamental a ser mantido ao longo de todo o processo de venda: o nível de dedicação do arquiteto deve sempre ser dosificado em função do nível de interesse do cliente potencial. Se esse demonstra pouco interesse, empregamos pouca dedicação; se demonstra muito interesse, então empregamos nossa dedicação de modo mais extenso e carinhoso. É crucial não cair na armadilha de se acreditar que se alguém põe muita dedicação, então o outro terá mais interesse, pois dessa maneira a hierarquia se rompe e o resto da relação se verá afetada por essa dinâmica disfuncional. É o cliente quem tem a necessidade e requer ajuda, não nós. Não há nada mais satisfatório para um arquiteto do que manter reuniões com pessoas altamente comprometidas em resolver seus problemas, desejos ou necessidades. E nada mais atrativo para um cliente potencial que lograr, por fim, uma reunião com um arquiteto que custou um pouco a se conseguir. Pense naquele delicioso restaurante em que você deve fazer uma reserva de mesa com antecedência e depois naquele restaurante completamente vazio, no qual os garçons nada têm a fazer senão sorrir à porta e interromper o caminho dos transeuntes. Não é preciso dizer qual deles gera mais atração e é capaz então de cobrar mais pelo mesmo prato. A escassez gera procura e a procura gera mais procura. Não permita que aquelas pessoas menos interessadas roubem a sua dedicação para com aquelas que possuem um desejo genuíno de contar com você.

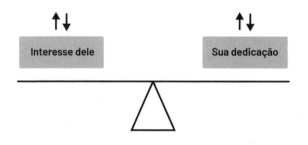

Mantemos o equilíbrio com nossos clientes potenciais por meio dessa relação. Dedicar muito tempo a pessoas que demonstram pouco interesse real nos impede de dedicar tempo àquelas que poderiam converter-se em clientes reais. Essa relação também é conhecida como avanço-retirada.

214 A VENDA

Como ativamos o funil para as pessoas de nosso nicho a fim de que as filtremos? Todo arquiteto conta com dois recursos energéticos para isso: o tempo e o dinheiro. Quando você desenvolve uma estratégia de negócio formal e séria, como a que você aprende neste manual, você começa utilizando o recurso tempo, porque lhe permite estar em contato direto com o *feedback* do mercado e fazer os ajustes necessários em seu funil e na estratégia. Uma vez que a estratégia esteja perfeitamente afinada e for capaz de fechar ao menos com um e até três serviços por mês, você pode começar a automatizar a captação de clientes utilizando o recurso do dinheiro.

Dependendo se você usa o recurso tempo ou dinheiro, os métodos de captação de clientes se dividem, fundamentalmente, em dois:

1. Métodos orgânicos

Aquelas técnicas que empregamos utilizando nosso tempo (contatos diretos em canais *off-line* e *on-line*, propor colaborações estratégicas, potenciar os conectados, criar conteúdos de valor etc.). Estas são ideais quando pomos em marcha uma estratégia de negócio formal, composta por um nicho de mercado específico, uma proposta de valor, uma promessa de marca e um funil de vendas. Esses são os métodos que utilizamos em primeira instância para validar nossa estratégia e estabilizar a quantidade de clientes que conseguimos mês a mês.

2. Métodos pagos

Aquelas técnicas que empregamos utilizando nosso dinheiro (publicidade, equipe para prospecção de *leads* etc.). Ideal quando já temos consolidado um fluxo de clientes e queremos dar um passo evolutivo, subindo na quantidade e na qualidade de clientes. Esses são métodos que aprendemos em segunda instância para automatizar a captação de clientes e dar forma a um escritório altamente eficiente e rentável, que nos permita ganhar mais, trabalhando menos.

Em qualquer caso, o objetivo desses métodos consiste em converter ou transformar um estranho em cliente por meio de um processo ágil e sistemático, que possa esquematizar os seguintes passos de um funil de vendas.

4. COMO FILTRAR CLIENTES POTENCIAIS: O FUNIL DAS VENDAS

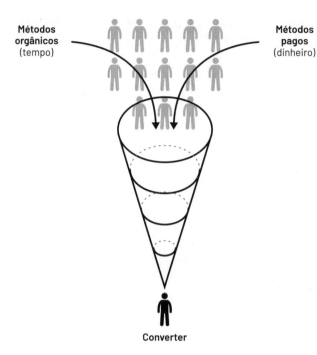

Existem dois métodos para introduzir cliente potenciais (também chamados *leads*) em seu funil de vendas; é fundamental que se comece com os métodos orgânicos, investindo em tempo; uma vez que esteja consolidada a estratégia de negócios, pode-se começar com os métodos pagos, automatizando todo esse processo e investindo em dinheiro.

- **Passo 1.**
  Contato Mínimo

É o primeiro contato audiovisual que um estranho tem com sua proposta de valor e com a qual descobre que você existe e que pode ajudá-lo com aquilo que leia e/ou escute em sua promessa de marca, também conhecido como "impressão". Esse contato mínimo ou impressão deve supor o mínimo esforço possível de nossa parte (lembre-se de que ainda não sabemos se a pessoa está interessada) e corresponde a uma saudação num encontro presencial, a uma solicitação de amizade em um perfil social ou a um simples anúncio com o qual as pessoas se deparam no nicho comercial escolhido por você.

- **Passo 2.**
  Contato Direto

Uma vez que as pessoas com as quais tivemos contato no passo anterior demonstram um interesse mínimo (ao responder à nossa saudação, ao

216 A VENDA

aceitar nossa solicitação de amizade ou ao clicar em nosso anúncio), cabe-nos corresponder a esse interesse, descrevendo, com um pouco mais de detalhes, em que consiste nossa proposta de valor e por que estamos capacitados a entender a necessidade ou o desejo e solucioná-lo. Isso equivale a uma breve explicação verbal, se estamos num encontro presencial, a uma mensagem enviada em privado, se estamos na rede social, ou a uma página de destino, se a pessoa clicou no anúncio.

▪ Passo 3.
Conversa

Esse contato direto do passo 2 deve sempre acabar com uma pergunta sobre a situação específica da pessoa com quem estamos interatuando. Muitas delas receberão nossa mensagem direta e preferirão não responder, fazendo-nos saber que não estão interessadas e saindo automaticamente do funil. Mas outras responderão à pergunta, com o que se inicia uma pequena conversa que nos permitirá aprofundar-nos minimamente em seu caso concreto e determinar se precisa ou não de nossa ajuda. Isso equivale a um diálogo presencial, a um intercâmbio de mensagens pela rede social ou a um vídeo introdutório de sua proposta no caso do anúncio.

▪ Passo 4.
Reunião de Venda

Por intermédio da conversa do passo 3, podemos obter uma imagem clara sobre a situação específica do cliente potencial. Se, pelas perguntas que realizamos, percebermos que ele necessita de nossa ajuda, é chegado o momento de convidá-lo para uma reunião na qual poderemos nos aprofundar ainda mais em seu caso e passaremos a explicar em detalhes como funciona nosso serviço e que objetivos ele conseguirá com isso. Isso equivale sempre a uma reunião presencial ou virtual que ocorrerá, preferencialmente, nas 24/72 horas seguintes, para que a pessoa, estando comprometida e conectada a seu problema, saiba que temos a solução.

4. COMO FILTRAR CLIENTES POTENCIAIS: O FUNIL DAS VENDAS

▪ Passo 5.
Fechamento do Projeto

Ao finalizar a reunião do passo 4, enviaremos um dossiê estrategicamente desenhado para que a pessoa possa pensar sobre a sua decisão e lembrar-se do valor que podemos trazer para seus objetivos. E na própria reunião já teremos acordado uma data concreta de resposta que não deverá exceder a cinco dias. Quando soubermos que a pessoa deseja ir adiante, facilitaremos os dados para confirmar o primeiro pagamento, e só então começaremos a trabalhar.

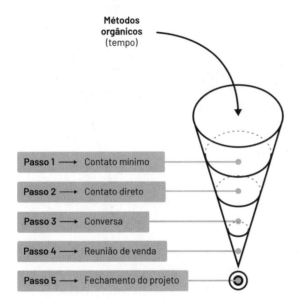

Os cinco passos do funil de vendas ao empregar os métodos orgânicos, acessíveis a todos os arquitetos que iniciam uma sólida estratégia de negócio com este manual, e que permitem fechar entre um e cinco contratos por mês, em função da escala.

Quero que você saiba que esta tipologia de funil, que soará como chinês, é amplamente utilizada em muitos setores do mercado para se fazer bom uso dos recursos durante todo o processo de venda de produtos e de serviços, e para se obter capacidade de prever o fluxo de caixa dos meses seguintes. Isso é possível porque, ao pôr em marcha o funil de venda, observamos padrões de conversão que se repetem ao longo do tempo em diferentes nichos de mercado. Quer dizer, se você está verdadeiramente focado em um nicho, com uma necessidade real que desejam solucionar,

218 A VENDA

o número de pessoas que responde interessado em um contato direto será um percentual determinado, igual ao número de conversas que resultam em reuniões de venda, e o número de reuniões de venda que se convertem em contratos. De fato, as medições que você pode esperar do seu funil, empregando os métodos orgânicos, são:

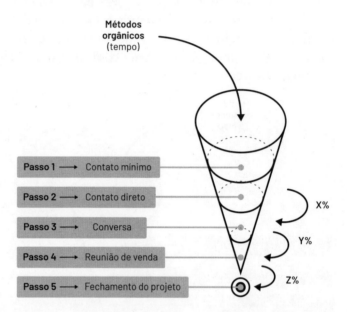

Essas medidas representam padrões de comportamento humano no processo de tomada de decisão para solucionar um problema, necessidade ou desejo real e deve-se considerá-las como referências para garantir a rentabilidade de suas ações.

Assim, quando você lança sua estratégia de mercado pela primeira vez, ela não é perfeita e deverá submeter-se a repetições *constantes* até que se consiga essas medidas de referência que representam um modelo de negócio rentável e funcional. Se o número de respostas de interesse que você recebe do seu contato direto for inferior a 20%, pense em repetir a mensagem. Se o número de contratos que se consegue for inferior a 10%, considere repetir a forma como você expressa o seu serviço na reunião de venda. Claro que não se consegue o mesmo percentual todo dia, mas a oscilação de valores deverá estar sempre ao redor dessas medidas de referência; é o que se chama "regressão à média" (você mesmo poderá observar esse fenômeno tão logo acione sua estratégia e comece as iterações).

4. COMO FILTRAR CLIENTES POTENCIAIS: O FUNIL DAS VENDAS

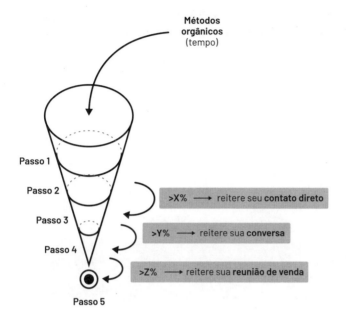

Quando não se é capaz de alcançar essas medidas de referência em seu funil de captação, é hora de repetir a forma com que você desenvolve cada um dos passos. Observe que seu contato direto tem a ver com sua mensagem, sua conversa tem a ver com o desejo de seu nicho de entrar em ação e sua reunião de venda tem a ver com seu serviço.

Quando você realiza as repetições pertinentes em sua estratégia de negócio, até alcançar essas medidas (processo que não deveria durar mais de oito semanas), seu funil se estabiliza e você começa a sentir a força dos padrões de conversão, quer dizer, uma medida estatística para predizer as ações exatas que se devem levar a cabo e a energia e o tempo que levará cada uma delas para se conseguir um cliente. Esses padrões matemáticos de conversão são medidos percentualmente e variam conforme a qualidade de sua proposta, o quanto de competência você apresenta e como você filtra os clientes potenciais através das distintas etapas do funil.

Por exemplo, utilizando-se os métodos orgânicos, de cada duzentas mensagens diretas que as pessoas (desconhecidas) de seu nicho leem, consegue-se, inevitavelmente, um contrato, e, utilizando-se dos métodos pagos, para cada mil pessoas (desconhecidas) que clicam em seus anúncios, consegue-se um contrato. Isso que agora parece magia representa apenas uma média do comportamento massivo das pessoas que têm uma necessidade real quando se encontram com sua solução, e isso é precisamente o que torna possível sua capacidade de planejar o futuro. Você quer dois contratos? Consiga com que quatrocentas pessoas de seu nicho

A VENDA

leiam suas mensagens diretas se você utiliza os métodos orgânicos, ou consiga com que duas mil pessoas cliquem em seus anúncios, se você usa os métodos pagos. Como você imagina que a Coca-Cola age? Cruzando os dedos e fazendo bruxaria para que no mês seguinte as vendas sejam boas? Ao contrário do enorme mistério que existe em torno do processo de venda da arquitetura, vender é seguro, quantificável e predizível, e só quando podemos medir podemos *planificar*, requisito indispensável para nos considerarmos autônomos. A única coisa que se precisa fazer é acionar o funil de captação e descobrir os padrões específicos de conversão de sua estratégia específica como arquiteto.

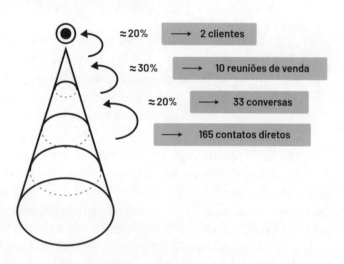

Observe a enorme decantação de clientes potenciais que ocorre até encontrar o cliente final e aceite esse fato como um mecanismo natural dos negócios. O que, ademais, lhe permite quantificar e planejar as ações para alcançar seus objetivos.

5.
TRANSFORMAR UMA CONVERSA COM UM ESTRANHO EM UMA REUNIÃO DE VENDAS:
ÁRVORE DE RESPOSTAS

Cada um dos passos do funil de venda está desenhado para deixar de lado aquelas pessoas que não têm interesse em contratar uma solução para as próprias necessidades ou que não se sentem preparadas para dar o passo seguinte nesse momento. Por isso, utilizamos a palavra funil para nos referirmos a esse processo: na medida em que nos aproximamos do videogame, a demanda de interesse que requeremos por parte das pessoas é maior, com o que o número de pessoas decresce, permitindo-nos dedicar mais tempo a menos pessoas, para finalmente encontrar os casos que se traduzem em serviços e pagamentos.

Não é bom ter muitas reuniões de venda se tais reuniões não são com pessoas que, previamente, qualificamos por meio de nosso funil, mas tampouco conseguiremos reuniões de venda com pessoas qualificadas se dermos esse passo prévio de modo incompetente. A pessoa deve ter motivos de peso para querer ocupar uma hora de seu dia a fim de manter uma reunião conosco. Por isso, é crucial que aprendamos a dominar as conversas do passo 3, de maneira que possamos discernir se há sentido em continuar com a reunião de venda, ao mesmo tempo que damos razões de peso para que essa pessoa em específico aceda manter uma reunião conosco.

222 A VENDA

O mais valioso desse funil é que ele nos permite filtrar, de forma sistemática, o contato com *estranhos*, pessoas do nicho completamente desconhecidas que, paulatinamente, passam a ser mais conhecidas. Para muitos arquitetos, todavia, acostumados a tratar unicamente com amigos, familiares ou indicações de possíveis clientes, resulta ser difícil manejar conversas desse tipo com estranhos que não possuem qualquer referência de nosso trabalho.

De novo, aflora aquela voz que nos diz: "Não tenho por que aprender essas técnicas. Se a pessoa quiser me contratar, ela o fará e pronto." Essa é uma pequena lorota que nos contamos para antepor nosso medo à recusa perante nossa missão de ajudar as pessoas que necessitam de nós. Se você precisa cuidar de sua saúde e tem o desejo de agir, agradecerá muito que um profissional saiba conversar com você para fazê-lo ver a importância de agir agora e não posteriormente, quando você pode começar a apresentar problemas. A maioria das pessoas, em todos os nichos de mercado, dão mil e uma desculpas para permanecer inativas e não chegar à situação desejada: "não tenho tempo, é muito caro, talvez não consiga, não tem por quê". Em geral, o ser humano sente preguiça ou posterga aquelas coisas que são verdadeiramente boas para si mesmo porque imaginam penetrar em um terreno desconhecido; e é aqui que entramos como catalisadores de mudança de vida por meio da arquitetura. Pode ser que muitas pessoas de seu nicho não saibam que os problemas que possuem podem ser resolvidos pela arquitetura e sua intervenção espacial, mas tampouco é responsabilidade delas saber disso; essa responsabilidade é nossa e podemos fazer o cliente enxergar as resoluções possíveis através daquela breve conversa.

As conversas do passo 3 do nosso funil têm dois objetivos fundamentais:

1. determinar se a pessoa tem a necessidade que supomos e está interessada em receber nossa ajuda nesse momento;

2. deixar entrever nossa *expertise* arquitetônica como solução de sua necessidade, oferecendo razões de peso para o passo 4, a reunião de venda.

Para isso, seguiremos uma árvore de perguntas e respostas que nos permita manter o foco da conversa nesses dois objetivos, descartando amavelmente aquelas pessoas que não necessitam prontamente de nossa ajuda, e destinando a maior parte de nossa energia para aquelas que demonstram

5. TRANSFORMAR UMA CONVERSA EM REUNIÃO DE VENDAS

interesse. Essa sequência de diálogo se ramifica da seguinte forma, a partir da pergunta final do contato direto:

Pergunta Final

Lembre-se de que o passo prévio do funil (passo 2) deve terminar com uma pergunta sobre a situação da pessoa com a qual dialogamos, de forma a nos permitir a conversa do passo 3.

Essa pergunta pode ser:

"Diga-me, _____ (NOME), em seu caso específico, que obstáculos você/o sr./a sra. encontra nesse momento para conseguir _____ (SITUAÇÃO DESEJADA)? / Diga-me, _____ (NOME) em seu caso específico, como gostaria que fosse na realidade a sua _____ (SITUAÇÃO ATUAL)?

A partir da resposta da pessoa, a conversa prosseguirá numa ou noutra direção, como a seguir.

A sombra assinala a sequência da conversa habitual quando suas hipóteses combinam com a realidade do nicho. As ramificações alternativas, ainda que não validem suas hipóteses, oferecem uma valiosa retroalimentação para ajustar e gerar conversas cada vez mais produtivas.

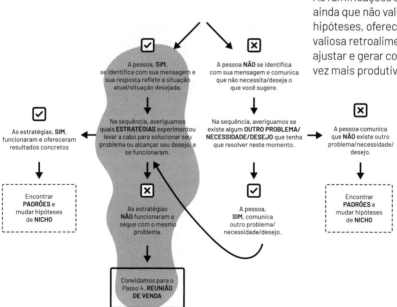

224 A VENDA

É importante seguir a sequência dessa árvore de conversa para evitar qualquer outro tema que nos desvie de nosso propósito. Estamos aqui para ajudar, quer dizer, vender, não para dissertar sobre a próxima política econômica que mudará o mundo. No percurso dessas conversas você observará que alguns nichos de mercado têm pessoas não muito dadas a trocar mensagens de texto, como, por exemplo, empresários muito ocupados e que, em seu lugar, preferem chamadas breves de dez minutos, o que nos permite seguir a mesma sequência, por telefone ou vídeo-chamada. A partir do momento em que você começar a interatuar com as pessoas do seu nicho, seguindo o funil de venda, sugiro que demonstre simpatia com o caráter da pessoa ou se adapte a ele, sempre seguindo seu sistema. As pessoas querem contratar alguém com quem se identifiquem; se seu nicho percebe que você se comporta de maneira muito diferente, usando um vocabulário diferente (como o de um arquiteto, por exemplo), será impossível construir a confiança para avançar nos passos seguintes. Observe que essa é uma lição a respeito das relações humanas, e é hora de nos aproximarmos de novo das pessoas.

Por outro lado, é habitual receber certos tipos de resposta que devemos sortear agilmente para, ou continuar com a árvore, ou fazer com que a pessoa se expulse sozinha do funil. Ao longo dos anos, dominando essas conversas em nossa Comunidade de Arquitetos Independentes, acabamos por desenvolver um catálogo de respostas impressionantemente efetivas e carinhosas para aquelas pessoas do nicho que tentam tomar o controle do nosso funil ou mudar completamente o tipo de necessidade. Aqui compartilho alguns casos do nosso catálogo. O que responder quando a pessoa diz...

a. Pode me enviar um portfólio ou uma apresentação do seu trabalho?

> **Resposta-chave:** Obrigado por sua resposta... (nome). Claro, gostaria de enviar para você a informação e mostrar como ajudei outros a conseguir (situação desejada). Antes, gostaria de saber se esse é o seu caso também (parafrasear a pergunta final do contato direto).

5. TRANSFORMAR UMA CONVERSA EM REUNIÃO DE VENDAS 225

Nota importante: Nunca enviamos portfólio ou qualquer apresentação no passo 3 do funil. Esse é um erro colossal que muitos arquitetos cometem e que nos coloca em posição de ser julgados; além disso, nos impede de discernir se a pessoa está realmente interessada ou se apenas nos evita amavelmente. Fizemos uma pergunta e é a pessoa quem deve responder se quiser continuar a conversa em nossos termos.

b. Quais são seus honorários?

Resposta-chave: Obrigado por sua resposta, ... (nome). Claro que gostaria de enviar meus honorários para conseguirmos (situação desejada). Antes gostaria de saber se realmente você/o sr./a sra. necessita da minha ajuda (parafrasear a pergunta final do contato direto).

Nota importante: Nunca enviamos um orçamento ou damos o preço se não for no passo 4 do funil de venda. Não há sentido em se falar de dinheiro se antes não transmitimos o valor que a pessoa recebe em troca, já que, do contrário, qualquer cifra parecerá muito alta.

c. Envio fotos. Acha que poderia fazer uma visita?

Resposta-chave: Obrigado por sua resposta, ...(nome). Claro, será um prazer fazer uma visita. Mas antes gostaria de entender o que você/o sr./a sra. gostaria de conseguir (parafrasear a pergunta final do contato direto).

Nota importante: Nunca fazemos uma visita sem ter havido antes a reunião de venda, porque corremos o risco de investir uma grande quantidade de tempo e de dinheiro em deslocamento para pessoas cujas intenções desconhecemos. O cliente que deseja contratá-lo pelo valor que você vai levar a ele, não por ser tão barato, estará disposto a fazer, primeiramente, uma reunião de 45 minutos. Quem não estiver disposto a fazê-lo demonstrará não ter verdadeiro interesse e é melhor deixá-lo desistir.

226 A VENDA

Muitas dessas conversas (por volta de 50 a 70%) ficarão no ar e nunca mais voltaremos a receber respostas dessas pessoas, o que é muito bom. Pelo contrário, aquelas pessoas que responderem com as informações que nos permitem saber que efetivamente precisam de nossa ajuda continuarão na árvore de conversa até se alcançar o objetivo que é o de convidá-las para uma reunião sem compromisso: a reunião de venda.

Nas conversas com clientes potenciais, é crucial que você aprenda a não dramatizar as respostas nem a tomar as coisas em nível pessoal. Observei que, embora estejamos mantendo conversas produtivas com pessoas interessadas e agradecidas, quase sempre nos deparamos com uma resposta desagradável que empana o bom que está ocorrendo. Não se deixe levar por essas pequenas exceções negativas e mantenha-se concentrado no trabalho.

Outra sugestão que posso trazer de minha extensa experiência, conduzindo esse tipo de conversa com estranhos, é que tome cuidado com os preconceitos e pensamentos que passem por sua cabeça, especialmente ao começar a utilizar essas técnicas. Se você pensa coisas como "Ninguém responderá à mensagem, porque é de um estranho" ou "o contato direto com estranhos não funciona no meu caso, porque o serviço supõe uma grande quantia de dinheiro", você está equivocado. O contato direto e as conversas representam a base das relações profissionais e, mais ainda, das relações humanas. Funcionaram e funcionam para vender serviços por honorários de 500 ou de 50.000, desde o primeiro século da nossa era. Domine os medos e as emoções ao fazer funcionar seu funil de vendas na realidade do mercado, e procure guiar-se unicamente pelas medidas que você obtiver, sabendo que o objetivo é converter as conversas que valem a pena em reuniões de venda.

Acredite quando digo que chegará o dia em que um de seus clientes agradecerá o contato que você decidiu estabelecer primeiramente com ele.

6.
CONVERTER UMA REUNIÃO DE VENDA EM UM CLIENTE
ESTRUTURA E ROTEIRO

Se o material que você viu até agora lhe pareceu útil, então devo preveni-lo sobre as ferramentas para a reunião de venda, que explicarei na continuação, pois você não só as julgará proveitosas, como ganhará um enorme poder para converter estranhos em clientes. Não gosto de exagerar, mas, sinceramente, a estrutura e o roteiro que você aprenderá nas próximas páginas são as ferramentas que mais modificaram nossa realidade profissional na Comunidade de Líderes Para a Arquitetura. Assim, prepare-se!

Tendo convertido uma conversa com um estranho em uma reunião de venda, o objetivo passa a ser transformar essa reunião no primeiro pagamento do serviço. Isso não ocorre por casualidade nem porque o cliente potencial estava de bom humor ou decidido a nos contratar. O poder da reunião de vendas que você aprenderá nos próximos passos reside no fato de que você será capaz de, precisamente, transformar todo esse percentual de pessoas duvidosas ou com objeções em clientes altamente implicados e comprometidos. Para fechar com um cliente que chega por si e já está convencido de contratá-lo, não se necessita deste manual. Mas esses são os casos menos frequentes (e só aumentarão na medida em que sua credibilidade e *expertise* se consolidarem, pouco a pouco, com sua estratégia de mercado). Para todos os demais casos, em que os clientes chegam com certa vacilação, cabe-nos o trabalho de demonstrar o que podemos fazer por eles e conquistar sua confiança, para o que estruturamos a reunião de venda de 45 minutos em oito passos específicos.

228   A VENDA

Mas antes de explicar esses oito passos, preciso que você compreenda o seguinte: essa estrutura da reunião de venda é um percurso psicológico pelo qual o cliente potencial passa de um estado de confusão e de dúvidas a respeito de seus desejos e opções a outro de absoluta clareza e determinação a respeito daqueles mesmos desejos e opções. Isso nada tem a ver com a típica crença de "há que se criar a necessidade no cliente"; esqueça. As necessidades não podem ser criadas e, caso se criem, são débeis. Seu nicho de mercado *já deveria ter uma necessidade por si* e é esse o elemento mais importante sobre o qual se apoia a sua estratégia. Quando digo que o objetivo da reunião de venda é fazer com que o cliente passe de um estado de confusão a um estado de clareza, quero dizer que se deve ajudar o cliente a fazer uma nítida distinção entre a situação atual em que se encontra, a situação desejada por ele e os obstáculos que o impedem de abrir a porta por conta própria.

Veja bem, quando um cliente potencial chega para uma reunião, a maior parte de suas ideias estão desordenadas. "O que quer" se mistura com "o que se pode fazer" e isso, por sua vez, se mistura com "o que acontece agora" e com "as dúvidas sobre como você poderia ajudá-lo". Esse é o estado de confusão típica de qualquer pessoa que pretende algo que não pode conseguir por si só e procura ajuda, e decidiu reunir-se com você porque seu nível de interesse é suficientemente alto e ela intui vagamente que você pode ser o meio de alcançar os objetivos que almeja. Chegados a esse ponto, o que a maioria de nós sempre faz é deixar ao cliente a liderança da reunião, e a desordem natural de seu pensamento começa a nos afetar também. Aqui é quando o cliente passa a ser um especialista e o arquiteto um joão-ninguém que recebe ordens camufladas de pedidos. Claro que a venda não se concretiza, porque o cliente não se beneficiou de nossa *expertise* ganhando clareza sobre suas opções; o estado de confusão do cliente não desapareceu e ainda por cima nós mesmos caímos no estado de confusão dele.

A venda consiste em ajudar o cliente a desatar os nós de seu estado de confusão e passar a distinguir, claramente, as consequências de sua situação atual dos benefícios da situação desejada, e nós colocamos a nossa proposta de valor justamente no meio, como um veículo, para passar de uma situação a outra. Ponto. Isso é vender. Portanto, vender não tem nada a ver com o fato de eu fazer o melhor projeto do mundo,

6. CONVERTER UMA REUNIÃO DE VENDA EM UM CLIENTE

de eu afirmar que o piso será de madeira ou de cimento queimado ou que o anteprojeto contempla percursos virtuais gratuitos. Os mestres das vendas não vendem serviços de arquitetura, vendem futuros e *experiências de vida que serão possíveis* após o serviço arquitetônico.

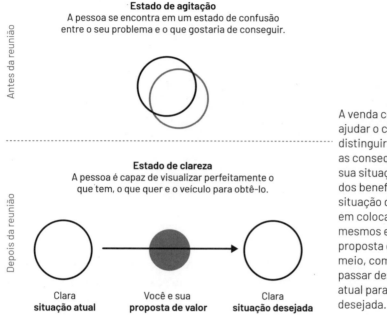

A venda consiste em ajudar o cliente a distinguir claramente as consequências de sua situação atual dos benefícios de sua situação desejada e em colocarmos a nós mesmos e a nossa proposta de valor no meio, como veículo para passar desta situação atual para a situação desejada.

Esse processo psicológico é tão poderoso que realmente devemos utilizá-lo de forma ética em favor de nossos clientes, e somente quando pudermos garantir o futuro que prometemos. Nós o estruturamos nos seguintes oito passos.

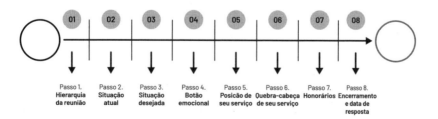

230 A VENDA

▪ Passo 1.
Hierarquia da reunião

Naturalmente, os clientes potenciais chegam confusos à reunião, e se não perceberem uma sólida autoridade de nossa parte já nos primeiros segundos, sentirão a necessidade de tomar o controle. Normal! Senão, vejamos: o cliente espera de nós a segurança que falta a ele próprio e, se não a mostramos imediatamente, pensará: "Ou tomo o controle do barco ou ele afunda." Este primeiro parágrafo do guia, somado a uma tonalidade de voz doce e firme, que o convido a praticar (90% do que se diz se transmite pelo tom de voz e pela expressão corporal), tem como propósito assentar sua liderança desde o princípio, e será uma façanha que marcará o resto da relação com essa pessoa se o encargo se confirmar.

> Olá, _____, como está?
> [...]
> Podemos entrar no tema da reunião?
> [...]
> Bem, eu lhe explico como vai funcionar: primeiro, preciso lhe fazer algumas perguntas sobre _____ (SITUAÇÃO ATUAL) para melhor compreender seu caso e o que você deseja conseguir. Depois, se vejo realmente que posso ajudar, será um prazer explicar para você em que consiste o meu trabalho e resolver as dúvidas que surjam para ver se lhe interessa. Está bem assim?
> [...]
> Diga-me, o que o motivou a separar um tempo para ter essa reunião comigo?

▪ Passo 2.
Situação atual

É o momento de estabelecer uma imagem clara da situação atual do cliente. Para isso, realizaremos uma série de perguntas que ajudem a pessoa a conectar-se com as causas de seu incômodo ou preocupação. É importante que se formule bem essas perguntas para adaptá-las ao problema ou necessidade de seu nicho específico, e que você trate de obter respostas as mais concretas possíveis para que o cliente potencial comece

6. CONVERTER UMA REUNIÃO DE VENDA EM UM CLIENTE **231**

a cristalizar as consequências de permanecer onde hoje se encontra. Alguns exemplos:

> O que mais lhe preocupa/menos você gosta de _____?
> Desde quando _____?
> O que você já tentou fazer para solucionar? Funcionou?
> Como é que isso afeta o seu bem-estar/sua rentabilidade/sua _____?

▪ Passo 3.
Situação desejada

Uma vez que o cliente potencial consiga verbalizar as desvantagens de sua situação atual, chega o momento de estabelecer a situação desejada. Da mesma maneira, usaremos uma série de perguntas que ajudem a pessoa a se conectar com o que quer conseguir e os benefícios que isso poderia trazer para a sua vida. De novo, adapte as perguntas ao seu nicho específico de mercado e fuja de respostas genéricas, como "gostaria que fosse melhor", para extrair aspectos concretos. Alguns exemplos:

> Agora gostaria de perguntar: como você quer que _____ seja na realidade?
> Que objetivos você pretende conseguir com _____?
> Que mais você ganhará / que outros aspectos irão melhorar se você realizar _____?
> Por que essa mudança vale a pena para você?

▪ Passo 4.
Botão emocional

Uma vez que as situações atual e desejada do cliente potencial estejam perfeitamente diferenciadas e definidas, é o momento de introduzir um componente emocional importantíssimo para a tomada de decisão, e que dê forma à motivação e ao compromisso do cliente.

Para isso, faremos três perguntas que você deve adaptar ao seu caso e nicho:

232 A VENDA

1. Quando você pretende iniciar o trabalho para conseguir
_____?
2. Quanto você gostaria de investir / com que recursos você
conta para realizar? (€/U$)
(Fazemos essa pergunta somente quando nosso serviço precisar de um orçamento de execução material, além de nossos honorários, para se conhecer o montante de investimento com que conta o cliente.)
3. Por que você acha que precisa da minha ajuda para realizar?

- **Passo 5.**
  Posição do seu serviço

Esse é o ponto de inflexão da reunião de venda. Até aqui fomos nós que fizemos as perguntas que devem ter conseguido determinar se a pessoa realmente tem vontade de realizar a mudança que procura com nossa ajuda. A partir desse momento, posicionamos nosso serviço como o veículo, pedindo antes permissão. É a pessoa que tem que querer saber, não nós que temos que ser chatos:

Definitivamente, posso ajudá-lo. Quer que conte a você em
que consiste meu trabalho e como ele se aplicaria em seu caso
particular?
SILÊNCIO

Meu trabalho consiste em _____ (MENSAGEM NUCLEAR).
Normalmente trabalho com _____ (PESSOAS DO NICHO
COM PAPEL SIMILAR) e as ajudo a conseguir _____ (SITUAÇÃO
DESEJADA SIMILAR) por meio de _____ (BREVÍSSIMA
DESCRIÇÃO DO SEU SERVIÇO). Diga-me, que dúvidas concretas
você tem do meu serviço?
SILÊNCIO

- **Passo 6.**
  Quebra-cabeça do seu serviço

Quando você apresenta seu serviço de forma concisa e direta, sem dar um tedioso sermão de dez minutos, está fazendo com que sejam os clientes

6. CONVERTER UMA REUNIÃO DE VENDA EM UM CLIENTE **233**

potenciais que perguntem pelas peças do quebra-cabeça que faltam a eles para compreender e formar uma ideia de como funciona o seu trabalho e, sobretudo, como servirá a eles. Esta parte do guia cabe a você mesmo redigir, em função das perguntas mais frequentes, como, por exemplo: "como é a sua forma de trabalho?", "que prazos você prevê?". Quando preparar as respostas, pratique-as diante do espelho, se assegure de não se estender demais e tome cuidado para não desviar a conversa. Só responda a cada pergunta específica e depois:

SILÊNCIO

Essa forma de conduzir a conversa faz com que o cliente se coloque na posição de ter de pedir a informação de que necessita, consolidando uma hierarquia saudável, na qual o cliente precisa de você e de sua *expertise*, e não o contrário. Ao final, e só quando o cliente potencial houver compreendido o valor que seu trabalho pode trazer, cobrindo suas expectativas, chega-se à pergunta pelos honorários.

■ Passo 7.
Honorários

Por que não é inteligente falar de honorários antes que o cliente tenha compreendido perfeitamente o valor que obterá com seu serviço? Quando não sabemos como um profissional pode nos ajudar, qualquer preço é caro. Por isso, é crucial completar todas as peças do quebra-cabeça sobre como nosso trabalho vai servir aos propósitos do cliente e esperar que ele nos pergunte sobre honorários. Quando isso acontecer, a resposta deve ser concisa, segura e direta, insistindo na porcentagem do primeiro pagamento e nos dias ou semanas que transcorrerão até o segundo pagamento para que o cliente o perceba como algo acessível.

> Os honorários do meu serviço são _____(€/U$) e incluem todo o processo até se chegar _____(SITUAÇÃO DESEJADA).
> O primeiro pagamento, para se começar a _____(fase), é de _____(€/U$).
> O pagamento seguinte será efetuado dentro de _____ (semanas/mês), para iniciar a _____(fase).

234 A VENDA

SILÊNCIO (esse é o silêncio mais importante de todos)

Por que esse é um silêncio-chave? Porque não há nada mais a dizer. Esse é seu preço. Ponto. Se você começa a justificar ou a acrescentar distrações para minimizar as impressões do cliente, você está perdido. Você deve permanecer em silêncio para observar a reação do possível cliente, deixando que ele medite sobre tudo o que foi comentado, fazendo os cálculos mentais que precisa para tomar uma decisão.

▪ Passo 8.
Encerramento e prazo de resposta

Depois de dizer os honorários, esperamos a primeira resposta do possível cliente. A partir daí, se ele não expressa claramente o sentido de sua decisão, nos aprofundamos em suas impressões, fazendo perguntas como: "o que você acha?", "o que você gostaria de fazer?", "que dúvidas você possui?" etc. A enorme maioria das pessoas dirá que precisa de alguns dias para pensar, consultar o cônjuge, o sócio, o travesseiro, o que é totalmente compreensível. Procedemos da maneira descrita a seguir porque devemos sair da reunião com uma data concreta de resposta, depois da qual finalizamos a reunião e aguardamos a data pactuada.

> Claro, sem problema. Há alguma outra informação que você necessite saber para que possa pensar ou falar com _____?
>
> [...]
>
> Legal. Só preciso saber então quando poderá me dar uma resposta.
>
> [...]
>
> Ótimo. Pode ser no dia _____ (dia exato)?

Esse percurso psicológico que o cliente potencial experimenta não o deixará indiferente, acredite. Lembrará de você e de tudo o que foi dito. Mas para nos assegurarmos do efeito, você deve se encarregar de três aspectos essenciais:

6. CONVERTER UMA REUNIÃO DE VENDA EM UM CLIENTE **235**

1. Prepare esse guia ou roteiro adaptando-o ao seu nicho e proposta de valor, e o pratique com antecedência. Pense tratar-se de uma obra teatral, e quando sair para vendê-lo no palco, você tem a missão de oferecer clareza ao cliente potencial.

2. Não se esqueça que o protagonista da reunião é a outra pessoa, não você e seus projetos. Quando falar do seu serviço de arquitetura, não se concentre nos aspectos técnicos de cada fase, e sim nos objetivos que o cliente alcançará.

3. Por último, assegure-se de aprofundar-se nas motivações emocionais. As pessoas não fazem mudanças por si; sempre há razões poderosas para alguém contar com um arquiteto e elas são de tipo emocional. Não fique com o simples fato de que alguém quer reformar um espaço: por que diabos alguém gostaria de embarcar no tortuoso processo de reforma e o que pensa conseguir para que as dores de cabeça de uma obra valham a pena? Aprofunde-se nas verdadeiras motivações.

Você terá observado que os silêncios são uma ferramenta explícita a ser usada em determinados pontos ao longo do roteiro. Não estão postos de maneira arbitrária nem são prescindíveis. A partir do passo 5, a dinâmica preponderante deve ser que o cliente procure nossas respostas, enquanto mantemos uma atitude paciente e discreta. Você se lembra que as personalidades introvertidas tinham pontos a favor na estratégia de venda? Não há nada mais pesado do que um arquiteto tagarela que dá sermões sobre o seu trabalho, empregando termos técnicos que ninguém entende. Ao contrário, sabe quem tem o controle de uma conversa? Quem começa fazendo as perguntas e usa o silêncio depois das respostas. No princípio, você se sentirá incomodado e terá necessidade de preencher esse vazio, interrompendo o processo psicológico que está se passando interiormente na outra pessoa, mas logo experimentará a segurança e as enormes vantagens de iniciar assim as relações com seus possíveis clientes.

Quando puser em andamento a sua estrutura e roteiro de reunião de venda, não espere fechar cada um e todos os serviços, pois é um pensamento imaturo, próprio de nossa categoria, alheia ao funcionamento das vendas. Recorde os números de referência que esperamos no princípio

236 A VENDA

(10% de conversão, quer dizer, de cada dez reuniões, fecha-se acordo com um cliente) para ir subindo progressivamente, na medida em que você também aumenta sua destreza nas vendas (20, 30 e até mesmo 40% são medidas extraordinárias). Por isso, quero lembrá-lo: quantas vezes você vendeu algo? Seguramente poucas. Você está no caminho de aprender a vender e isso se faz vendendo. Quando houver passado pelas primeiras dez reuniões, seguindo essa estratégia, poderá conseguir, no mínimo, o primeiro contrato altamente remunerado com um cliente altamente qualificado que confia em você, o que, evidentemente, retroalimentará sua capacidade para fechar mais contratos nas próximas reuniões. Minha sugestão é que, ao longo de todo o funil de venda que você está aprendendo, seja constante e se paute nos dados, volumes e metragens, *mas nunca em seu estado emocional*.

7.
A CHAVE PARA VENDER ARQUITETURA
TORNAR A DECISÃO PEQUENA

Os serviços de arquitetura que normalmente oferecemos supõem uma decisão de grande envergadura para nossos clientes. Não estamos falando de comprar uma camiseta ou contratar um desenho de web; falamos de decisões que podem envolver as economias de toda uma família, o capital com que conta um autônomo ou o lucro de vários meses ao qual um empresário renuncia. Talvez para nós, que estamos acostumados a lidar com orçamentos de grande escala, seja a coisa mais normal do mundo, mas quando uma pessoa decide contratar um arquiteto, o faz, em muitas ocasiões, com um nó na garganta.

E também não facilitamos para nós mesmos. Acostumados com a elite econômica, da qual vivemos no passado, estabelecemos formas de pagamento exorbitantes que criam obstáculos para a tomada de decisão de nossos clientes, especialmente para aquele que ainda não trabalhou conosco. O mais habitual é que a antecipação pedida por um arquiteto seja de 30%, ou, no máximo, de 40% de seus honorários. E pela forma com que expressamos nossos serviços, damos a entender, além disso, que, uma vez que o cliente consente no primeiro pagamento, ele fica vinculado a nós para o resto das fases, para os próximos meses e mesmo por anos. Literalmente, estamos pedindo a um desconhecido que se case e forme uma família, entregando-nos todas as suas economias, antes mesmo que o convidemos para jantar. Isso se torna muito angustiante para a maioria e faz com que muitos clientes se retraiam e prefiram experimentar outro arquiteto que dê os primeiros passos gratuitamente.

A VENDA

O processo de filtragem no funil tem paralelo com o processo de namoro que todos já viveram. Não propomos casamento com o primeiro estranho com quem estabelecemos contato visual, nem vamos viver juntos se antes não tivermos ao menos nos beijado. O processo de namoro é paulatino e progressivo. Às vezes, a relação não vai além dos primeiros passos e, em outras, continua evoluindo. O que quero dizer com esse exemplo de relações românticas é que o funil de vendas é um *processo de construção de confiança* entre seu cliente e você. As pessoas são seres sensíveis que necessitam de pequenos passos antes de dar os maiores. Nas relações profissionais saudáveis, a confiança não é cega; deve ser demonstrada a cada vez que o cliente manifeste seu compromisso com os objetivos que quer alcançar e nossa ajuda para consegui-lo. Por isso, sugiro dividir a decisão, passando de uma só que seja grande e angustiante a outras menores e acessíveis. Na Comunidade, conseguimos esse objetivo combinando cinco estratégias principais:

▪ O primeiro pagamento, o primeiro passo

A ação mais simples para facilitar o acordo do cliente após a reunião de venda é reduzir a porcentagem do primeiro pagamento a 10 ou 20%, dependendo do montante total dos honorários. Essa cifra deve ser suficientemente baixa para ser viável ao cliente, mas suficientemente alta para demonstrar seu compromisso com o processo de contratação. Por exemplo, se o total dos seus honorários for de 15.000, é bastante razoável que o primeiro pagamento seja entre 1.500 e 3.000, mas não 6.000.

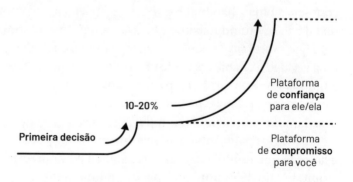

Reduzindo o percentual do primeiro pagamento, reduzimos as resistências do cliente para o passo definitivo, antes de continuar com escalas maiores de compromisso e confiança.

7. A CHAVE PARA VENDER ARQUITETURA

▪ Fases não vinculadas no tempo

Algumas pessoas com as quais nos reunimos possuem uma poupança, mas não o total de que necessitam para desenvolver a fase da obra naquele exato momento. Nesses casos, se o cliente tiver claro que quer prosseguir com seu sonho, é produtivo oferecer-lhe primeiramente a divisão do projeto, a documentação e a planificação com números finais, e desvincular o início da obra até que o cliente consiga o capital assinalado como alvo. Ele se sentirá muito mais envolvido e motivado para reunir a quantia final, tendo gravado em sua mente um projeto concreto para o qual é direcionado, como, por exemplo, sua casa de passeio na natureza.

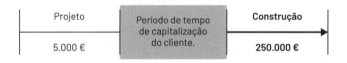

Em muitos casos, o cliente não precisa contar com o quarto de milhão para iniciar o processo; desvincular esses dois blocos facilita o fechamento de projetos (ingresso pequeno, mas contínuo) e plantam-se sementes para obras futuras (ingresso maior, mas pontual).

▪ Tarifa mensal

Outra forma de tornar o processo de pagamento acessível ao cliente e rentável a nós consiste em estender todo o processo de nosso serviço entre 12 e 24 meses, como se fora uma massa de pizza sobre a bancada, estabelecendo um ritmo de trabalho ligeiro, que nos permita atender a muito mais clientes, e uma forma de pagamento mensal, pequena, porém constante. Também o projeto e a obra se estenderão pelo tempo que for determinado. Se nossos honorários são de 15.000, podemos cobrar 625 por mês, durante 24 meses, enquanto acompanhamos o cliente na formalização de seu sonho.

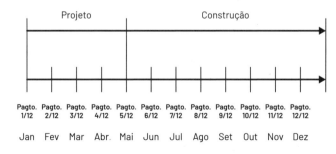

Eliminar a relação entre pagamentos e fases e, em seu lugar, estabelecer uma relação entre pagamentos e rendimentos é uma estratégia que, sem dúvida, suaviza o caminho de muitos clientes para fazer face aos honorários.

▪ Projetos crescentes

Por último, contamos com uma estratégia valiosíssima para todos aqueles clientes que possuem uma soma suficiente de capital para construir um *projeto mínimo viável*, mas insuficiente para fazer tudo o que tem na cabeça (cliente clássico). Em lugar de postergar a possibilidade de dar início ao projeto, até que se reúna um milhão em dinheiro, torna-se mais atraente iniciar com um projeto que poderá ir crescendo e se ampliando de modo planificado, na medida em que o cliente conte com novas somas de dinheiro, em meses ou anos sucessivos. O projeto que solicita reúne todo o potencial que o cliente deseja, mas nossa planificação consiste em dividi-lo em seções menores e orçadas em separado, começando pelo projeto mínimo a ser implementado e o orçamento então disponível no momento, e organizando a sequência de construções posteriores para se conseguir, em anos seguintes, um resultado estético e racional em 3, 4, 5, 6, 9, 12 ou 15 anos.

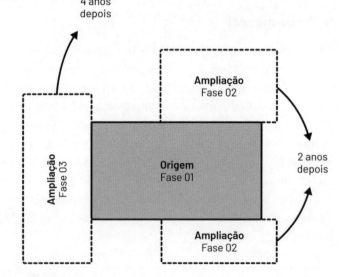

▪ Busca por financiamento

Quando delineamos uma proposta de valor para o problema, a necessidade ou o desejo de nosso nicho, assumimos oferecer sobretudo uma solução que responda aos obstáculos que impedem lograr a situação desejada. Concluir que o cliente deve ter meio milhão em dinheiro vivo, como requisito para

7. A CHAVE PARA VENDER ARQUITETURA   **241**

que aceitemos o serviço, nos afasta da realidade das pessoas e acabamos tropeçando em nossa própria exigência. Não estamos, assim, oferecendo uma *solução completa*. Da mesma maneira, deixar nas mãos do cliente a busca e a obtenção daqueles recursos, simplesmente porque isso não é arquitetura, e pedir a ele que retorne quando houver reunido o dinheiro, é igualmente uma pedra em nossa capacidade de concretizar o negócio. Partimos do princípio de que a maioria das pessoas não tem tempo nem compreende as implicações econômicas do financiamento que deve solicitar. Por isso, uma estratégia potente consiste em incluir uma fase inicial em nosso serviço para a busca desse financiamento, assumindo a condução dessa peça tão importante para que o resto do serviço aconteça, e contando com a assessoria de que necessitamos. Isso torna a vida do cliente mais fácil. E é uma solução real.

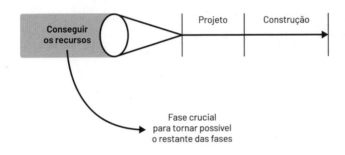

Raramente nós, arquitetos, nos comprometemos a ajudar o cliente na busca de financiamento necessário para tornar possível o resto do nosso serviço; deixamos em suas mãos o trato com os bancos e, assim, perdemos clientes. Precisamente pretendem nos contratar porque não têm tempo e nem conhecimento. Vamos assumir a condução econômica da arquitetura.

Há muitas fórmulas para conseguir que nossos serviços de arquitetura sejam assumidos por pessoas com recursos suficientes, mas limitados. Evidentemente, não é possível construir um castelo com cinco euros, mas também devemos reconhecer que perdemos oportunidades de ajudar as pessoas quando possuem uma quantia razoável de dinheiro, mas insuficiente diante de nossa antiquada forma de desenvolver a profissão. Como arquitetos, não só desenhamos projetos; também desenhamos serviços arquitetônicos que tornarão possíveis aqueles projetos. Os serviços que oferecemos não são nem devem ser como os que aprendemos na faculdade, e cabe ao nosso engenho desenvolver modelos como os praticados na Comunidade de Líderes Para a Arquitetura, que democratizem o acesso à arquitetura, enquanto impulsionamos nossa capacidade de fechar com clientes, criando um fluxo de caixa constante e estável[47].

8.
COMO MANEJAR OS "PORÉNS" DO CLIENTE NA PRÓPRIA REUNIÃO

Essa nova forma de conduzir as reuniões de venda nos permite aceder às reais motivações emocionais do cliente potencial, assim como transmitir a informação completa sobre nossa proposta de valor, incluindo o preço. Ao se tratar tudo isso diretamente, sem deixar nenhum detalhe pendente, fazemos com que a reunião seja um autêntico funil que convida amavelmente o cliente a um destino final inevitável: tomar uma decisão. Sim ou não. Se for "sim", procedemos à confirmação do primeiro pagamento e só então temos um cliente; se é um "não" bem claro, deixamos a pessoa ir e colocamos nossa energia na reunião seguinte. Lamentavelmente, a maioria dos casos não é preto no branco, e é aqui que aparece a gama de cinzas que são os "mas, porém", também conhecidos como objeções.

As objeções que encontramos na reunião de venda são as dúvidas ou inquietações que um cliente potencial tem a respeito da decisão em contratar a sua ajuda. Você compreenderá que a verdadeira concorrência não é a de outros arquitetos, mas se encontra nas objeções do seu cliente potencial que pretendem boicotar o progresso da negociação. Em minha experiência desenvolvendo reuniões de venda, observei que essas objeções podem ter dupla natureza:

Objeções reais

São aqueles obstáculos que supõem um verdadeiro impedimento para que o cliente potencial aja e obtenha a situação desejada. Por exemplo: "Primeiro tenho que vender minha casa",

"Ainda não tenho o terreno", "Não tenho o dinheiro todo". Esse tipo de obstáculo deve ser atendido dentro de sua proposta de valor ("Ajudo a vender sua casa", "Ajudo a encontrar o terreno", "Ajudo a conseguir o financiamento"), especialmente se são objeções que você encontra de forma recorrente nas reuniões de venda e são um padrão no interior do seu nicho de atuação.

Objeções evasivas

Essas são todos os "poréns" que representam as resistências ou medos do cliente de entrar em ação. Na maioria das vezes, não constituem obstáculos reais, e sim bloqueios mentais que fazem com que o cliente tenha dúvidas sobre o risco econômico de contratá-lo, comparado com a sua capacidade de ajudá-lo a chegar à situação desejada. Por exemplo, "É muito caro", "Agora não é um bom momento", "Preciso ver exemplos do seu trabalho", "Vou pedir outros orçamentos". Esses devem ser abordados na própria reunião, conforme a sua capacidade de manejar as objeções, como se verá em seguida.

Para poder abordar as objeções que são evasivas, na própria reunião você deve primeiramente reconhecer a importância de *buscar e indagar* nas expressões de seu cliente potencial, antes de finalizar a reunião. Muitos arquitetos sentem tal nível de medo diante do rechaço que, depois de explicar em que consiste nosso serviço e dar o preço, têm o impulso de encerrar a reunião com um "Bem, você me dirá qual é a sua decisão" e enfiar a cabeça na terra. A reunião de venda não é uma reunião informativa; é uma reunião *de venda*. Você comprovou que seu cliente potencial tem uma necessidade concreta para alcançar um desejo e você tem uma solução para consegui-lo. Logicamente, esperamos saber que diabos o cliente quer fazer com tudo isso ao final do encontro. Se o cliente não mostra suas impressões por si mesmo, devemos ajudá-lo a fazer isso incorporando algumas das seguintes perguntas no Passo 8 da reunião:

Tem alguma dúvida sobre _____?
O que o impediria de começar a primeira fase neste momento?

244 A VENDA

> Quão confiante se sente de conseguir ——————(SITUAÇÃO
> DESEJADA) com minha ajuda?
> Vejo que você está preocupado/a com ——————. Diga-me,
> o que pensa a respeito disso?

Buscamos ativamente as impressões do cliente potencial para nos pormos na situação dele e ajudá-lo a derrubar as evasivas que o impedem de ter uma vida melhor. Tendo um nicho particular ou profissional, a solução que você propõe está perfeitamente desenhada para ajudar o cliente a alcançar a situação desejada e, ainda que ele não tenha dito verbalmente a você, o fato de estar sentado diante da sua pessoa na reunião denota que, no fundo, ele quer uma mudança na própria vida. É sua missão levar ao cliente clareza sobre opções oferecidas e não deixar que as mentiras que ele conta para si mesmo boicotem o próprio desejo. Se você deixa o cliente sozinho com suas dúvidas, as dúvidas ganharão. Permita que ele expresse as preocupações que tem na própria reunião, como se se tratasse de um amigo, e ponha sua atenção na escuta a respeito do que ele tem a dizer, em vez de querer obsessivamente fechar o contrato.

Agora, com empatia, você já está preparado para dar respostas às objeções do cliente. Como você percebe, isso nada tem a ver com pressionar o cliente nem com fazê-lo sentir-se equivocado, e sim praticar uma audição ativa, devolvendo perguntas reflexivas e abertas que permitam à pessoa chegar a conclusões corretas por si mesmo. Isso é o que se conhece como "método socrático" (o método genial de Sócrates pelo qual educava seus ouvintes por meio de perguntas, em lugar de dar respostas a eles). Para manejar as objeções do seu cliente, você deve apoiar-se em toda informação prévia que ele passou a você graças às perguntas do seu roteiro, e ter presente as necessidades dele em relação à solução que você está oferecendo. A melhor forma de rebater as objeções do cliente é por meio das declarações dele mesmo. Por exemplo, imagine que seu cliente diga: "Agora não é um bom momento, talvez mais adiante." No Passo 4 do roteiro, você perguntou: "Quando você pretende iniciar o trabalho para conseguir isso?", e se o cliente respondeu, entusiasmado, "O quanto antes possível", podemos responder à sua objeção: "Anteriormente, você comentou que gostaria de começar o mais rápido possível. Conte-me, o que o preocupa para que tenha mudado de opinião?". Dessa forma,

8. COMO MANEJAR OS "PORÉNS" DO CLIENTE NA PRÓPRIA REUNIÃO **245**

você se mostra aberto e disponível para tratar das inquietações do cliente, convertendo-se em seu confidente, não em seu inimigo.

**A arte da venda consiste em pôr-se
ao lado das pessoas, não frente a elas.**

Na medida em que você mantiver reuniões de venda, seguindo essa estrutura, irá encontrar objeções distintas que você deverá abordar. Passo a passo, você encontrará padrões que se repetem, já que faz parte da natureza humana avaliar um risco antes de tomar uma decisão. Minha sugestão é que não tome as objeções como algo pessoal, mas que anote e vá preparando uma resposta adaptada ao seu tom, personalidade e nicho, sem perder a contundência. A seguir, mostro os quatro tipos de objeções evasivas que temos detectado no momento de vender serviços de arquitetura e uma resposta típica e efetiva para cada um deles:

a. Falta de dinheiro

"É muito caro / É muito dinheiro / Não posso me permitir essa despesa".

Resposta-chave

"Claro, entendo. Mas você comentou que conta com um orçamento de _____ para conseguir (SITUAÇÃO DESEJADA), e isso é tudo de que você necessita. Então, diga-me, o que lhe preocupa de verdade para fazer esse investimento?"

Nota importante

Preciso que você saiba de uma coisa: dinheiro NUNCA é um problema real. Se agora mesmo eu dissesse a você que se me trouxer meio milhão eu irei lhe reembolsar exatamente o dobro do dinheiro, você não iria buscar esse meio milhão até o fim do mundo? Quando o cliente mostra a objeção "falta de dinheiro", literalmente significa "não vejo valor" ou "vejo demasiados riscos". Com essa resposta, podemos indagar sobre as reais preocupações que estão por detrás do tema dinheiro.

b. Falta de confiança

"Preciso ver outros projetos que você já fez."

Resposta-chave

"Claro. Agora mesmo, depois de terminarmos essa reunião vou enviar um dossiê resumido com tudo o que temos comentado até aqui, incluindo vários casos similares de pessoas com as quais trabalhei e como conseguiram _____(SITUAÇÃO DESEJADA) para que você tenha uma referência clara do que também pode obter."

Nota importante

Quando nos pedem referência ou exemplos de trabalhos anteriores, não devemos tomar isso como algo pessoal nem fazer drama. Inclusive, se você não conta com uma grande experiência, no ponto seguinte explicarei como incluir uma narrativa poderosa no dossiê posterior à reunião de venda para que o cliente se sinta profundamente identificado e se tranquilize sobre essa carência que por agora sente de sua *expertise*.

c. Falta de urgência

"Agora não é um bom momento, quem sabe mais pra frente."

Resposta-chave

"Entendo, mas você havia comentado que gostaria de realizar a obra o mais cedo possível para alcançar _____(SITUAÇÃO DESEJADA). Gostaria de saber se há algo mais com o que eu possa ajudá-lo. Diga-me, o que o preocupa tanto para tê-lo feito mudar de ideia?"

Nota importante

Lembre-se de que toda objeção evasiva não é senão isso: uma desculpa. É nosso trabalho aprofundarmos e ir além do véu que o cliente coloca para ocultar suas verdadeiras inquietações,

8. COMO MANEJAR OS "PORÉNS" DO CLIENTE NA PRÓPRIA REUNIÃO

porque se o deixamos ir sem abordá-las só ganharão maiores dimensões quando o cliente estiver a sós com seus pensamentos. Além de aprofundar-se nisso, eu o convido a revisar as técnicas incluídas neste capítulo.

d. Falta de referencial

"Vou pedir outros orçamentos / Pedi outros orçamentos e são mais baratos."

Resposta-chave

"É bom que você encontre outras opções, já que se trata de uma decisão importante para você. Por isso, me diga: o que você precisa ver na minha proposta para ser a opção mais valiosa em seu objetivo de conseguir _____ (SITUAÇÃO DESEJADA)?"

Nota importante

Sem cair na vitimização, por sermos comparados com outros arquitetos, abordamos essa questão de modo a ser o cliente quem deve retirar a máscara e revelar suas verdadeiras intenções. Está procurando o mais barato ou o mais valioso para alcançar seu objetivo? Essa pergunta é fulminante e permitirá a você filtrar os clientes e ver com os quais vale a pena trabalhar.

É importante esclarecer que as objeções não constituem um "não", mas sim um "porém". Quando um cliente diz "não quero trabalhar com você", não há nada a contestar. Agradeça o seu interesse e encerre a conversa. É o aspecto cinzento entre um "sim" e um "não" definitivos que você deve manejar, seguindo essas orientações. Além de tudo, você terá observado que indagar sobre as impressões do seu cliente lhe permite recompilar um valiosíssimo *feedback* sobre sua proposta, o que poderá melhorar ainda mais seu discurso, sua habilidade e serviço para outras ocasiões e pessoas. Quando alguém se expõe à opinião dos outros, pode sentir um grande *incômodo*, mas isso é o maior sinal de *crescimento*.

9.
DEPOIS DA REUNIÃO
O DOSSIÊ

Quando a reunião se dá por terminada, o cliente fica só com seus pensamentos. Até a data em que vai informar sua decisão, existe um período de reflexão sumamente importante que poderá desembocar em uma direção ou outra, em função de quão destros tivermos sidos, trazendo à luz as motivações emocionais do cliente e manejando suas objeções para oferecer a ele um estado de clareza necessário. Todavia, devemos nos assegurar de que esse estado de clareza não se dilua tão logo o cliente saia da reunião e retorne ao seu caótico e familiar processo mental. Assim sendo, utilizamos uma ferramenta para modelar o tempo que transcorre desde a reunião até o dia da decisão: o dossiê pós-reunião de venda.

Veja bem! Eu disse dossiê, não portfólio. Esse dossiê não é um compêndio de obras magníficas ou infografias espetaculares de seus projetos, porque você cometeria o erro gravíssimo de desviar a atenção do cliente para uma simples avaliação estética de seu trabalho, em lugar da avaliação da situação atual, da situação desejada e do seu serviço como veículo para se ir de um ponto a outro. Você entenderá que não há sentido que a decisão seja tomada sobre uma série de caprichos arquitetônicos que foram válidos para outros clientes, quando seu serviço consiste precisamente em projetar particularmente para essa pessoa. Renuncie à tentação de elaborar um portfólio para dar importância ao seu estilo de arquitetura, pois, a não ser que você seja um Santiago Calatrava (e o contratem para fazer um "calatrava"), você jogará pedras sobre seu próprio telhado. Lembre-se de que a decisão do cliente nada tem a ver com você, e sim com ele mesmo.

Portanto, o dossiê pós-venda é um documento narrativo-visual e resumido que enviamos por e-mail, logo após a reunião, incorporando o que se comentou previamente. O propósito desse dossiê é que o cliente possa lembrar-se do valor que traremos à sua situação, caso decida ir adiante, assim como fixar a clareza que obteve na reunião sobre sua situação de partida, o que pretende conseguir e as opções que tem para isso. Quero insistir bastante nesse ponto: ninguém contrata ninguém se não entende claramente os benefícios que alcançará graças a isso. Em outras palavras: *o que não se entende não se vende*. A missão do dossiê é fazer com que o cliente obtenha um mapa claro para realizar seu desejo; sua importância pode ser até mesmo de um terço na tomada de decisão. Por isso, como se verá a seguir, deve ser produzido com o máximo de cuidado.

Antes de explicar a sequência de lâminas desse dossiê (que representa a mesma sequência psicológica pela qual o cliente passou na reunião), quero que saiba que não é preciso criar do zero um dossiê para cada cliente potencial com o qual você se reunir, já que isso exigiria um enorme gasto de energia investido em pessoas que não sabemos se chegarão a ser clientes reais. Como você seguiu acertadamente os passos deste manual e construiu uma estratégia séria de negócios, já conta com a vantagem de centrar-se num só nicho de mercado com uma situação atual e uma situação desejada específicas. Ainda que cada pessoa desse nicho tenha as suas particularidades, em geral todos os casos compartilham o mesmo tipo de problema, necessidade ou desejo, o que permite sistematizar e rentabilizar muitíssimos processos para que você se concentre nos detalhes relevantes e particulares. É assim que criamos uma planilha de base que você apenas retocará para personalizar uma série de aspectos pontuais, e nada mais. O resto servirá para todos os clientes potenciais com que você se reunir, porque é a base da estratégia que você definiu e sua *expertise* como arquiteto.

A estrutura habitual desse tipo de dossiê pós-reunião de venda se enquadra em uma sequência de nove lâminas, que você deverá adaptar à envergadura e complexidade de sua proposta de valor.

250   A VENDA

1. Título situação desejada — Nome do cliente + imagem situação desejada	2. Situação atual — Descrição sintética — Consequências + imagem emoções negativas	3. Situação desejada — Descrição sintética — Benefícios + imagem emoções positivas
4. Posicionamento do serviço — Proposta de Valor Objetivo Principal 1 Objetivo Principal 2 Objetivo Principal 3	5. Esquema de serviço — Fases + Tempo + Formas Pagto. ├──┼──┼──┼──┤	6. Por que você — Narrativa sobre sua trajetória Por que lhe importa? Por que sua *expertise* é válida? O que seu cliente perderia se preferisse outro?
7. Estudo de caso #01 — Descrição — Objetivos alcançados + imagem não comprometedora	8. Estudo de caso #02 — Descrição — Objetivos alcançados + imagem não comprometedora	9. Estudo de caso #03 — Descrição — Objetivos alcançados + imagem não comprometedora

- **Lâmina 1.**
  Primeira página emocionante e personalizada

A primeira página deve ser emocionante e isso se consegue com uma imagem espetacular que represente a situação desejada e um par de toques de personalização. Assegure-se de que essa imagem ocupe toda a lâmina e escreva acima dois aspectos: o título da situação desejada e o nome do cliente ou dos clientes potenciais. Se quiser acrescentar outros elementos de marca, como o logotipo e o nome do estúdio, vá em frente.

9. DEPOIS DA REUNIÃO **251**

▪ Lâmina 2.
Situação atual

É o momento de sintetizar, numa só frase, a situação atual, acrescendo três pontos sobre as principais consequências de aí permanecer, e uma imagem representativa das emoções negativas a ela associadas, ocupando um terço da lâmina, aproximadamente.

▪ Lâmina 3.
Situação desejada

Seguindo a mesma estrutura da lâmina anterior, sintetize em uma única frase a situação desejada, acrescendo três pontos sobre os principais benefícios ao se alcançar o objetivo e uma imagem representativa das emoções positivas a ele associadas, ocupando um terço da lâmina, aproximadamente.

▪ Lâmina 4.
Posição do seu serviço

Assim como na reunião de venda, essa é a página em que você expressa, de forma concisa e espetacular, a sua proposta de valor para conseguir a situação desejada, insistindo nos principais objetivos que você garante como arquiteto e que sabe que seu cliente valoriza consideravelmente para minimizar o risco da decisão.

▪ Lâmina 5.
Esquema do seu serviço

Essa é uma das páginas mais importantes do dossiê e você deve assegurar-se de que alguém que não esteja familiarizado com o seu trabalho o entenda perfeitamente e de uma só passada de olhos. Aqui você mostrará o esquema do seu serviço, incluindo as fases, as durações e as formas de pagamento em uma linha do tempo para que o cliente o veja como uma viagem emocionante e compreensiva até chegar à satisfação do desejo. Além disso, esse é o primeiro contrato não oficial que se estabelece com

252   A VENDA

o cliente, em caso de ir-se adiante. Desde o princípio você está determinando as regras gerais do jogo e isso dá a impressão de muita confiança e profissionalismo.

▪ Lâmina 6.
Por que você?

Bem, ficou claro o salto do seu cliente entre a situação atual e a situação desejada, e que o seu trabalho é o veículo idôneo para realizar essa viagem com garantias, mas seu carisma pessoal e sua credibilidade fazem parte da decisão e deve-se cobrir esse flanco para não deixá-lo descoberto. Desenvolva uma breve narrativa sobre sua *expertise*, respondendo a três perguntas principais:

1. Por que o problema do seu nicho é importante para você?
2. Por que considera que sua *expertise* é válida para ajudá-lo?
3. O que o seu cliente perderia se decidisse trabalhar com outro arquiteto?

▪ Lâminas 7, 8 e 9.
Casos de escritório

Por fim, reserve as três últimas lâminas para tratar de um caso de escritório em cada uma delas. Novamente, não se trata de um portfólio e sim de um caso de escritório ou de estúdio que se compõe de uma imagem (uma só, grande e espetacular, não trezentas fotozinhas apinhadas, como faz a maioria dos arquitetos) que sempre reflita a situação desejada, mas que não o comprometa com um estilo arquitetônico definido, acrescentando um pequeno texto com os objetivos alcançados. Se você não tiver material próprio para desenvolver três casos de escritório, fique com um ou dois, ainda que tenham sido propostas realizadas teoricamente, na faculdade ou em escritório alheio, ou proponha uma colaboração com outro arquiteto que tenha obras realizadas nesse campo específico para somar à *expertise*, por meio de uma comissão. Busque a forma: sempre há material com o qual *se pode contar com o necessário a fim de que resulte no conveniente*.

9. DEPOIS DA REUNIÃO   **253**

É importante seguir essas pautas e evitar cair num portfólio simplista que o cliente receberia de qualquer outro arquiteto, mas também tome a liberdade de fazer modelos em escala reduzida (maquetes) com sua linguagem visual e estilo. Quando terminar a estrutura básica do dossiê, pronto para enviá-lo após a reunião, analise-o com olhos de quem não é arquiteto e que ainda não confia que você possa ajudá-lo em seus propósitos, e faça os ajustes necessários para estar seguro de que seu cliente potencial:

- ◆ o entenda;
- ◆ se emocione;
- ◆ dê-lhe o apoio em sua reflexão para decidir contar com sua ajuda.

10.
CONCRETIZAÇÃO E CONCLUSÃO DO PROJETO
O PRIMEIRO PAGAMENTO

Não temos cliente sem o primeiro pagamento. Como vimos, muitos de nós, companheiros, nos enredamos em conversas e reuniões intermináveis com aquelas pessoas com um mínimo de possibilidade de nos contratar, e ainda as chamamos de clientes como se fossem para as quais trabalhamos efetivamente. Essa distorção cognitiva nos leva a naturalizar o fato de exercer gratuitamente para outros tarefas inocentes como "uma pequena consulta na administração" ou um "simples esboço para encaixar o orçamento". Por isso, a partir desse momento é indispensável distinguir claramente entre *cliente potencial* e *cliente*, sabendo que a fronteira entre ambos é o primeiro pagamento depositado em conta.

Ao longo do processo de venda, vamos acompanhando os clientes potenciais no caminho da tomada de decisão. Não resolvemos seus problemas porque ainda não fomos retribuídos; limitamo-nos a atender as dúvidas que essas pessoas necessitam aclarar para que possam tomar a decisão final. Se as pessoas nos perguntam em demasia e nos convidam a resolver seus problemas sem pagamento, muito amavelmente dizemos "claro que sim, resolveremos essas questões no transcorrer da execução do projeto".

Quando nosso cliente potencial toma enfim a decisão e concede nos contratar, ele ainda não pode ser considerado um cliente. O último passo, e o mais importante, é a formalização do primeiro pagamento. Até esse precioso momento, todas as pessoas têm o direito de mudar de ideia e não podemos celebrar nem começar a trabalhar até receber essa primeira e mais importante retribuição.

Embora a missão do dossiê pós-venda consista em aumentar as probabilidades de que ela ocorra, encontramos ocasiões em que, na data de nos comunicar sua decisão, o cliente simplesmente desaparece ou decide postergar. Apesar de ter mostrado interesse na reunião e ter compartilhado boas impressões, suas ações não são o reflexo disso tudo, o que nos deixa embaraçados. "Ele não me disse que gostaria de começar e que tudo parecia bem?", nos perguntamos, enquanto lemos incrédulos sua resposta no e-mail. No entanto, ainda que você tenha pensado que o cliente se empenhou em deixá-lo louco, deve reconhecer o fato de que desenvolvemos serviços de arquitetura e não cirurgias cardíacas: *a arquitetura não é para (quase) nenhum ser humano uma questão urgente.*

Isso não quer dizer que devamos renunciar a conhecer a decisão do cliente em prazo não superior a cinco dias. Por quê? Em primeiro lugar, porque, passados os cinco dias, corremos o risco de o cliente decidir mais por *esquecimento* do que por *intenção*. Em segundo lugar, porque somos um negócio que deve funcionar mantendo constante fluxo de caixa. E em terceiro lugar, porque somos nós os especialistas, e foi o cliente quem veio nos pedir ajuda e não há razão para que, segundo se comentou, decida dez meses depois. Se deixarmos no ar o tempo de resposta do cliente, automaticamente perderemos muitas das faculdades que nos fazem autônomos, como a de planificar segundo resultados gerados por nossas ações, isto é, uma relação direta entre quantos contratos firmamos das reuniões que mantemos. Não se trata de obrigar o cliente a decidir pelo "sim"; trata-se de conhecer a sua decisão, seja ela qual for, em um prazo realista que nos permita seguir com o negócio.

A experiência nos diz que os clientes ficam profunda e positivamente impressionados pela forma como procedemos, seguindo esse funil de venda, somando-se o fato de que encontraram em nós uma solução para seu problema específico, e não um típico arquiteto generalista falando para ninguém. Ainda assim, devemos saber que o processo de venda se depara com uma parte desse cliente que, sob qualquer hipótese, quer lidar com os incômodos da mudança e que fará todo o possível para boicotar seu próprio benefício (você se lembra das forças que vimos no capítulo 3 que interferem na decisão de mudança de qualquer cliente? A inércia ou

A VENDA

o costume de seguir como até agora, e a ansiedade ou o medo de tomar uma decisão). Por essa razão, devemos acrescentar a toda estratégia um pequeno e último empurrão para facilitar a decisão e dar força àquela parte do cliente que quer progredir na vida. Concretamente, quero mostrar aqui as cinco técnicas que incentivam o cliente a agir dentro do prazo de cinco dias após a reunião, e não mais, minimizando o risco de inverter o rumo e maximizando a perspectiva de benefício de nossa proposta.

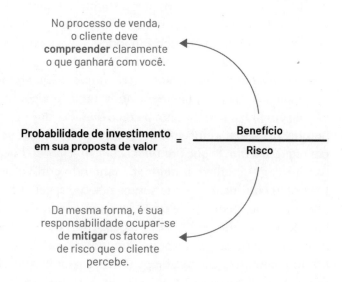

- **Técnica 1.**
  Uma promessa impossível de rechaçar

A maneira como você descreve sua proposta de valor, as palavras que você utiliza para se vincular ao desejo do cliente e a firmeza com que isso se transmite no tom e na linguagem corporal durante a reunião de venda influem grandemente na rapidez de decisão do cliente. É o efeito da sua promessa.

Por exemplo, não é a mesma coisa se sua promessa consiste no clássico "farei um projeto de arquitetura de qualidade, levando em conta suas necessidades" (que arquiteto não diz isso?) ou afirmar que "com minha ajuda você conseguirá aumentar a capacidade produtiva de seus empregados

10. CONCRETIZAÇÃO E CONCLUSÃO DO PROJETO **257**

em 20%, criando um espaço efetivo e estimulante". No segundo caso, a promessa é muito mais específica, e isso ajuda o cliente a visualizar o objetivo que conseguirá com sua intervenção, aumentando a chance de agir. A forma como você expressa a sua promessa no Passo 5 da reunião de venda tem o poder de aplainar o caminho que o cliente tem à sua frente, reduzindo a possibilidade de adiar *porque não vê claramente esse caminho*.

▪ Técnica 2.
Uma garantia que erradique o risco

Oferecer garantias não apenas ajuda o cliente a sentir-se mais seguro em sua decisão (porque minimizamos o risco para ele), como também nos empurra em direção à excelência profissional. A garantia é nossa resposta à questão do cliente: "E se eu não conseguir chegar à minha situação desejada?"

Muitos arquitetos preferem escapulir e evitam assumir a responsabilidade sobre o processo em que o cliente vai embarcar pelo fato de também depender de outros profissionais. Assim perdemos bons clientes e ganhamos clientes que desconfiam de nós. Quando o cliente pergunta: "Podemos nos restringir ao meu orçamento?", não podemos faltar a esse compromisso com respostas vagas, como "vamos vendo" ou "é muito difícil garantir isso". O cliente nos pergunta seriamente por causa de sua inquietação e, portanto, espera uma resposta séria de nossa parte que o ajude a julgar se vale a pena nos contratar. Minha sugestão é que você aposte no compromisso e ofereça uma garantia contundente que dê a ele confiança e faça de você o melhor arquiteto. "Meu compromisso é o de cuidar dos recursos que você decidiu investir com um orçamento fechado. Se durante o processo acontecer algo que possa nos afastar do preço, tomaremos juntos as decisões adequadas para corrigir o andamento das coisas e não ultrapassarmos o orçamento. Para isso é preciso seguir ao pé da letra o protocolo e minhas indicações ao longo do processo." No capítulo 3, vimos muitas estratégias para o controle econômico-financeiro de um projeto, considerando margens de custo excedente, técnicas para absorver os desvios normais que surgem e esquemas de serviço para desenvolver protocolos efetivos com nossos clientes e evitar surpresas com novas mudanças. Se você se dedica à reabilitação de edifícios antigos, considere uma margem maior de custo excedente, e se você se dedica a adaptar

258 A VENDA

casas, considere uma margem menor. Conheça o terreno onde atua e assuma a liderança, já que assim o seu cliente ganhará confiança para agir mais imediatamente. É você quem deve prover segurança ao cliente.

■ Técnica 3.
Um incentivo que premie a sua decisão

Oferecer um incentivo associado a uma sequência de tempo é uma razão que adicionamos para que a decisão do cliente ocorra na hora. Pode ser um desconto vinculado à tomada de decisão num tempo limitado (máximo de cinco dias) ou diminuir o pagamento da fase seguinte se ele se decidir a continuar com o projeto. Claro que prevemos esses incentivos, oferecidos ao cliente, em nossos honorários, para nunca prejudicar a margem de lucro.

Por exemplo, se seus honorários forem de 12.000 e o primeiro pagamento de 2.000, e você quer oferecer um incentivo de 500 para que o cliente concorde em 48 horas, estabeleça antecipadamente o primeiro pagamento em 2.500, para que no final seja de 2.000. Como arquiteto, talvez você pense: "Caterina, se ofereço descontos, vai parecer que vendo sucata na feira." Mas digo que a vantagem oferecida por você depende da maneira como é transmitida ao possível cliente: não falamos de descontos, mas de incentivo ou economia. Muitos arquitetos da Comunidade empregam essa técnica para fechar orçamentos que superam o meio milhão de euros. Acredite, isso funciona especialmente em nichos particulares e profissionais de média e pequena escalas. Comunique esse incentivo assim: "Se depois de ter pensado você decidir ir adiante, nas próximas 48 horas ofereço a você uma economia de 500 no primeiro pagamento, porque, por minha experiência, sei que os melhores resultados se obtêm com clientes que têm as coisas claras para alcançar seu objetivo." Se ao dizer isso você empregar um tom de voz seguro, seu cliente se sentirá incentivado a demonstrar que tem as coisas claras e, se assim for realmente, pagará com gosto.

■ Técnica 4.
Uma disponibilidade limitada

Estabelecer uma data limite em que se possa garantir disponibilidade, e dentro da qual o cliente possa ter acesso ao serviço, ajuda a alimentar

10. CONCRETIZAÇÃO E CONCLUSÃO DO PROJETO **259**

a sensação de urgência e escassez. Agora ou nunca é uma técnica poderosa que, ao ser usada, deve ser feita elegantemente. Em nenhum caso queremos que o cliente se sinta pressionado, e sim incentivado.

Por exemplo, quando terminamos a reunião com um "Tudo bem, podemos começar quando você quiser", estamos pondo as necessidades do cliente antes das nossas e não há relação que possa prosperar de modo saudável dessa maneira. Deixamos que sejam os tempos do cliente que mandam, não os do profissional. Para utilizar essa técnica, sugiro transmitir uma ideia do tipo: "Você comentou que quer começar o quanto antes, e isso é perfeito porque a partir do próximo mês começo a trabalhar com outros clientes e não terei oportunidade de atendê-lo. Por isso, pense com calma nos próximos dias e até (data) me diga qual a sua decisão." Dessa forma, evitamos nos tornar ameaçadores ou opressivos e, na realidade, fazemos um favor ao cliente para que aja em favor de um desejo que há tanto tempo quer realizar.

▪ Técnica 5.
Uma reserva altamente cobiçada

Embora nossa mente nos diga que ninguém está disposto a nos esperar, esta pode ser uma das técnicas mais efetivas e proveitosas de todas. Lembre-se daquele magnífico restaurante em que se deve fazer reserva com antecedência ou do dentista a quem se está disposto a esperar seis meses para que cuide de sua boca. Ele, e não outro.

Quando nos obrigam a esperar pelo serviço de um profissional, se realmente somos o cliente adequado, entendemos que o referido profissional tem muito mais valor do que outro disposto a começar os trabalhos na mesma noite, se for preciso. E agora lembre-se de que para (quase) ninguém a arquitetura é urgente. Solicitar uma reserva para começar dentro de duas, quatro ou oito semanas (ou quando realmente você estiver disponível), mostrando ao cliente que seu nível de procura é enorme, só aumentará seu valor aos olhos do possível cliente, sem contar que esses clientes que estão dispostos a esperar serão muito melhores do que aqueles que não estão.

A reserva é um filtro poderosíssimo e, além disso, nos ajuda a planejar constantemente o fluxo de caixa. Imagine que seja o mês prévio de suas

260 A VENDA

férias e você aplica essas técnicas com os clientes potenciais com os quais você se reúne, solicitando-lhes uma reserva de x% para começar dentro de quatro semanas; não só você poderá descansar tranquilamente, como o fará sabendo que tem contratos fechados e comprometidos, com sinal econômico para continuar o trabalho na volta. Isso é independência.

Essas não são as únicas técnicas para ajudar o cliente a dar importância aos próprios desejos; porém, são as mais eficazes que pratiquei. Minha sugestão é que escolha uma delas (ou, no máximo, uma combinação de duas, para não entediar o cliente) e a aplique em uma amostra importante de reunião de vendas (por exemplo, vinte), antes de avaliar se funcionam ou não para você, por meio da mensuração dos resultados obtidos (quantos contratos você consegue de quantas reuniões, usando uma das técnicas).

Como você vê, essas técnicas se aplicam à própria reunião no final do seu roteiro, associadas concretamente ao Passo 8 (fechamento e data de resposta), e aquela que você pretende aplicar deverá ser incluída em seu dossiê para que fique bem patente. Leve em conta também que, dependendo das características de seu nicho, algumas técnicas serão mais realistas que outras. Por exemplo, se se trata do caso de um promotor imobiliário, talvez os tempos sejam mais determinados de sua parte, em virtude dos complexos processos de contratação na política da empresa, e pode ser que sejam mais sensatas as técnicas 1 (Promessa) e 2 (Garantia), ou até mesmo a 3 (Incentivo), em função da escala do promotor. É sua responsabilidade ir conhecendo as pessoas com que você negocia para aplicar a técnica adequada, mas cuidado, sem que isso seja uma desculpa para não ser corajoso, tolhendo assim sua ousadia no sentido de dar o empurrão que seu nicho precisa para entrar em ação.

Aprender a usar essas técnicas permitirá a você desbloquear e potencializar esse delicado ponto do exercício profissional: que os clientes respondam depois da reunião de venda, concretizando o primeiro pagamento. Nesse lapso de tempo, sua atitude deve ser paciente e impecável, dando o espaço que seu cliente necessita para meditar a respeito da decisão e atendendo com amabilidade as dúvidas que ele tenha, mas sem dar a solução. No fim, o que o cliente necessita ver de sua parte é que você estará disponível a todo momento, e inclusive se a coisa se fizer

10. CONCRETIZAÇÃO E CONCLUSÃO DO PROJETO — **261**

mais difícil, tome a condução absoluta do processo para cuidar do que ele mais aprecia: o próprio dinheiro, tempo e sonho.

**Só quando for importante para você
o que é importante para eles, você se tornará
igualmente importante para eles.**

Eu o convido a conectar-se verdadeiramente com os benefícios que seu cliente obterá se decidir trabalhar com você para que assim possa transmiti-lo no processo de venda. Muitos arquitetos ainda não se conectaram com seu verdadeiro valor profissional e se perguntam, confusos, o que acontece para que os outros não os valorizem. Acender essa lâmpada é sua responsabilidade, e, na medida em que você for provando na prática o poder dessas ferramentas, irá comprovando que vender e fechar contratos com clientes altamente comprometidos é, na realidade, bem simples.

A venda nada tem a ver com você como arquiteto. Se o cliente está decidindo se o escolhe ou não é porque você propôs erroneamente a venda. Quando a venda é proposta de modo adequado, seguindo-se os passos que você aprendeu neste capítulo, o cliente recebe uma mensagem contundente subliminar: a decisão a tomar tem a ver com o desejo dele mesmo de alcançar o que quer. E nada mais.

5

O CLIENTE

1.
COMO O CLIENTE VIVE O DESENROLAR DE UM SERVIÇO DE ARQUITETURA

A relação profissional nasce muito antes de os seus clientes potenciais confirmarem o contrato com o primeiro pagamento, mas esse primeiro pagamento é a única fronteira que separa o processo de venda do processo de serviço. Como vimos, muitos arquitetos não estabelecem uma distinção clara, e a linha entre um cliente potencial e um de verdade se diluem, com graves consequências. Você já sabe que vender é um processo em si mesmo e se divide em fases, assim como um serviço também é um processo e se organiza em fases.

Definir uma clara separação entre *vender* e *trabalhar* é vital para a nossa saúde mental e emocional, e também para a dos nossos clientes, pois não há nada pior do que a incerteza de começar um projeto para alguém sem ter claro quando e como irá pagar. Por outro lado, se o cliente não paga, não há compromisso de sua parte, e um compromisso é essencial em toda relação, para que ambas as partes se sintam seguras e dispostas a cumprir com suas responsabilidades: o arquiteto, dispor seu conhecimento e esforço; o cliente, suas necessidades e dinheiro. Por isso, é nossa responsabilidade responder a essas questões e comunicá-las ao nosso cliente, antes que decidam nos contratar. Somente assim a relação que nasce no processo de venda estará assentada sobre bases estáveis, afetando positiva e diretamente o resto do processo arquitetônico.

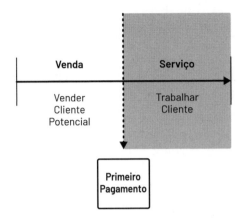

Ao final, dá-se o primeiro pagamento e podemos considerar nosso cliente potencial como nosso cliente real. A partir daqui iniciamos um capítulo íntimo no qual observamos diferentes facetas do prisma da personalidade do cliente e vice-versa. Quero deixar claro que, embora estejamos falando do mundo profissional e tratemos de nos restringir a aspectos puramente racionais, as relações entre arquitetos e clientes são relações humanas com um grau emotivo impressionante. *Não se trata apenas de um cliente, como não se trata apenas de um arquiteto.* Nas relações que construímos para desenvolver arquitetura há, normalmente, muito em jogo (muito dinheiro, muito tempo e muitos sonhos), e você mesmo pode observar que os sentimentos ficam à flor da pele. Portanto, quero que saiba que, quando um arquiteto e um cliente decidem juntar-se a fim de materializar os desejos que a arquitetura torna possíveis, o material com que ambos trabalham é muito mais delicado: trata-se das emoções de cada parte, e facilmente podem se quebrar se não forem bem cuidadas.

Embora tais relações surjam de forma livre, os clientes dependem de nós, e nós dependemos deles para algo que não poderíamos fazer sozinhos. Necessitamos uns dos outros e, embora se trate de uma simbiose, somos nós que temos a responsabilidade de desenvolver simpatia, conhecer e compreender nossos clientes, a fim de garantir o processo de todo o serviço arquitetônico. De fato, essa é uma das razões pelas quais somos contratados, e esperar que seja o cliente a nos compreender é um grande equívoco que nos coloca na posição de vítimas, não de líderes.

266 O CLIENTE

Você conhece os seus clientes? Questione por um momento as suas relações com clientes passados ou presentes; pense em pessoas concretas com quem você trabalhou ou esteja trabalhando. Sabe como essa pessoa se sentiu? Como viveu no transcorrer do seu trabalho de arquiteto? Com que pensamentos se pôs a dormir? Que sentimentos afloraram quando leu as mensagens que você enviou a ela? Se fôssemos sinceros, deveríamos aceitar que não sabemos responder a essas perguntas, o que é absolutamente normal, pois *não somos e nunca fomos clientes de arquitetos*. Sempre estivemos do outro lado, no lado de projetistas e diretores de obra, e a realidade é que a perspectiva que temos sobre os clientes é que são provedores de dinheiro e obstáculos à nossa criatividade.

Nós nos esquecemos de que são pessoas que têm tanto esperanças quanto medos, que são completos ignorantes da viagem que têm pela frente e se sentem à mercê de um profissional que ainda não conhecem. Esquecemos que são pessoas com suas personalidades, com defeitos e virtudes de caráter, que fazem todo o possível para assumir o controle de um processo em que se sentem vulneráveis. Esquecemos que são os proprietários dos sonhos que dão sentido à nossa vocação como arquitetos, ainda que, às vezes, em sua ingenuidade, acreditem que algo seja possível, quando não o é. Esquecemos que são pessoas que têm dúvidas e que mudam de opinião, mas que, apesar disso, sua intenção não é a de nos arrastar pelo caminho da amargura, e sim fazer o possível para dar forma às ideias que têm na cabeça, mesmo que confusas. Quando o arquiteto esquece tudo isso, perde a maturidade de sua posição profissional e se torna tão infantil quanto o cliente, tomando de forma pessoal cada ato que lhe importune. Por isso é essencial começar este capítulo dedicando alguns minutos a conhecer as pessoas com as quais trabalhamos, sabendo que o que pensam, sentem, dizem ou fazem são assuntos que merecem nossa atenção para aprender a conduzi-las, em lugar de tomar como algo pessoal e entrar no jogo da desconfiança.

Certa vez ouvi do meu orientador que se todos os cidadãos ficassem um dia inteiro em uma cadeira de rodas, os espaços e acessos da cidade seriam muito diferentes dos que temos hoje. Da mesma maneira, penso que se todos os arquitetos passassem um dia no lugar de um cliente contratando outro arquiteto, a forma como conduzimos nossos serviços de arquitetura seria radicalmente diferente. Com essa mesma ideia de

1. COMO O CLIENTE VIVE O SERVIÇO DE ARQUITETURA

melhorar meus serviços e relações com clientes, buscando compreender o mais fielmente possível como se sentem essas pessoas, contratei uma equipe de arquitetos para desenvolver uma de minhas reformas. A despeito de tê-los despedido antes de haver sequer iniciado a obra, pois a falta de definição do projeto prognosticava um enorme custo excedente, e não estava disposta a perder dinheiro, a experiência me ensinou as seguintes conclusões que compartilho com você:

▪ Conclusão 1.
Não tenha medo da "opinião" do cliente

Recomendo que busque, ativamente, uma retroalimentação com o cliente. Muitos arquitetos têm medo do *feedback* e o evitam a todo custo. Isso deriva de que, enquanto você está feliz, desenhando linhas, o cliente pode estar alimentando uma preocupação crescente, que eventualmente explodirá. É muito importante saber o que se passa desde o princípio, e isso se consegue nos comunicando com perguntas diretas, tais como: "O que mais lhe preocupa de _____?", "Como se sente com respeito a _____?", "O que você mais gosta de _____?", "Tem algum aspecto de _____ que não lhe agrade?" Um cliente que recebe esse tipo de pergunta sentirá uma admiração automática por seu trabalho, porque o respeito que mostramos pela experiência que está vivendo com nosso serviço gera respeito pela atitude profissional.

▪ Conclusão 2.
Conheça a causa dos sentimentos do cliente

Em minha experiência trabalhando com clientes, pude observar que existem dois sentimentos principais que convivem ao longo de quase todo serviço de arquitetura: um grande entusiasmo e uma grande incerteza. Eles flutuam, dependendo se nos encontramos no início, no meio ou no fim do serviço. Devemos ter especial cuidado com o sentimento de incerteza porque, tendo conotações negativas, também nos produz insegurança, e começamos a duvidar se somos nós a causa de o cliente sentir-se assim. Evidentemente, se nosso trabalho for questionável, o cliente mostrará sinais de desconfiança que têm a ver conosco; mas se seguirmos as

O CLIENTE

pautas deste capítulo e aprendermos a verdadeiramente conduzir nossos serviços e as relações com o cliente, veremos que a origem do entusiasmo experimentado por ele está relacionada ao destino do percurso (a esperança que se produz ao obter a situação desejada: o "o quê"), enquanto a origem da incerteza que pode ser manifestada por ele tem a ver com o próprio percorrer da trajetória (a ignorância que ele tem sobre o desenrolar do nosso serviço: o "como"). Por isso, é importante que você elimine as dúvidas e inseguranças do cliente, evitando a tendência egocêntrica de pensar constantemente que os sentimentos de seus clientes questionam a sua *expertise*, e que se lembre de que a única causa dessas dúvidas e inseguranças vem de uma completa ignorância dos clientes em relação a um campo que não conhecem e com o qual se sentem inseguros.

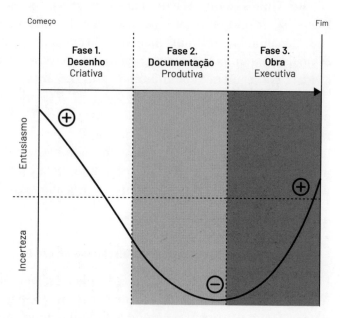

Evolução típica dos sentimentos de um cliente ao longo do serviço de arquitetura. No princípio, mais entusiasmo e menos incerteza; na metade, mais incerteza do que entusiasmo; no final, mais entusiasmo e menos incerteza. Entusiasmo sobre o "o quê", incerteza sobre o "como".

- **Conclusão 3. Assuma que um serviço de arquitetura é uma experiência da qual você é responsável**

Imagine que nessa noite você foi jantar num restaurante e encontrou a sua mesa suja. Por mais que a comida esteja uma delícia, há outros aspectos que não têm a ver diretamente com o mundo gastronômico, como a

1. COMO O CLIENTE VIVE O SERVIÇO DE ARQUITETURA **269**

limpeza, a música ou o trato com as pessoas que lhe atendem, mas que afetam diretamente a sua experiência com a comida. Da mesma maneira isso ocorre com a arquitetura; pensamos que os clientes nos contratam para fazer projetos deliciosos, mas é tudo o que acompanha o desenvolvimento do projeto que faz com que haja mérito na sua contratação. Há muitos aspectos dos quais somos responsáveis para oferecer uma boa experiência aos nossos clientes e que não se relacionam diretamente com o mundo arquitetônico. Por exemplo, a pontualidade, a escuta, a empatia, a liderança, o humor, a surpresa ou a amabilidade. Em lugar das tediosas e intermináveis reuniões que costumamos ter para discutir mudanças e decisões, ou enviar a típica apresentação por e-mail para que seja revisada quando tiver um tempinho depois do trabalho, podemos obter momentos inesquecíveis em nosso serviço para potencializar o entusiasmo e reduzir a incerteza. Não só se visita um restaurante por causa de um prato de comida, mas também para se experimentar uma celebração memorável. Assim, preste atenção na experiência que você oferece com seu serviço arquitetônico.

2.
A IMPORTÂNCIA DE EDUCAR O CLIENTE NO "COMO" E NO "O QUÊ"

Desde os primeiros dias da faculdade escutamos a frase: "educar o cliente". Pensamos, erradamente, que os clientes não sabem o que querem ou que nossa missão é a de refinar seus gostos, que são toscos e contrariam a estética que aspiramos realizar em nossos projetos. Não é por casualidade que uma boa parte da sociedade pense que somos incapazes de escutá-los. Embora haja exceções entre os arquitetos, essa crença coletiva reflete um estigma que nós mesmos temos cultivado e perpetuado desde a nossa formação em arquitetura. Os professores de nossos professores disseram a eles que o arquiteto deve educar o cliente. Nossos professores nos disseram a mesma coisa e seguramente, com o passar dos anos, muitos de nós repetimos a mesma canção. Se o resultado dessa conduta demonstrou ser tão nefasta, por que nos empenhamos em pensar que os clientes estão equivocados em seus sonhos?

Seguramente, você estará pensando naquele cliente ingênuo e prepotente que um dia quis encarregar-lhe de uma casa como a de Kim Kardashian com um orçamento de vinte mil dólares. É evidente que essa pessoa precisa de uma aula de economia da construção e que, de fato, é sua missão mostrar a ela as razões da incoerência que apresenta, pois uma coisa é o que o cliente *quer* (situação desejada) e outra, bem distinta, é o que ele *pode* (o serviço). E aqui está a chave: entenda que o cliente nunca se equivoca naquilo que quer conseguir. No final das contas, quem somos nós para dizer que seu desejo não é legítimo? Essa é a estreita linha que transforma aspirações em realidade e devemos ter bastante claro que nosso propósito não é o de manipular o "o quê", para deixar a assinatura no desenho de nossa preferência, e sim manipular o "como", que torna factível o espaço que projetamos para o objetivo de nosso cliente.

É muito importante entender perfeitamente essa circunstância, pois evitará uma quantidade ingente de conflitos com quem você trabalhará daqui para frente, e para isso utilizarei um exemplo de minha própria experiência.

O primeiro projeto que realizei por minha conta foi uma pequeníssima reforma de um apartamento que serviria para aluguel. Como carecia de toda metodologia e por isso não tinha ideia de como tratar com clientes, preparei uma apresentação super trabalhada, sem cobrar um centavo para mostrar as primeiras ideias e esboços. Meu cliente tinha um "o quê" concreto – aproximar-se cada vez mais da independência financeira, obtendo o máximo retorno no aluguel do imóvel. Mas eu me empenhava em falar do "como", apresentando-lhe planos, desenhos e visualizações, pedindo sua opinião para sentir-me segura do que projetava. Erro. Eu sabia que as ideias que o cliente me dava de volta não entravam no orçamento e teriam uma péssima manutenção com o uso de diferentes inquilinos. Porém, equivoquei-me ao abrir a porta do "como", deixando que o cliente me educasse em como alcançaríamos seu objetivo. A partir daí, tomei suas opiniões como um ataque à minha capacidade profissional e ao meu trabalho, que havia começado com muita fantasia, o que rapidamente se tornou decepcionante para ambos. "Que diabos havia acontecido?", perguntei-me. De uma coisa estava segura: de nada serviria consolar-me pensando que o cliente era uma pessoa difícil. Eu havia facilitado o conflito e decidi chegar até o fundo de minha responsabilidade. E o que aprendi então foi o seguinte: os clientes nos contratam para realizar um "o quê" (situação desejada) e isso nunca se refere a conjugações espaciais, tipos de pavimento, nem elementos arquitetônicos. Esse "o quê" sempre tem a ver com suas aspirações emotivas, como vimos em capítulos passados, e isso é inquestionável. Um cliente que deseja viver numa casa como a de Kim Kardashian tem um "o quê" perfeitamente lícito: aumentar seu *status*, seu reconhecimento e poder em círculos sociais e possuir um lar que imagina que sua autoimagem merece. O arquiteto que se encontrar perante esse ou qualquer outro cliente deve compreender o motor emocional que se esconde por detrás

272 O CLIENTE

do encargo para ter uma ideia clara do que se deseja com a arquitetura. Não educamos o cliente quanto ao "o quê"; simplesmente nos dedicamos a descobri-lo.

Pois bem, uma vez que compreendemos perfeitamente seu objetivo, é nossa missão definir o "como", assumindo a condução completa dessa parte, analisando os recursos disponíveis com que o cliente conta (ver capítulo 3 para refrescar a definição de honorários e orçamentos) e desenhando o trajeto que o levará ao seu "o quê". Assim, compreendi a diferença entre dizer ao meu cliente que ele está equivocado por querer uma bancada barata e feia e lembrara ele que, se seu objetivo é obter o retorno máximo de seu imóvel em cinco anos, deve colocar a bancada que estou sugerindo. Caso contrário, voltará a pagar por uma nova bancada dentro de um ano e meio, com, presumivelmente, 60% de custos a mais. No primeiro caso, nos colocamos contra o cliente; no segundo, a seu favor.

**Educamos os clientes no "como",
a partir daquilo em que somos educados pelo "o quê".**

Darei outro exemplo. Imagine que você pratica esporte de alto nível e venha a ter uma lesão muscular. Você vai a um fisioterapeuta com um "quê" específico que não tem a ver com a fisionomia muscular. O que você quer é recuperar os movimentos que realiza no esporte praticado, voltar a se sentir na máxima capacidade física e recobrar a saúde. O fisioterapeuta que investigar suas verdadeiras aspirações conquistará seu mais profundo respeito e, além disso, você confiará plenamente na ajuda dele, que então vai direcionar o tratamento no sentido que você espera. Pois bem, imagine agora que, depois de apresentar o seu "como", na forma de tratamento, ele peça sua opinião sobre a qual grupo muscular se dedicar primeiro. "E eu vou saber?", você responderia. Daí soam alertas na sua cabeça; você percebe que o profissional está pedindo a você que o instrua no "como", e começa a batalha dos egos.

Quando você projeta um espaço para alguém, a mesma coisa ocorre. Por isso, é vital que daqui em diante você se dedique a sondar as aspirações emocionais que se escondem no cliente (deixe que sejam eles que lhe instruam no "quê") para depois definir a forma em que se realizarão os objetivos (assumindo você a condução total para instruí-lo no "como").

2. A IMPORTÂNCIA DE EDUCAR O CLIENTE NO "COMO" E NO "O QUÊ"

Observe como muda a dinâmica da relação se, em lugar de perguntar "Como você gostaria de melhorar o espaço?", perguntarmos "O que você gostaria de obter com seu novo espaço?". A primeira pergunta nos leva diretamente a um choque de opiniões; a segunda nos ensina a definir como conseguiremos ajudá-lo.

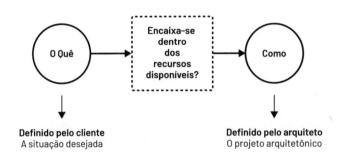

Não convide seu tio para apitar uma partida de futebol, se ele não sabe como se joga futebol. O arquiteto é o árbitro e deve definir como se joga, se o cliente quiser alcançar a situação desejada.

3.
OS QUATRO TIPOS DE CLIENTES NA ARQUITETURA

Quando analisamos o mercado e definimos um nicho, quer dizer, um conjunto de pessoas que se caracterizam por compartilhar um mesmo problema, necessidade ou desejo, detectamos facilmente uma personalidade comum a todas elas, diretamente vinculada às suas circunstâncias vitais e à origem dos problemas ou necessidades. Se o seu nicho é o de proprietários de clínicas privadas, esses terão uma personalidade geral muito diferente dos chefes de família, dos *gamers* ou dos chefes e donos de restaurante. Cada grupo divide um padrão de personalidade diferente que, por isso, condiciona o momento vital, desde que possam contratá-lo. É importante levar isso em conta quando formular sua proposta de valor, sua promessa de marca e o funil de venda, porque cada elemento de comunicação deve corresponder diretamente à idiossincrasia do nicho eleito.

Não obstante o seu nicho de mercado ter um marco comum de preferências, hábitos e comportamentos, dentro do conjunto encontramos *tipos de clientes* com personalidades diferentes que respondem a padrões psicológicos e experiências particulares passadas com outros profissionais, o que condiciona a sua atitude face ao serviço arquitetônico. Por exemplo, se uma pessoa em seu nicho teve uma experiência negativa com outro escritório de arquitetura, o mais provável é que seu ceticismo e a necessidade de assumir o controle sobre o processo sejam bem maiores do que o de outro cliente que não tenha passado por tal experiência. Por isso, é recomendável indagar abertamente sobre essas questões no início do encargo, para ser partícipe dos anseios de seu cliente e poder atendê-los corretamente nos seguintes passos: "Trabalhou antes com outros arquitetos?", "Como foi sua experiência?", "O que você gostaria que não se repetisse?"; essas são perguntas muito efetivas que ajudam a acalmar as inquietações do cliente e que automaticamente o fazem pensar: "Desde já esse arquiteto me faz perguntas que nenhum outro havia feito; realmente isso é importante para ele tanto quanto para mim."

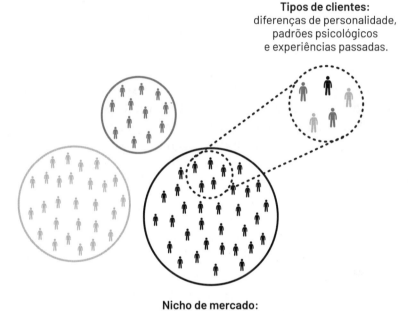

Tipos de clientes:
diferenças de personalidade, padrões psicológicos e experiências passadas.

Nicho de mercado:
marco comum de preferências, hábitos ou comportamentos.

Conquanto seu funil de venda e seu serviço de arquitetura sejam sistemas que NÃO devem mudar com os tipos diferentes de clientes com os quais se trabalha (um negócio de arquitetura rentável, como o que você deseja criar, não pode se permitir inventar a roda a cada novo contrato), convém saber SIM que seu estilo deve adaptar-se a esses diferentes tipos. É um enorme erro falar de números a uma pessoa principalmente emotiva, tanto quanto falar de sensações subjetivas a uma pessoa sobretudo analítica. Um exemplo clássico que encontramos ao longo da carreira é nos casais, em que um dos lados se deixa levar facilmente por propostas surpreendentes

276 O CLIENTE

e criativas, enquanto o outro só tem "senões" no que concerne a orçamentos e acabamentos. Parece familiar? Também a típica dupla de sócios em que um faz o *policial bonzinho*, a quem tudo parece bem, e o outro, o *policial malvado*, que só faz criticar cada linha do projeto. Esses arquétipos de personalidade confirmam a existência de tipos de clientes e da necessidade de adaptarmos nosso estilo quando nos relacionamos com uns e outros, a fim de minimizar a incerteza e maximizar o entusiasmo.

Quero que saiba que não existem *clientes difíceis*, mas uma *condução precária* de nossa parte. O funil de vendas que vimos anteriormente qualifica automaticamente os clientes potenciais mais comprometidos para assegurar-nos que começamos a trabalhar somente com pessoas decentes que valorizam o serviço que estão contratando. Já não se terá de trabalhar com pessoas ruins porque, simplesmente, não suportarão passar pelo filtro de interesse que o funil de venda requer. A partir daí, e sobre esse mínimo garantido, você deve assumir a responsabilidade de suas relações com o cliente e aprender a utilizar o estilo adequado para cada tipo, de maneira que os projetos que desenvolva sejam experiências produtivas e satisfatórias para ambas as partes.

Nos anos 1960, o doutor David W. Merrill e Roger Reid começaram a desenvolver um modelo psicológico para melhorar os processos de venda, a gestão de equipes e o desenvolvimento de projetos, descobrindo alguns padrões claros de comportamento nas relações sociais e, concretamente, nas relações profissionais[48]. A partir de seus experimentos, extraíram quatro estilos sociais que nos ajudam a categorizar as personalidades de nossos clientes e a entender seu comportamento nas relações com os serviços que contratam. Determinando as necessidades, preferências e debilidades de cada um desses quatro estilos, temos a oportunidade de nos orientar para adaptarmos nosso estilo e lidar proveitosamente com cada um deles.

O objetivo não é ser alguém que não queremos ser, e sim assumir a condução das relações com nossos clientes de forma madura. Não pagam a você como artista para subir ao palco e representar a obra que você quiser; pagam a um profissional para subir à cena e representar, extraordinariamente, a peça para a qual estão contratando. Assumamos de uma vez por todas que, quando estamos no lado profissional e queremos fazer o que nos apaixona, somos nós que devemos agradar. Paradoxalmente, essa é a chave da liderança, como veremos mais adiante.

3. OS QUATRO TIPOS DE CLIENTES NA ARQUITETURA

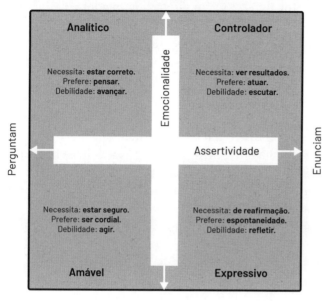

Em função do grau de entusiasmo ou de incerteza que uma pessoa mobiliza no desenvolvimento de um projeto de arquitetura, a descrição gráfica dos quatro estilos sociais se organiza em dois eixos principais: a assertividade e a emocionalidade. No eixo da assertividade, encontramos dois opostos: aquelas pessoas que preferem fazer perguntas e as que preferem enunciar o que querem. No eixo da emocionalidade, encontramos ainda dois opostos: aquelas pessoas que expressam abertamente suas emoções e as que reprimem ou controlam suas emoções.

Como vimos, o processo de desenvolver um projeto de arquitetura com um cliente é tremendamente íntimo e complexo. Não conheço muitas profissões em que o cliente tenha uma participação tão ativa e longeva na tomada de decisão para o desenvolvimento de um serviço. Talvez você esteja se lembrando de certos clientes com quem já trabalhou no passado e como esses eixos de comportamento social se encaixam: esse cliente controlador que não parava de dizer a você como fazer as coisas, que assomava pela obra sem aviso e dava instruções aos pedreiros; esse cliente excêntrico e intenso, movido por arrebatamentos caprichosos,

278   O CLIENTE

que não deixava de pedir *pequenas* mudanças quando, em realidade, se tratava de um novo projeto; esse outro cliente calculador e cético, que outra coisa não fazia senão perguntar coisas e contrastar suas sugestões com a de outros arquitetos e engenheiros; esse cliente duvidoso e caótico, com quem sempre se atrasa o projeto, mas sempre está aberto às nossas sugestões... O esquema dos quatro estilos sociais não é perfeito, mas acaba sendo muito útil para compreender como são os clientes com os quais trabalhamos sem que tomemos seus comportamentos como algo pessoal. Se você executa bem seu trabalho e o cliente lhe mortifica com perguntas, isso não significa que duvide de você; é que ele tem essa tendência de comportamento e, em lugar de reagir, você pode adaptar seu estilo de comunicação para tranquilizá-lo. Se há um profissional que deve entender o comportamento das pessoas com quem trabalha, esse é o arquiteto, porque o vínculo que se forma em decorrência do serviço arquitetônico é profundo, arriscado e muito emotivo.

Seguindo o esquema dos estilos sociais, podemos definir quatro tipos de clientes e situações que se dão ao longo do serviço, como se vê na continuação:

▪ Cliente Analítico

É aquele cliente pouco assertivo e emotivo, prudente e calculador, que necessita recompilar dados e pensá-los muito antes de tomar uma decisão. É um arquétipo habitual de cliente que precisa ter à mesa opções diferentes de preços e de soluções arquitetônicas para decantá-las e optar por uma. Costumam requerer vários orçamentos, amostras, provas, versões, ensaios ou testes, o que pode refrear em muito o andamento do projeto.

Sugestões para se lidar com esse tipo

A melhor forma de acalmar os medos do cliente analítico é falar a ele das vantagens e desvantagens em números, praticidade, durabilidade e manutenção. Esses tipos de clientes precisam provar que tomam a decisão correta e por isso pensam bastante. O papel do arquiteto nesse caso consiste em ser uma fonte de informação confiável, oferecendo uma balança de

3. OS QUATRO TIPOS DE CLIENTES NA ARQUITETURA **279**

prós e contras que facilite a decisão desse cliente. Dizer o que você faria ou animá-lo a tomar uma decisão sem dar elementos concretos só aumentará sua desconfiança, pois ele necessita de informações fiáveis. Sendo assim, é importantíssimo manter o prazo de cada fase e um número máximo de mudanças disponíveis, com os honorários acertados, para que as cavilações do cliente não lhe prejudiquem. Comunique seu protocolo de serviço desde o princípio com datas certas e proporcione a informação prática e fiável que o cliente necessita ao longo do projeto para avançar sem atrasos. Se ele quiser mais mudanças ou ultrapassar um prazo, que esteja consciente da própria responsabilidade que tem nessa escolha e que assuma a consequência da decisão com um incremento de honorário. Lembre-se de que esse é um tipo analítico e sabe perfeitamente o que implicam suas próprias decisões.

▪ Cliente Amável

É aquele cliente pouco assertivo e altamente sensível que, diferente do analítico, valoriza as relações acima das informações e precisa sentir-se seguro em suas próprias decisões com um apoio emocional. Conquanto seja um cliente mais crédulo, com frequência tem muitas dúvidas e isso pode ser paralisante. Costuma pedir opinião a muita gente, não apenas a nós, arquitetos, como também a familiares e amigos, o que pode derivar para mudanças e um certo caos.

Sugestões para lidar com esse tipo

Você deve saber que o cliente amável procura sobretudo segurança, e, por isso, é importantíssimo que se compense sua indecisão com um estilo confiável e carinhoso. Pratique sua paciência e nunca ponha essa pessoa contra a parede, porque ela se deprime. Já me vi em situações nas quais se não nos oferecemos como plataforma de segurança, esse tipo de cliente pode, inclusive, parar o projeto porque se sente acabrunhado. Nesse caso, sim, eu o aconselho a expressar sua opinião e o que faria

280 O CLIENTE

como arquiteto, além de mostrar seu apoio sincero nas decisões que o cliente for tomando, sabendo que esse é o ingrediente essencial nesse tipo de relação. Por exemplo, se o cliente não sabe que tipo de espaço quer, podemos dizer "não se preocupe, isso nós vamos descobrindo ao longo do processo. Eu me encarregarei de trazer para você as melhores opções para que possa escolher a melhor entre elas". Tal como com o cliente analítico, comunique perfeitamente seu protocolo de serviços, com datas precisas desde o princípio, para deixar claro de que lado está a responsabilidade caso haja atrasos.

Chave para o cliente analítico e para o cliente amável: são clientes que costumam apresentar dificuldades para avançar o projeto, e assim você deve comunicar com atenção especial o calendário de trabalho, com datas exatas desde o princípio.

▪ Cliente Controlador

É aquele cliente altamente assertivo e pouco emotivo, que necessita ver ação e resultados. Não se coaduna em nada com o papel poético do arquiteto e prefere soluções práticas e tangíveis que se adaptem a seus gostos e necessidades que, geralmente, estão definidos. Esse tipo de cliente tende a tomar o controle do processo e não costuma estar aberto a sugestões que saiam de seu marco de pensamento. Enuncia o que quer sem rodeios e espera de nós uma execução impecável em tempo, forma e orçamento.

Sugestões para se lidar com esse tipo

Talvez você pense que o cliente controlador seja um tormento, mas se adaptarmos nosso estilo, pode ser um cliente muito gratificante por sua disposição em avançar agilmente no serviço. Quando trabalhar com esse tipo de cliente, sugiro, sobretudo, praticar uma coisa: a efetividade. Ouça seus gostos e necessidades (as sugestões apresentadas por você deveriam ser pontuais) para trazer de volta uma proposta atinada (e não três incompletas), que reflita os pedidos desse cliente e que se encaixe no

3. OS QUATRO TIPOS DE CLIENTES NA ARQUITETURA · **281**

orçamento. Em nenhum caso deixe passar mais de duas semanas sem informá-lo dos avanços, porque geraria desconfiança, e, sempre que puder, apresente resultados. Por exemplo: "Tenho a distribuição geral e ganhamos dois metros quadrados no espaço x" ou "Hoje começamos a demolição e já temos a licença para ocupação da via". Esse tipo de cliente valoriza especialmente a excelência dos profissionais que contrata. Não precisa que digam a ele o que quer, mas tem necessidade de ver em você um veículo eficaz e confiável dos objetivos que almeja. Assim você será uma figura de autoridade ante seus olhos.

■ Cliente Expressivo

É aquele cliente altamente assertivo e altamente emotivo, que necessita dar rédeas soltas às próprias expressões. Amiúde é espontâneo, impulsivo e caprichoso, o que pode levar a mudanças repentinas de atitude ou a pedidos nem sempre sensatos. Necessita canalizar seu impulso e, embora seja um cliente relativamente fácil de com ele se avançar, pode trazer muito caos ao processo. Costuma ser testudo e necessita mostrar-se seguro sobre o que quer, mesmo não tendo clareza, e depois nem sempre é consequente com suas decisões.

Sugestões para se lidar com esse tipo

O que na realidade esse tipo de cliente está pedindo aos gritos é que a nossa liderança seja clara: um arquiteto que ofereça a parte prudente e racional a suas decisões instintivas, ao mesmo tempo que mais elogie sua expressividade do que a condene. Em lugar de dizer a ele que está equivocado, sugiro dar atenção às coisas que são viáveis e desviar sua atenção para os aspectos construtivos. Por exemplo, em vez de dizer "essas cores não ficam bem, proponho essas outras aqui", podemos dizer "essas cores são fabulosas e estou pensando em combiná-las com essas outras". Trata-se de afirmar sua expressividade, pondo-se ao seu lado, e apontando alternativas que acrescentem, em lugar de outras que fiquem de fora. Um cliente expressivo pode ser um

282 O CLIENTE

grande aliado para levar o potencial criativo de um projeto a um nível superior. Perceba assim o problema.

Chave para os clientes controlador e expressivo: são clientes que têm a necessidade de assumir o controle do projeto por meio de decisões sobre as quais nada ou pouco entendem. Não mostre a eles que estão errados ou que são tolos. Ponha-se antes ao lado deles com propostas entusiastas e resolutivas, mostrando as alternativas como se fossem deles.

Nunca é demais lembrar que esses arquétipos são imperfeitos e que um mesmo cliente pode ter uma mescla de estilos sociais de comportamento. A ideia desse esquema é que se possa utilizá-lo para, em primeiro lugar, observar com que estilo social você se identifica como profissional; em segundo lugar, que estilo predomina em cada cliente com quem você venha a trabalhar para assim adaptar seu estilo pessoal e garantir uma relação profissional sadia, fluida e, acima de tudo, funcional.

4.
DIFERENÇA ENTRE UMA RELAÇÃO PROFISSIONAL FUNCIONAL E UMA RELAÇÃO DISFUNCIONAL

As relações que construímos com nossos clientes e colaboradores no transcorrer de projetos de arquitetura podem ser um manancial de satisfação ou um profundo poço de sofrimento. A afeição ou tendência que essas relações possuem vê-se não apenas refletida na qualidade de nossas saúdes mental, física e emocional, como ainda na saúde econômica de nosso escritório ou estúdio. Os conflitos, mal-entendidos e falta de limites custam tempo e muito dinheiro (para nós e nossos clientes); e apesar de tornarmos as coisas mais complexas, buscando razões e desculpas fora de nossa responsabilidade, deve-se saber que a origem de cada uma dessas amolações é bem simples: são coisas que deixamos de comunicar ou comunicamos medianamente, ou ainda coisas que deixamos de perguntar ou perguntamos medianamente por medo da reação do cliente, que acaba se irritando de forma desagradável e gera um ciclo até que o projeto termine ou a relação se rompa. O oxigênio das relações humanas e, concretamente, das relações profissionais é a *comunicação*. Sua qualidade condiciona profundamente o desempenho da relação que mantemos com uma pessoa, sendo ferramenta essencial para gerir as relações funcionais.

Manter relações profissionais funcionais com nossos clientes não depende dos clientes, depende de nós. Não importa se o cliente é um chato, se é do tipo controlador, expressivo, amável ou analítico, se mente, se se contradiz ou se é uma pessoa arrogante. Uma relação funcional pode ser uma relação que terminamos imediatamente: considera-se funcional precisamente porque temos a possibilidade de cortá-la rapidamente sem cair nas redes do drama e do sofrimento. O arquiteto independente, que conduz seu exercício profissional, é capaz de interiorizar as pautas deste capítulo, sem nada deixar de fora, e, graças a isso, manter seus bem-estares pessoal e profissional *imperturbáveis*. Isso não quer dizer que não encontraremos clientes difíceis; efetivamente, lidamos com eles, mas usando as ferramentas deste manual para sair antes que se produza o dano. Esta é a liberdade que nos presenteia com uma estratégia sólida de negócios e nos garante um fluxo constante de contratos na arquitetura:

Poder escolher com quem trabalhamos.

Antes de falar de liderança, em primeiro lugar precisamos compreender como funcionam as relações entre as pessoas. Imagine cada relação como um triângulo equilátero, tendo um lado como base. Nas relações funcionais, essa base é a comunicação, que deve sempre ser *honesta e direta*, o que quer dizer que, para que a comunicação seja comunicação, devemos transmitir a *informação* que interessa à pessoa, e não outra. Se digo apenas uma parte da informação ou transmito essa informação a quem o tema não diz respeito, não se chama comunicação, e sim seu contrário, manipulação.

4. DIFERENÇA ENTRE RELAÇÃO FUNCIONAL E DISFUNCIONAL   **285**

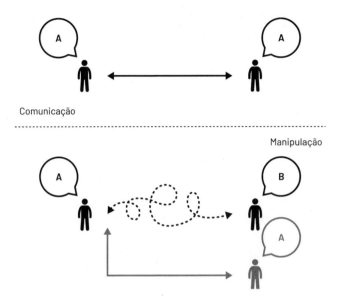

Vejamos o caso de um cliente que não cumpre com as datas de pagamento. Comunicar seria dizer a essa pessoa, através de uma chamada telefônica, a verdade sobre o nosso limite e escutar sua resposta para saber se se compromete ou não, aqui e agora: "Tal como estipulamos em contrato, temos uma margem de ____ dias de atraso nos pagamentos, antes de nos vermos obrigados a parar. Para continuar com os trabalhos, é condição indispensável receber de sua parte a confirmação do pagamento, antes que vença o prazo esta semana. O senhor/a está de acordo?"

Comunicar sempre produz uma mudança naquilo que não funciona: ou o cliente cumpre com o calendário de pagamentos (o que é uma notícia maravilhosa) ou deixa de pagar definitivamente (o que também é uma notícia maravilhosa, pois se descobre suas verdadeiras intenções e se deixa de investir tempo nesse projeto). Como se vê, comunicar suas necessidades tais como são, sem sentir-se mal ou culpado por isso, sempre traz coisas boas. Inclusive no caso em que o cliente decida não mais pagar e o projeto seja suspenso, você tem a oportunidade de investir seu tempo, que já não ia ser remunerado, para conseguir outros clientes melhores. Não se trata de, com essa ação, observarmos só o que se ganha como também o que se deixa de perder.

286 O CLIENTE

Pelo contrário, usando essa mesma situação, manipular seria encher a cabeça de seu parceiro durante o jantar, reclamando daquele cliente: "quem ele pensa que é, acha que aqui todo o mundo trabalha de graça pra ele, malandro, cara de pau". E quando decide dizer algo ao cliente, em lugar de chamá-lo diretamente, envia um e-mail minimizando o que se pensa por medo de sua reação: "e certamente estamos à espera do terceiro pagamento para continuar, quando puder, por favor".

Manipular sempre perpetua e potencializa o que não funciona: como não se pôs um limite claro à sua dívida, o cliente pagará quando lhe der na telha, se o fizer, inventando uma nova escusa para o próximo pagamento. Entendemos manipular como o contrário da comunicação honesta e direta; é tudo o que dizemos e que não representa o que pensamos, ou tudo aquilo que dizemos a uma pessoa errada, em forma de queixa, como alívio de nosso ressentimento, que outra causa não tem senão nossa incapacidade de comunicação.

Dissemos que o triângulo das relações funcionais tem como base a comunicação honesta e direta, o que torna possível o equilíbrio das outras partes do conjunto, que são a confiança e o respeito. Somos capazes de comunicar quando confiamos que nós ou a outra pessoa aceita lidar com a verdade que essa comunicação comporta e porque respeitamos a liberdade de cada parte de tomar a decisão que mais lhe convenha e assumir as consequências. Quer o cliente resolva parar o projeto, quer ele cumpra pontualmente com o calendário de pagamentos, a chave é confiar que o resultado respeita nossas necessidades e isso será positivo para nossa rentabilidade em todos os níveis. Pode ser que a curto prazo não nos agrade parar o projeto, mas a médio prazo é muito pior seguir trabalhando sem cobrar num projeto que nos atrapalha conseguir outros serviços pagos. A comunicação honesta e direta, conquanto possa ser incômoda, *sempre funciona*.

Por outro lado, o triângulo das relações disfuncionais (aquelas que não funcionam) tem por fundamento a manipulação, que, como já visto, impede que a verdade flua entre as pessoas, o que conduz a dois outros lados, que são o controle e o abuso. Tendemos a manipular a verdade do que queremos dizer para controlar nossa reação ou a da outra pessoa, o que descamba para o abuso da liberdade, impedindo que cada uma das partes decida sobre o que mais lhe convém e assuma as consequências. Quando

4. DIFERENÇA ENTRE RELAÇÃO FUNCIONAL E DISFUNCIONAL

uma informação não é clara e completa numa relação, automaticamente perdemos a confiança e sentimos a necessidade de vigiar a situação, restringindo assim a autonomia de cada parte. No caso do cliente que não paga, o mais provável é que fiquemos obcecados nos dias subsequentes, vigiando a conta bancária, o e-mail e as mensagens, enquanto maldizemos a sua desfaçatez. Alguns de nós, inclusive, seguem trabalhando no projeto para contar com uma justificativa em caso de voltar a falar com o cliente, para que ele a tome como uma dívida aos avanços dados. Sem querer, o cliente abusa de nós, e nós abusamos do cliente. Entramos num estado de estresse, incertezas e preocupações desnecessárias que nos afetam, que afetam outros clientes e pessoas de nossas relações particulares. A curto prazo, parece que não acontece nada, o projeto continua e nós esperamos, mas a médio prazo você já conhece o final da história. A manipulação, embora nos possa manter numa zona de conforto, nunca funciona.

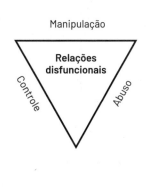

Observe que o triângulo das relações disfuncionais possui claras vantagens a curto prazo, como a de evitar o incômodo de se lidar com certa conversa, pôr certo limite ou solicitar certa informação, mas a médio e longo prazos as consequências são devastadoras para ambas as partes. Um pequeno incômodo que evitamos agora irá encher uma mochila de ressentimentos que, eventualmente, arrebentará. E, creia-me, isso sim será incômodo. Ao contrário, o triângulo das relações funcionais contém claras desvantagens a curto prazo porque nos faz encarar nossos sentimentos de desconforto, culpa ou medo face à reação do outro, mas a médio e longo prazos seus benefícios são extraordinários. Com

288 O CLIENTE

este manual você está obtendo a transformação do arquiteto em arquiteto empresário, e deve saber que o retorno econômico e emocional do triângulo das relações funcionais amortiza com vantagem o incômodo que se passa por alguns segundos.

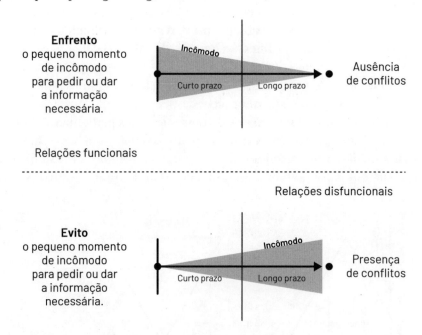

Dois terços dos conflitos que surgem ao longo de um projeto de arquitetura são facilmente evitáveis, comunicando-se desde o princípio aspectos como o número de mudanças incluído na fase criativa, o calendário de pagamentos, o alcance das entregas, assim como as garantias, os limites e as responsabilidades do encargo. Comunicando claramente o nosso protocolo de serviço, nos convertemos em profissionais confiáveis para nossos clientes, precisamente porque confiamos em nossa capacidade de compromisso com o que comunicamos, respeitando o marco da relação para poder trabalhar com dileção, fazendo bom uso de nossos recursos e os de nossos clientes. Nos pontos seguintes você aprenderá a comunicar perfeitamente essas questões, oferecendo ao cliente uma espécie de manual de instruções do processo, e no qual se demonstram ordem, liderança e um claro compromisso para chegar à situação desejada.

4. DIFERENÇA ENTRE RELAÇÃO FUNCIONAL E DISFUNCIONAL **289**

Cada dia encontramos situações em nosso desempenho profissional que nos dão a oportunidade de escolher como queremos abordar a relação com nossos clientes, do ponto de vista de um triângulo funcional ou disfuncional. Uma vez entendido o funcionamento das relações humanas, sintetizadas de forma prática nesses esquemas triangulares, contamos com um guia poderoso para dizer basta ao drama e ao sofrimento desnecessários do "eu pensei que você pensava…". A comunicação não custa dinheiro, custa só um pouco de esforço e, por vezes, alguns segundos de desconforto. Mas a rentabilidade que obtemos em troca faz a diferença entre um arquiteto cheio de preocupações e ressentimentos, cuja carga se vê refletida em seu físico, temperamento e conta bancária, e um arquiteto que, ano após ano, sente-se cada vez mais leve e retribuído, líder de sua própria prática profissional e das relações que a formam. Agora, sim, é o momento de se falar em liderança.

5.
LIDERANÇA PARA NÃO FAZER DO CAOS DO CLIENTE SEU PRÓPRIO CAOS

Sabemos que o processo de exercer a arquitetura é complexo, não só pelas questões técnicas, que por si já representam a materialização de nossas ideias, como também pela presença do cliente na tomada de decisões e o manejo dessas relações ao longo de várias semanas, meses ou mesmo anos, o que faz com que o arquiteto deva prestar atenção especial às relações humanas. Fazer arquitetura é mais do que desenhar planos, escolher materiais e dirigir uma obra. O que não é pouco.

Fazer arquitetura é modelar as expectativas de nossos clientes, conviver com suas crises emocionais e acompanhá-los em uma viagem que não podem abandonar por motivos fúteis. Não é gratuito o fato de um arquiteto ser, além disso, psicólogo. E, no entanto, pouco tempo temos investido em aprender a liderar essas relações, se comparado, por exemplo, com o dedicado à composição de fachadas. O fato é que para fazer boa arquitetura é tão importante uma coisa quanto a outra.

O que é a liderança nas relações e, sobretudo, nas relações profissionais na arquitetura. Diferentemente do que você possa pensar, a liderança nada tem a ver com liderar os clientes, controlar o que pensam, dizem ou fazem, ou geri-los como se fossem títeres para que nos sigam em nossas sugestões do projeto. A verdadeira liderança profissional significa nos liderarmos a nós mesmos e não iludir nossa responsabilidade na relação, para evitar situações que nos tragam, principalmente, três sentimentos: incômodo, culpa e medo.

**A verdadeira liderança profissional
significa nos liderarmos a nós mesmos
e não iludir nossa responsabilidade na relação,
para evitar sentir incômodo,
culpa e medo perante nossos clientes.**

Qual é a nossa responsabilidade na relação? A resposta é clara: comunicar de forma honesta e direta, *oferecendo* ou *solicitando* a informação completa e necessária para conseguir o objetivo para o qual estamos sendo contratados.

Praticamos a verdadeira liderança quando oferecemos informação sem tapumes aos nossos clientes, comunicando as nossas condições de trabalho, um limite à sua indecisão ou um imprevisto de obra sem apontar culpados, e sim proporcionando soluções inteligentes. Do mesmo modo, praticamos a liderança quando solicitamos informação aos nossos clientes sem subterfúgios, perguntando sobre sua real capacidade de investimento, sobre os detalhes de sua situação desejada e as expectativas face ao projeto ou a nosso respeito como arquitetos.

A comunicação tem duas direções: ou damos a informação ou a solicitamos. O cliente não tem por que saber qual informação é relevante para se alcançar o objetivo do projeto e, por isso, a liderança significa que cabe a nós dar ou receber a informação precisa.

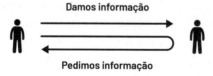

Como **arquitetos**, temos a responsabilidade de **ativar** ambas as direções da comunicação, tanto para pedir como para dar informação.

O **cliente** forma parte de uma comunicação funcional, mas não é responsável por ela, nem podemos esperar dele que a promova ativamente.

A comunicação tem duas direções: ou damos a informação ou a solicitamos. Mas ela tem sempre de partir de nós.

Liderar a relação profissional com um cliente significa que somos os principais responsáveis pela correta transferência da informação de uma parte a outra. "O cliente não perguntou" ou "O cliente não disse" não são

292 O CLIENTE

razões suficientes para um arquiteto líder. Somos nós que dizemos e perguntamos. Um erro muito comum é dar por assentado que o cliente sabe que o número de mudanças num projeto é limitado, sem que tenhamos comunicado a ele. Pode ser que o cliente com quem venha a trabalhar seja do tipo controlador e, assim, relativamente fácil encerrar o projeto dentro do prazo. Mas, e se o cliente for do tipo expressivo e fizer muitos pedidos de mudança, inclusive com a obra já em andamento? Comunicar seu protocolo de trabalho na primeira reunião, tendo sido confirmado o primeiro pagamento, poupará inúmeras situações incômodas, pouco importando o tipo de cliente. E no caso de o cliente continuar a pedir mudanças, já tendo essa informação, você poderá atendê-lo com um sorriso e a cobrança de uma taxa extra, mais do que justificada, e poderá observar que, magicamente, os clientes perdem a vontade de pagar por elas. Nos pontos seguintes deste capítulo, nos aprofundaremos no protocolo de trabalho, um documento vital para a rentabilidade de qualquer arquiteto independente. Mas adianto que, dependendo da escala e da complexidade do projeto, incluir entre duas e seis mudanças é mais do que suficiente. Para a maior parte das tipologias com que nos defrontamos, com projetos entre 50 e 300 metros quadrados, três mudanças é um padrão exequível.

Pois bem, antes que você se entusiasme com um número tão limitado de mudanças, deve saber que isso só é possível se a qualidade de sua comunicação e, portanto, de sua liderança, for muito boa. Se desde a primeira reunião fizermos todas as perguntas pertinentes ao cliente sobre suas necessidades e expectativas no projeto, e transmitirmos de maneira nítida nossa forma de trabalhar, quando depois nos sentarmos para desenhar o faremos sobre uma base muito potente de informação, o que nos permitirá desenvolver um esboço atinado e preciso, a partir do qual se poderá trabalhar com tranquilidade. Quantas vezes, porém, começamos a projetar sem conhecer em profundidade as requisições do cliente, para só percebermos, na segunda reunião, que estamos tão desorientados que o cliente pede outra proposta radicalmente diferente. Tudo o que você deixar de falar ou pedir acabará assomando antes ou depois no projeto. Portanto, não deixe de ter certas conversas com o cliente apenas para evitar alguns minutos de incômodo, por culpa ou medo da reação dele. Exercer sua responsabilidade na comunicação sempre faz com que as coisas funcionem.

5. PARA NÃO FAZER DO CAOS DO CLIENTE SEU PRÓPRIO CAOS **293**

Quando lideramos as relações com nossos clientes usando esse tipo de comunicação, oferecendo ou solicitando a informação desde o princípio, construímos um perímetro protetor ao nosso redor, para evitar que seu caos se converta em nosso. Aqueles clientes que aceitam nossas regras ficarão e aqueles que queiram jogar futebol com as mãos serão amavelmente convidados a sair. O problema de muitos arquitetos é acreditar que os clientes sabem como jogar, ou seja, fazer projetos de arquitetura, e assim delegamos a eles o transcurso dos trabalhos:

> Cliente razoável = Projeto exitoso
> Cliente tortuoso = Projeto fracassado

Você põe e comunica as regras, se quiser evitar que o avião acabe pilotado pelo passageiro. A equação deve ser:

> Cliente razoável ou cliente tortuoso = Projeto exitoso

**O cliente deseja o melhor resultado,
mas não conhece as normas a seguir para que um
projeto de arquitetura se desenvolva da melhor maneira.
É trabalho do arquiteto comunicar como se dá esse
desenvolvimento e fazê-lo ser respeitado.**

Ao praticar a liderança, cada situação de conflito que você experimenta com um cliente, fruto de um mal-entendido ou desacordo, deve fazer com que você pense em duas soluções diferentes:

1. *uma solução imediata* para resolver o conflito presente;
2. *uma solução sistemática* para prevenir conflitos futuros (a ser incorporada em seu protocolo de trabalho).

Na medida em que você desenvolver e aperfeiçoar um protocolo de trabalho, enfrentando novas situações até então impensadas, e que poderão (certamente) ocorrer, você experimentará uma autoridade crescente

294 O CLIENTE

em suas relações profissionais. Você irá contemplar um panorama mais amplo de casuísticas para otimizar seu protocolo e criar esse perímetro de segurança que deve lhe manter longe do caos e, da mesma forma, um protocolo cada vez mais sólido aliviará as inseguranças de seus clientes, cortando pela raiz muitas das dúvidas e incertezas que possam estar pairando sobre a cabeça deles. Mesmo assim, você continuará experimentando novos cenários de conflitos, mas eles não voltarão a ser um drama em sua carreira se utilizar a chave que quero lhe mostrar a seguir.

Em todas as relações, e sob qualquer circunstância, qualquer que seja o tipo de cliente, e em qualquer momento, você deve se lembrar que há sempre três opções:

▪ Opção 1.
Mudar a Relação

Isso significa que você usa de limites para modificar a dinâmica da relação tão logo perceba um conflito. Para que seja efetivo, o limite deve vir sempre acompanhado de uma *consequência* e, se necessário, de um *prazo*.

> EXEMPLO:
>
> O cliente não é pontual com os pagamentos. Se os atrasos forem superiores a uma, duas ou três semanas, e perturbam o calendário de trabalho, claramente se põe um limite a essa dinâmica. Fazemos uma chamada, sem esperarmos um só dia a mais (sim, um telefonema incômodo) e comunicamos de forma honesta e direta:
>
> • "Para se alcançar _____ (SITUAÇÃO DESEJADA) de forma ágil e extraindo o maior potencial de seus recursos, é requisito fundamental que você formalize pontualmente os pagamentos nas datas acertadas. No caso de voltar a ocorrer um atraso, nos veremos na obrigação de dar prioridade a outros clientes e, inclusive, a parar o trabalho. Apreciamos enormemente o projeto que desenvolvemos, mas só podemos garantir os melhores resultados caso se cumpram as condições de trabalho."

5. PARA NÃO FAZER DO CAOS DO CLIENTE SEU PRÓPRIO CAOS · **295**

- **Opção 2.**
  Aceitar a Relação

Se o cliente se nega a mudar seu padrão de comportamento, e o conflito que você percebe não é de todo grave, temos a possibilidade de aceitar essa relação tal como ela é, manejando um esquema de *vantagens* e *desvantagens*. Isso quer dizer que pomos na balança os prós e os contras de se manter a dinâmica da relação e valorizamos o resultado de forma estratégica: se as vantagens de manter tudo como está forem maiores do que outras opções (mudar ou terminar a relação), ainda que haja desvantagens, aceitamos a relação sem nos queixarmos.

> EXEMPLO:
>
> O cliente sempre atrasa em um ou dois dias os pagamentos. Evidentemente, isso não representa qualquer risco para a rentabilidade do escritório nem para o calendário de execução, pelo que as vantagens de continuar a relação como está são maiores do que impor o protocolo de maneira rígida. Está claro que aceitar a relação é mais benéfico do que rejeitá-la.

- **Opção 3.**
  Terminar a Relação

Agora, se a dinâmica da relação é prejudicial e supõe um risco para nossa rentabilidade econômica e emocional, e se já não somos capazes de mudá-la, é hora de fazer a terceira escolha: terminar a relação, desapegando-se completamente dela. Aqui, *soltar* é a relação-chave. Pode parecer lógico o fato de se terminar uma relação, mas muitos arquitetos se esquecem de que temos essa opção, e até não aprendermos a conseguir clientes ao nosso gosto, nos vemos atados a clientes que não respeitam nossas condições de trabalho, dizendo "melhor isso do que nada". Todavia, somente nesse *nada* temos espaço e tempo para implementar os ensinamentos deste manual e aprender, de uma vez por todas, a conseguir clientes de qualidade. Quer ser feliz e ganhar dinheiro com a arquitetura? Soltar-se das relações com clientes que não estão baseadas no respeito e na confiança é o investimento mais rentável e o atalho mais rápido para consegui-lo.

296 O CLIENTE

EXEMPLO:

Imagine aquele exemplo anterior de um cliente que atrasa muito nos pagamentos; fazemos aquela chamada telefônica incômoda e absolutamente necessária a fim de tentar mudar a relação com um limite; o cliente nos diz que se compromete, mas volta a atrasar no pagamento seguinte. Vale a pena seguir trabalhando gratuitamente para um cliente que falta com sua palavra, prejudica nosso calendário e nos mantém na incerteza se pagará ou não? É o momento de soltar-se da relação e desapegar-se do "e se...?", "e se no próximo pagamento já não se atrasar?", "e se assumo os atrasos e tudo bem?". Não dê voltas sem sair do lugar. Solte-se. Porque as vantagens de abandonar essa relação e abrir espaço para um cliente melhor são maiores do que as de ficar nas condições medíocres que essa relação oferece. Com permissão de García Márquez, representa a crônica de uma morte anunciada.

6.
COMEÇA O PROJETO
O PROTOCOLO DE TRABALHO

V ocê já compreendeu a importância de separar claramente o processo de venda do processo de produção, e que a fronteira que diferencia um processo do outro é o primeiro pagamento. Se no processo de venda utilizamos o dossiê pós-reunião como último passo para transmitir e recordar o valor que o cliente está a ponto de contratar com o nosso serviço, uma vez concretizado o primeiro pagamento, no processo de produção estabelecemos como primeiro passo o protocolo de trabalho para estabelecer e transmitir, claramente, as normas do jogo, em benefício dos objetivos que o cliente quer alcançar.

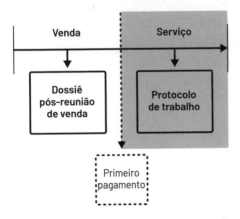

Esse protocolo de trabalho, também chamado manual do cliente, compreende o esquema de serviço mostrado no dossiê pós-reunião de venda, mas contendo evoluções ou acréscimos. Obviamente, não queremos detalhar o número de mudanças em projeto ou no calendário de reuniões que teremos se o cliente ainda não pagou, porque estaremos desviando a decisão dele de apostar por sua situação desejada (o "o quê") para se gosta de nossa forma de trabalho (o "como"), que é um erro comum e grave que expõe a autoridade de nossa *expertise* como arquitetos (lembre-se de que o médico pergunta se você quer superar a doença, não se está de acordo com a utilização de um bisturi com diamante). Portanto, na venda comunicamos o "o quê" com detalhes mínimos do "como", utilizando o dossiê, e, uma vez confirmado o serviço, aí sim, comunicamos todos os detalhes do "como", mantendo o "o quê" como farol, utilizando o protocolo que explicarei na continuação.

O que quero dizer é que o dossiê e o protocolo representam o mesmo esquema de serviço, mas com diferentes níveis de informação.

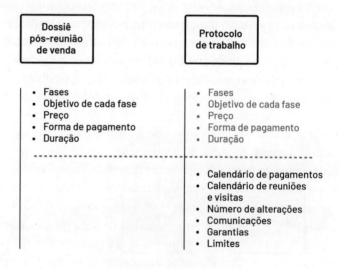

O dossiê é o documento que você envia depois da reunião de venda, à maneira de resumo, para acompanhar o cliente potencial no prazo estipulado, enquanto ele decide, ao passo que o protocolo é um documento que você expõe ao vivo na primeira reunião pós-primeiro pagamento, reunião que, no capítulo 3, chamamos de entrevista inicial.

6. COMEÇA O PROJETO   **299**

Essa primeira reunião marca perfeitamente a largada e tem dois objetivos fundamentais:

Objetivo 1: obter informação exaustiva das necessidades e preferências do cliente com respeito ao serviço para que, imediatamente após, você possa sentar e desenhar um guia claro que lhe permita elaborar um primeiro esboço atinado de projeto. Como vimos no capítulo 3, para isso você utiliza perguntas previamente concebidas para o seu guia de instruções, seguindo os parâmetros do seu sistema de desenho, enviando ao final uma cópia ao cliente, com as respostas que tenha dado.

Objetivo 2: dar informação exaustiva sobre o funcionamento do seu trabalho com aspectos que dizem respeito ao cliente para uma boa coordenação. Obviamente, você não tem que informar a ele a grossura da linha que utilizará nos planos; você deve apenas oferecer a informação que afeta diretamente o cliente. Prepare o documento que chamamos protocolo de trabalho ou manual do cliente para comentar esses detalhes na própria reunião e, ao final, envie uma cópia ao cliente. Em seguida, veremos o que se deve incorporar ao protocolo de trabalho.

É sumamente importante que a pessoa com quem você irá trabalhar tenha uma imagem clara do processo que se tem pela frente. Grande parte dos atritos que se dão ao longo do serviço de arquitetura ocorre porque o cliente não entende a ordem cronológica dos acontecimentos nem a lógica que há por detrás dela, e não entende porque não explicamos bem. Imagine que você terá de ser operado da coluna vertebral e ninguém lhe explica como será o processo: estou certa de que você seria um paciente impertinente e cheio de medo. Não tratamos da saúde das pessoas, mas tratamos de seus patrimônios, ou talvez do único patrimônio que possuem. Transmitir com empatia como será o percurso até que se chegue à situação desejada acalma a incerteza e desconfiança do cliente, nos permitindo ser mais ágeis. Por isso nos apoiamos no protocolo de trabalho para oferecer esse entendimento ao cliente, assim como para melhorar nosso compromisso e excelência.

300   O CLIENTE

Há seis elementos essenciais que sugiro detalhar em seu esquema de serviço ao elaborar o protocolo de trabalho:

▪ Calendário de Pagamentos

Assim como seu serviço se estrutura em fases, para marcar as diferenças de dinâmicas que se sucedem (como já vimos, num projeto de arquitetura há a fase criativa, para ter ideias, a fase produtiva, para gerar e tramitar a documentação, e a fase executiva, para materializar a obra, embora você possa inventar as suas próprias, sempre que tenham um sentido lógico e compreensível para o cliente) estabelecemos paralelamente um calendário de pagamentos com datas precisas para marcar o ritmo de nosso avanço. Atenção, mais do que definir vagamente "ao final da fase x faz-se o seguinte percentual de pagamento", estabelecemos datas precisas de pagamento, com o montante exato que corresponda a cada percentual, de forma que o cliente entenda o ritmo de desembolso com o qual se compromete.

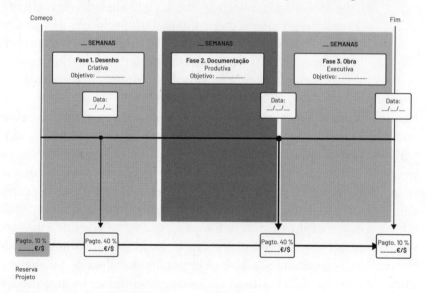

▪ Calendário de Reuniões e de Visitas

Além dos pagamentos, um marco importante do avanço do seu trabalho são as reuniões e visitas com as quais o cliente tem a oportunidade de

6. COMEÇA O PROJETO

visualizar o progresso das tarefas (e delas participar, quando requerido). Essas reuniões são as referências do cliente para saber onde nos encontramos, como se fossem os marcos de quilometragem de uma maratona, e também nos servem para não estender o projeto ao infinito, comprometendo-nos com um calendário predeterminado (o que, inevitavelmente, aumenta nossa eficiência e rentabilidade). As reuniões devem estar fixadas com hora, data e local no próprio esquema, podendo-se fazer ajustes que o cliente venha a solicitar. Sugiro, inclusive, criar e compartilhar os eventos de cada uma dessas reuniões em um calendário interativo, uma vez tudo confirmado. Esse calendário deve adaptar-se à sua proposta de valor, mas, em geral, temos três tipos de reuniões e visitas:

Reunião de entrevista inicial

Você já sabe que essa é a primeiríssima reunião que se deve acertar com o cliente, imediatamente após o primeiro pagamento, e antes de se pôr como um louco a esboçar ideias do projeto. Lembre-se dos dois objetivos dessa reunião e da importância que tem para o seu negócio e o bem-estar da relação.

Reunião de revisão e mudanças

Após a reunião inicial, você conta com um guia exaustivo de instruções para começar a desenvolver o projeto. Considere a possibilidade de duas a seis reuniões de revisão e mudanças (conforme a complexidade e a envergadura do projeto), com uma frequência alta de uma reunião por semana, de forma consecutiva, para manter a intensidade criativa e evitar que o projeto acabe por se estender por meses tediosos de idas e vindas, e as inclua em seu protocolo de trabalho, com datas exatas, preferivelmente na fase criativa (lembre-se de que, uma vez encerrada a fase criativa, começa a fase produtiva, em que se tem uma grande quantidade para gerar e fazer tramitar a documentação e, por isso, não se pode permitir mais mudanças, ou, pelo menos, reduzi-las a um número mínimo e controlado). Faço questão: nos processos criativos, o tempo entre cada reunião de revisão e mudanças não deve ser superior a uma semana, se quisermos consolidar as decisões do cliente e fechar o projeto.

Reunião ou visita de acompanhamento

Uma vez finalizada a fase criativa, e ainda que possam ficar alguns detalhes a serem acertados com o cliente, começam as fases produtiva e executiva, nas quais a dinâmica se altera. É essencial para a saúde do projeto e para os recursos de seu cliente marcar muito bem essa diferença, a partir da qual sugiro reduzir a frequência para cada duas ou três semanas, a fim de informar ao cliente os avanços, fazer com que ele se sinta parte do projeto e alimentar sua esperança de chegar à situação desejada. Esses encontros podem ser uma reunião ou visita à obra, mas é crucial que se entenda o seguinte: pode ser também uma arma de dois gumes, porque se são entendidas como reuniões de mudança, dão margem a que o cliente peça novamente alguma alteração. Por isso, assegure-se de haver marcado muito bem o limite e cada vez que o cliente venha a solicitar a revisão de alguma coisa, faça com que sua resposta seja acompanhada da necessidade de mais tempo e dinheiro extra que implica a mudança requisitada. Faça com que o cliente assuma a responsabilidade de sua parte. Também sugiro estabelecer datas precisas para esse tipo de reunião, de preferência nos momentos oportunos de maior avanço da obra. Momentos que sejam bons para você e para o transcurso do serviço.

Por exemplo, alguns arquitetos estabelecem uma visita antes de iniciar a obra e outra na entrega das chaves, sem mais visitas durante a execução, produzindo um efeito surpresa espetacular no cliente, que agradece por não termos feito com que ele se deslocasse várias vezes e por não o termos exposto a decisões equivocadas (os clientes que melhor pagam costumam ser os que se encontram ocupados em gerar riquezas em sua própria vida e trabalho). Defina datas precisas para essas reuniões de acompanhamento pensando na experiência que você quer oferecer ao cliente no fascinante percurso do seu trabalho.

6. COMEÇA O PROJETO

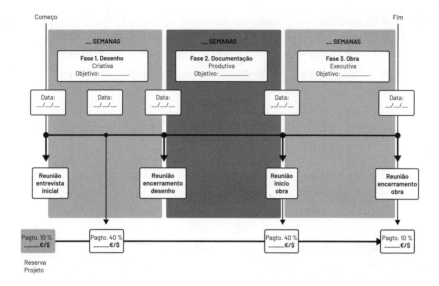

▪ Número de Mudanças

Normalmente, associamos o número de mudanças ao número de reuniões de revisão e de mudanças, mas não é demais anotar um número máximo de alterações em seu protocolo de trabalho para se cumprir com prazos e honorários convencionados de trabalho. Cada uma das mudanças que ultrapassa essa medida é bem-vinda, mas sempre as expomos ao cliente acompanhadas das consequências de tempo e dinheiro para que ele possa decidir cordialmente. Muitas vezes nos queixamos que o cliente pede muitas alterações, mas nos esquecemos de compartilhar com ele as consequências que têm os seus pedidos no bom transcurso do projeto. Assim, quem não iria pedir mais mudanças? Lembre-se de que o número limite não é um ato egoísta que você assume, mas significa também o bom uso dos recursos do cliente e fluidez no andamento do projeto. É para o bem do cliente.

▪ Comunicações

Alguma vez você já recebeu uma mensagem de cliente no domingo de manhã? Em princípio, nos escandalizamos com seu descaramento. Depois, começamos a nos sentir incomodados e temos a necessidade

304 O CLIENTE

imperiosa de responder, embora saibamos que não deveríamos fazer isso nesse maldito domingo. O problema não é a mensagem do cliente, mas o fato de não termos comunicado claramente em quais horários estamos disponíveis (dias e horas) e por quais meios de comunicação (telefone, e-mail) atendemos. Ao incorporar essas informações em seu protocolo de trabalho e compartilhá-las diretamente com o cliente, assenta-se uma hierarquia saudável na relação, em que, como profissional, você define quando e como serão as comunicações. Da próxima vez que um cliente enviar uma mensagem em pleno domingo, você poderá dormir tranquilo e deixar que chegue a segunda-feira para responder à mensagem. Sem remorsos. Sem dívida e mal-entendidos.

▪ Garantias

Como parte de sua proposta de valor, você terá definido muito bem quais são as garantias do seu serviço: com o que se compromete que seja valioso, não para você, e sim para o cliente. Lembre-se de que uma garantia como "ouvir suas necessidades" é o mesmo que dizer nada. Uma garantia deve fazê-lo ficar incomodado como profissional, pois esse é o sinal de que suas promessas não são vazias e excessivamente fáceis e, portanto, valiosas para o cliente. Por exemplo, a garantia de realizar o projeto com um orçamento fechado desde o princípio. Incorporar essas garantias bem definidas em seu protocolo de trabalho lhe dá luz verde para, na continuação, assentar com firmeza as linhas vermelhas que não podem ser rebaixadas quando se quer optar por garantias substanciais. Observe que as garantias são o estímulo que mantém o cliente à distância. Quando levamos a sério as promessas de nosso trabalho, fazemos com que o cliente também leve a sério os limites de sua intervenção. Minha sugestão é que você defina duas ou três garantias, as mais poderosas de sua proposta de valor, e as descreva sinteticamente no protocolo de trabalho.

▪ Limites

Se as garantias definidas por você são verdadeiramente valiosas para os clientes, você ganhará o direito de estabelecer limites claros à ingovernabilidade e ao caos que o cliente pode trazer ao processo de relação, pois é

6. COMEÇA O PROJETO   **305**

condição necessária fazer as coisas de maneira profissional, caso se queira cumprir com as promessas que resultam extraordinárias e inalcançáveis para o cliente. Como vimos, se a sua garantia é realizar o serviço com um orçamento fechado, sem despesas extras, você tem todo o direito de estabelecer, como linha vermelha, que as mudanças por parte do cliente se limitariam à fase criativa definida no esquema, e que o calendário de reuniões e de pagamentos deve ser cumprido com rigor. Um arquiteto que não se compromete com uma garantia séria, como a de assegurar os custos do projeto que desenvolve, empregando as técnicas de previsão e de ajuste que vimos no capítulo 3, próprias da metodologia LEAN, reduz sua autoridade para estabelecer condições. O compromisso sempre incrementa o valor econômico das transações profissionais em forma de garantias, por um lado, e de limites, por outro.

Em definitivo, o esquema que dá forma ao seu protocolo de trabalho deve incorporar esses aspectos, explicados de maneira simples e didática numa só página. De nada serve o esforço de criar esse documento se o que você entrega for uma papelada de dez páginas que o cliente não é capaz de entender. Também de nada serve se você pensar que se alguém não entende é por falta de esforço. Melhor para você se o cliente entender à primeira vista.

Para ajudá-lo, mostro na continuação um esquema-tipo que se pode usar como referência para criar seu protocolo de trabalho. Observe que compor um esquema *visual* facilita muito as coisas. O documento deve ser resumido em uma página, e o esforço de síntese e de simplificação corre por sua conta.

306 O CLIENTE

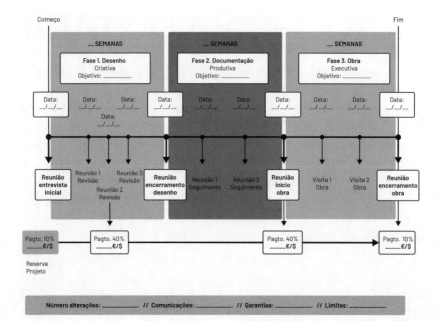

7.
GUIA PARA TER REUNIÕES PRODUTIVAS COM CLIENTES

As reuniões são uma ferramenta importantíssima no desenvolvimento de um projeto de arquitetura, mas poucas vezes prestamos atenção em seu planejamento e execução. Não há nada mais perigoso do que o fato de as percepções do cliente e do arquiteto derivarem para sentidos opostos durante o percurso do trabalho: um pensando que tudo vai bem e o outro vivendo angustiado ou vice-versa. Por isso as reuniões cumprem duas funções principais: por um lado, conseguir uma boa coordenação com o cliente quando precisarmos de sua participação, e, de outro, trazer pontos de referência que criem uma situação de clareza, progresso e calma. Conquanto não seja a mesma coisa uma reunião de revisão e outra de acompanhamento, todas elas compartilham ambos os objetivos e nos ajudam a estar na mesma página, assegurando-nos que nos movemos na mesma direção.

Todos nós mantemos reuniões com nossos clientes de forma habitual, mas poucos as planejam e executam de modo efetivo. Um encontro que se supõe durar uma hora acaba se estendendo por três. Um tema importante que deveríamos ter tratado acaba sendo engolido por perguntas urgentes que nosso cliente traz. O que pensávamos ser uma reunião para tomar decisões acaba conduzindo a uma nova lista de mudanças inesperadas que acrescentam volume à carga de trabalho. Seguramente você se identifica com algumas dessas questões e é normal; pense nas cansativas maratonas que viemos praticando desde o princípio da faculdade com apresentações, discursos e oficinas de duração indefinida. É hora de mudar essa dinâmica tão desgastante e pouco eficaz para otimizar não só

308 O CLIENTE

a linha do tempo de nossos projetos e a rentabilidade de nossas horas de trabalho, como também a hierarquia saudável e natural que deve existir entre nós e nossos clientes, materializadas nessas valiosas reuniões planejadas e executadas com a pontaria de um campeão de dardos.

"O que estará pensando seu cliente? Como se sentirá? Qual será o valor que atribui aos avanços até agora?" As reuniões constituem uma amostra do estado atual da relação; são o local onde se toma a temperatura da outra parte para ser partícipe de seu estado emocional. Lembre-se: você está lidando com material humano e todos os conflitos têm uma poderosa raiz emocional e, por isso, saber como o cliente está vivendo o processo o ajudará muitíssimo a dosificar a informação que você pede ou dá a cada momento. Talvez seu cliente esteja obcecado pelo maldito pavimento, quando, na verdade, o que o preocupa é a distribuição da planta baixa, ou então quer pressa porque o que o atormenta é o próximo gravame de impostos sobre os seus negócios, e precisa computar mais gastos dentro do trimestre, mas você só poderá agir em função da classe de preocupações que estão ocorrendo nas águas subterrâneas de sua mente se manejar com destreza essas reuniões. Quando um cliente fica obcecado ou insiste em um tema específico, você pode perguntar a ele "diga-me, o que o preocupa exatamente sobre _____?", e comprovará por si mesmo que a maioria das preocupações tem outras causas por detrás, e sobre isso você poderá atuar com eficácia. Se, pelo contrário, você se limita a aceitar meras ordens que não respondem às verdadeiras inquietações do cliente, trabalhará para fazer as mudanças, mas voltará a encontrar o mesmo escolho, com outro disfarce, na próxima reunião. As reuniões são o termômetro que permite medir a temperatura da relação e, com certeza, faz parte do seu trabalho conhecer a psicologia da pessoa que tem pela frente, caso queira desfrutar do serviço de arquitetura que faz para ela.

Além de tomar a temperatura emocional de seu cliente, as reuniões são um fato importante para assentar e consolidar os avanços do trabalho. Devem servir de apoio para ajudar a prosseguir, e não atrasar; devem ser uma ferramenta que poupe trabalho, em vez de aumentá-lo; um motivo de alegria e desfrute, mais do que desassossego e confusão. Ao final do encontro, a sensação deve ser de alívio e agilidade ("resolvemos dúvidas e tomamos decisões, continuamos avançando!"), diferentemente do

7. GUIA PARA TER REUNIÕES PRODUTIVAS COM CLIENTES **309**

embotamento mental tão familiar que muitas vezes sentimos depois de horas de um debate caótico. Por isso, sugiro que você defina com antecedência um objetivo claro, respondendo à pergunta: "Que informação preciso dar ou receber nesta reunião específica?" Tendo claro o norte de cada encontro, você usará melhor seu tempo e o do cliente.

Em seguida, você encontrará uma série de pautas que servem de guia para desenvolver reuniões com clientes de forma eficaz. Resultarão elementares, e por implementar esses pequenos hábitos você poderá experimentar uma melhora radical na relação com seus clientes e no decorrer dos projetos.

- **Comprometa-se com o seu calendário predeterminado de reuniões e visitas**

Use-o como incentivo para avançar sem demora e comprometer-se com a linha do tempo que você definiu. Coordene as datas exatas das futuras reuniões com seu cliente na primeira reunião de entrevista inicial e, se puder, utilize um calendário interativo para compartilhar cada um dos eventos. Mas "o que acontece se eu precisar de mais tempo além daquele que defini para a próxima reunião?" Desloque o calendário inteiro, tome nota do atraso e assuma um novo compromisso fazendo as mudanças que considerar em sua forma de trabalho, a fim de cumprir com as novas datas (que você mesmo estipula). "E se o cliente me disser que não pode se reunir no dia marcado?"; trate de reagendar o encontro para um ou dois dias posteriores. Caso ocorra que o atraso seja grande e supere uma semana por força maior, como doença, desloque todo o calendário e o trate como uma exceção que não deve se repetir. O importante é que você se comprometa com seu próprio calendário e seja capaz de cumprir com os avanços para o bem de sua própria rentabilidade.

- **Defina a duração da reunião e seja pontual, tanto para iniciá-la como para terminá-la**

Muitos de nós pensam que a pontualidade diz respeito apenas ao iniciar um evento na hora, mas trata-se também de terminá-lo dentro do tempo estabelecido. Estranhamente, temos a crença de que se ultrapassarmos

310   O CLIENTE

a duração de uma reunião atenderemos melhor ao cliente, que dedicaremos mais tempo e atenção a ele, porém, ao contrário do que nos diz o argumento, é uma falta de respeito convocar uma pessoa para uma reunião de uma hora, no início da tarde, e ela acabar à noite, com todos já exaustos e famintos. Sinceramente, não há reunião que se possa considerar efetiva que tenha uma duração superior a cinquenta minutos, pela simples razão de que nossa capacidade de atenção é limitada. De fato, vários estudos demonstram que manter reuniões de quinze minutos aumenta sobremaneira a eficiência do dito encontro, mas, para que você não tenha uma síncope e, concretamente, para o desenvolvimento do projeto, sugiro um tempo entre sessenta e noventa minutos para as reuniões com clientes. Veja que ter um tempo limitado e comprometer-se em ser pontual o obriga a planejar e organizar o encontro com maior destreza, como mostrarei nas pautas seguintes. Entenda que isso significa respeito para com você e com o cliente; que o arquiteto que mantém reuniões de três horas não é mais dedicado nem organizado do que o que faz reuniões de cinquenta minutos. Pelo contrário.

- **Defina o objetivo de cada reunião: que informação você necessita dar ou receber**

Em lugar de dedicar infinitas horas na próxima reunião, sugiro que dedique alguns minutos para planejá-la e aprender a executá-la em um tempo prático, como já dito anteriormente. Quando você se sentar para planejá-la, defina em primeiro lugar o objetivo com a pergunta anterior: "Que informação preciso receber ou dar nesta reunião específica?", e esteja certo de que, ao final do encontro, você conseguiu cumprir com o esperado.

- **Em função de seu objetivo, defina a agenda da reunião e a siga**

Como parte do planejamento, sugiro preparar a agenda da reunião, quer dizer, uma lista com os pontos a serem tratados para se alcançar os objetivos, por *ordem de prioridade*. Resulta ser mais esclarecedor começar a reunião pela leitura dos pontos da agenda para que o cliente conheça a ordem dos temas a serem tratados e possa incorporar seus próprios pontos,

7. GUIA PARA TER REUNIÕES PRODUTIVAS COM CLIENTES

em forma de dúvida ou de comentários. É importante que, enquanto você lê a série dos pontos, não caia na tentação de começar o debate sobre algum deles. Só depois entra-se na ordem da reunião com os tempos estabelecidos para cada um deles e controlando-se o tempo pelo relógio. Trate de não se desviar de cada tema e concentre-se em encontrar respostas concretas quando necessitar. Nas primeiras reuniões, custará algum esforço extra, pois não estamos acostumados a essa dinâmica, mas se você se mantiver na prática, vai ver que as reuniões se tornam cada vez mais fluidas, naturais e ordenadas. Treine sua habilidade para ser eficaz.

▪ Depois da reunião, envie uma cópia ao cliente com as decisões tomadas

Importantíssimo! Já não lhe aconteceu de um cliente decidir "A" numa reunião e na seguinte dizer que foi "B"? Pode ser que seja sincero, mas como a maioria de nós não registra as decisões que vão sendo tomadas, acabamos nos confundindo também. Lembre-se de que as reuniões são para avançar, não para dar voltas à mesma coisa. Por isso, ao finalizar cada reunião, adote o costume de dedicar quinze minutos para enviar ao cliente uma ata por e-mail com os pontos tratados e as decisões tomadas. Não duvide de que o cliente apreciará enormemente essa organização de seu trabalho, não só porque o faz consciente de sua implicação no projeto, mas ainda porque você demonstra escutá-lo de forma objetiva e factual. Na próxima vez que houver um mal-entendido, você contará com um histórico de decisões para defender suas ações, levando também um registro que servirá de guia quando voltar a projetar e aparecer a dúvida: "O que foi que o cliente comentou a respeito de _____?" Quando há ordem, todos ganham.

8. ESTRATÉGIAS PARA RESOLVER CENÁRIOS CONFLITIVOS

A chave para criar e manter relações saudáveis com os clientes é a prevenção. E nos prevenimos empregando uma comunicação honesta e direta, tendo como guia nosso protocolo de trabalho. Só com isso já evitaremos incontáveis situações problemáticas que até agora têm ocorrido de forma mais ou menos habitual. Todavia, é preciso saber que a perfeição não existe e, embora com o tempo se vá refinando a qualidade da comunicação e o protocolo para que os mal-entendidos sejam menos frequentes, eles continuarão aparecendo. A chave, então, é como geri-los, quando aparecem, para minimizar o impacto negativo que possam ter no decurso do projeto e da relação.

Os conflitos que se dão ao longo de um projeto de arquitetura podem provir da parte do cliente, de contratados, de colaboradores ou da ineficiência no seu protocolo de trabalho, mas todos têm em comum a falta ou a falha de comunicação entre as partes, quer dizer, deixar de oferecer ou de pedir certo tipo de informação em um dado momento do processo. Você já sabe que a comunicação é a base das relações profissionais funcionais, e não posso deixar de insistir no tremendo impacto que há no aparecimento ou na ausência de conflito.

Por que tratar desse tema dos conflitos? Porque possuem um custo econômico e emocional elevadíssimo e porque se trata de aprender a ser um arquiteto rentável, a quem os problemas não persigam. Devemos assumir uma responsabilidade social cada vez que iniciamos um encargo ou serviço, assumindo também problemas cotidianos que muitos consideram como parte do exercício profissional, mas que, sem necessidade, nos desgastam com o passar dos anos. Há uma porção desses conflitos que inevitavelmente teremos de aprender por experiência própria, porém, pela minha, trabalhando ao lado de centenas de profissionais, em quase todos os ramos da arquitetura, do desenho e da construção, posso dizer que a maior parte deles são facilmente evitáveis e, em caso de ocorrerem, sanáveis, tendo em vista o melhor objetivo. Ao contrário, muitos arquitetos exercem o trabalho enfrentando tensões uma atrás da outra, o que se deve ao mau entendimento sobre a natureza dos próprios conflitos em geral e daqueles que são particulares à arquitetura.

Quando se apresenta um cenário de conflito, como, por exemplo, o atraso na entrega de material da obra, nossa tendência habitual é explicar a causa do problema com fatos que se deram imediatamente antes (o construtor não fez o pedido com margem suficiente de tempo ou o fornecedor não tinha material em estoque). Ficamos por aqui e não nos aprofundamos na verdadeira causa que provocou a dita situação. Contudo, se tomarmos alguns segundos para fazer uma retrospectiva, nos daremos conta de que houve vários sinais pelos quais passamos por alto antes de ter o problema, e que de uma forma ou de outra nos advertiam do que ia acontecer. Poucos são os conflitos que surgem da noite para o dia. A maioria deles possui antecedentes sutis que, embora tenhamos deixado passar por não termos dado importância a eles, são sinais de advertência. Por isso, diante do aparecimento de qualquer conflito, sugiro dar marcha a ré nos fatos para identificar os sinais que passaram inadvertidos a fim de achar a verdadeira origem e, assim, identificar a real solução.

Tomando o caso anterior, conviria nos perguntarmos por que diabos se contratou um construtor ou empreiteiro que não é capaz de organizar corretamente seus tempos ou, se ele pediu o material com antecedência, por que o provedor nos deixou desamparado no momento da entrega, pois aqui, sim, estão as possíveis respostas: talvez o cliente tenha querido trabalhar com a construtora mais barata, apesar de seus conselhos, e agora se revelam as suas ineficiências, ou talvez tenha pedido o material sem qualquer formalização, eximindo o fornecedor de cumprir o pedido em favor de outros que tenham dado um sinal de pagamento. Quando você encontrar um problema, pergunte-se o motivo, e siga o rastro de migalhas até dar com sua verdadeira origem. Assim como para obter boas respostas devemos fazer boas perguntas, para encontrar soluções radicais devemos localizar primeiramente o problema na raiz.

314 O CLIENTE

Seguindo o mesmo exemplo, em lugar de fechar os olhos e empurrar o problema com a barriga, ter de encarar o cliente e descobrir que três semanas mais tarde o construtor ou o fornecedor fará ou deixará de fazer algo semelhante, uma possível solução para o conflito (de raiz) consistiria em convocar o construtor/empreiteiro a uma reunião para remarcar os tempos de trabalho com um limite e com consequências (e se não quiser aceitá-las, que sinal você ainda precisa de que o deixará novamente desamparado!?). Como se vê, trata-se de pensar em soluções que desvelem as verdadeiras intenções das pessoas que o rodeiam em um projeto de arquitetura. "Caterina, mas se um empreiteiro não quiser aceitar tais condições e abandonar a obra, conseguir um novo vai causar mais atraso." Não estou segura disso. Será mais desagradável e tortuoso trabalhar com um construtor ou empreiteiro que não quer se comprometer com os tempos do que buscar um outro que não tenha problemas em aceitar uma condição que pode ser assumida facilmente com um mínimo de profissionalismo e decência. O que você faz é deter a hemorragia e não passar o tempo da obra pondo gaze aqui e ali, a serviço da ineficiência de outras pessoas.

Outro aspecto que nos causa muita confusão na hora de gerir conflitos no projeto e na obra é um sentimento de culpa. Muitos de nós, especialmente nos primeiros anos de exercício, sentimos uma pontada no estômago logo que surge um problema, e cada passo que damos no desenvolvimento de orçamentos, contratos, permissões e direções de obra é com uma certa angústia e insegurança. Isso é algo que levamos em silêncio e não dividimos com ninguém, mas representa uma realidade palpável no dia a dia. Embora se possa considerar que uma pequena parte dessa incerteza é normal e mesmo saudável, por estarmos enfrentando novos desafios profissionais, há outra parte que provém da síndrome do impostor que muitos de nós arrastamos desde a faculdade, a partir de mensagens subliminares que recebemos durante anos: você não tem conhecimento suficiente, ou não está preparado, ou ainda não pode se considerar um verdadeiro arquiteto. Com essa carga mental que incorporamos no subconsciente, tão logo surge um problema com um cliente, mesmo que nada tenha a ver conosco, a nossa primeira reação é sentir uma espécie de corrente elétrica de pânico: você pensa em seu íntimo que vão se dar conta de que, no fundo, você é um arquiteto impostor: "Você fez cagada[49]. Agora, sim, você vai se enrolar todo."

8. ESTRATÉGIAS PARA RESOLVER CENÁRIOS CONFLITIVOS

É hora de naturalizar os conflitos. Quando aparecerem, procure manter a calma e a objetividade, faça o inventário temporal dos fatos e procure compreender por que tal coisa ocorreu e o que se pode fazer para ajudar o cliente com a melhor boa vontade. Lembre-se de que você não está em perigo, que você não é o protagonista e que não o contrataram para ser perfeito. Além de arquiteto, você é um ser humano, e o que de mais valioso tem para oferecer à relação e ao projeto é o compromisso sólido de corrigir os erros e trazer soluções quando e onde são necessárias.

Você é o guardião dos recursos do seu cliente e seu trabalho é servi-lo de maneira honesta, não de forma perfeita.

É crucial que você diferencie entre ser culpado e ser responsável por um conflito. Na culpabilidade está o problema, enquanto na responsabilidade está a solução. Não somos culpados de muitos dos conflitos que se sucedem no transcurso de um projeto e de sua execução, e isso é importante ter em mente para não nos atormentarmos com a síndrome do impostor e sim assumirmos a responsabilidade de buscar soluções para os conflitos e honrar nossa *expertise* e compromisso como arquitetos. Alguns dos conflitos mais comuns de que podemos assumir a responsabilidade para oferecer soluções criativas são:

■ Dúvidas e mudanças constantes do cliente em seu projeto ou obra

Use o protocolo de trabalho que desenvolvemos no ponto 6 desse capítulo para lembrar ao cliente as mudanças incluídas em cada fase, assim como as consequências de se fazer mais alterações (tempo e dinheiro).

■ Atrasos no projeto

Se o atraso for seu, procure os recursos necessários (mesmo às custas de investimento financeiro) para recuperar o atraso, sem que o cliente sofra com isso. Se o erro for seu, você deverá assumir as consequências para salvaguardar as relações com o cliente. Se, ao contrário, o atraso provém do

316 O CLIENTE

cliente (demora em tomar uma decisão, atraso de pagamento), detenha o processo até uma data limite que seja comunicada ao cliente e o retome quando o problema estiver sanado. Os dias de atraso... atrasam o projeto.

▪ Atrasos na execução e custos adicionais na obra

As datas de entrega do projeto e do final da obra são sagradas, tanto quanto o orçamento que se acerta com construtores ou empreiteiros antes de iniciar uma obra com o projeto que realizamos. Se quisermos manter uma data e um orçamento fixos, temos de ser ágeis e flexíveis no processo de tomada de decisões para ir corrigindo desvios e garantir que cheguemos a tempo. Normalmente, nos empenhamos no projeto sem nos comprometermos com datas e orçamento. Mas devemos proceder ao contrário: devemos fixar datas e orçamento (*output*) e usar as variações em projeto (*input*). Além disso, utilize o protocolo para clientes e provedores que se tem mais à frente, no capítulo 6, para estabelecer esses limites desde o princípio da relação.

▪ Atrasos nos pagamentos

Tal como vimos nos pontos anteriores, apoie-se no calendário de pagamentos que se entrega no início do projeto para pôr limites claros e honestos, com consequências específicas: "Temos x fases com x datas de pagamento. Podemos ter um atraso de x dias na data de pagamento, a partir do qual o projeto é suspenso até o recebimento da dívida. Os dias de atraso serão somados à data de entrega do projeto."

▪ Cancelamentos

Acrescente um procedimento de cancelamentos, tanto para o caso de você decidir cancelar como para se o cliente decidir cancelar, para que haja uma medida igualmente clara. Por isso é preciso fragmentar o projeto e os pagamentos em fases, de modo a sempre se poder paralisar o processo, sem que ninguém fique sem cobrar uma parte do trabalho (arquiteto) ou com algo que não lhe sirva para seguir o processo com outro profissional (cliente).

8. ESTRATÉGIAS PARA RESOLVER CENÁRIOS CONFLITIVOS **317**

▪ Férias

As férias são parte da vida e, assim, você deve planejá-las com antece-dência para que o trabalho não acabe sempre comendo um espaço. Se você trabalha sozinho, leve em conta o momento de prometer datas de entrega e comunicá-las sem medo quando disponibilizar o calendário. Se trabalha em equipe e o projeto continua em sua ausência, defina quem será o responsável antes de comunicar ao cliente.

A partir desses exemplos, você pode antecipar muitas soluções e incor-porá-las em seu protocolo de trabalho para evitar conflitos diretamente. Encontre também seu próprio estilo na hora de lidar com os conflitos que possam surgir e nunca se esqueça do motivo de estar aqui: cuidar dos recursos do seu cliente e servi-lo de modo honesto, não de maneira perfeita.

9.
FIM DA CONTRATAÇÃO
COMO ENCERRAR E MEDIR O ÊXITO DO PROJETO

Você já sentiu que começa a trabalhar com um cliente cheio de esperança e entusiasmo e, na medida em que as semanas e os meses vão se passando, não vê o momento de terminar de uma vez e mandar tudo à merda?[50] Muitos de nós se sentem assim. As ferramentas que você tem neste capítulo foram pensadas para evitar precisamente esse desfecho fatídico e manter o frescor de uma relação que pode durar muito tempo. No fim, escolhemos fazer isso porque a arquitetura nos apaixona e queremos que nossos clientes se beneficiem de tudo o que podemos fazer por eles. O final de um trabalho deveria ser antes uma celebração porque quer dizer que chegamos ao final de um trajeto, qual seja, à situação desejada de nosso cliente, ajudando-o a fazer o progresso que procurava em sua vida.

Como a maioria de nós tem atuado de forma antes de tudo improvisada e sem contar com um protocolo de trabalho, dando por suficiente que o importante para fazer arquitetura seja apenas a arquitetura, e não o manejo da relação com nossos clientes, encontramos muitas dificuldades para concluir direito os projetos e as obras. Concluir direito significa não deixar rebarbas, detalhes sem conclusão, decisões ainda pendentes ou tarefas que os clientes esperam que realizemos fora do acordo e que mantêm o serviço suspenso por mais tempo do que o previsto. Muito amiúde começamos a obra sem haver concluído direito as decisões do projeto, com as consequentes mudanças que o cliente vai incorporando de forma desordenada enquanto se inicia a construção, ou nos vemos impossibilitados de encerrar e entregar a obra porque o cliente continua pedindo retoques, luminárias e mobiliário. Isso é clássico!

Ao longo da história da humanidade, os rituais tiveram e ainda têm uma função importante na criação de laços e de identidades. Em muitos casos, são utilizados para marcar um ponto de inflexão ou de transformação no decurso da vida, como ocorre com os ritos de passagem, tornando visível, de maneira simbólica, uma mudança invisível. Da mesma forma, a passagem de uma fase a outra no serviço de arquitetura significa uma transição abstrata que muitas vezes não fica clara no espírito do cliente. E é essa ignorância que o faz interceder com mudanças e surpresas em momentos inapropriados que prejudicam seu próprio interesse. Por isso, conforme você tenha desenhado sua estrutura de serviço, o final de cada fase deve ser um marco de celebração que indique ao seu cliente a passagem de um estado a outro no encargo. Isso pode ser feito por intermédio de uma reunião de encerramento que você estabelece ao final da fase criativa para mostrar ao cliente que as decisões do projeto estão concluídas (ou quase finalizadas, se ficam duas ou três decisões perfeitamente identificadas para concluir nos próximos dias), ao final da fase produtiva, para fazer com que ele saiba que a documentação e as permissões estão tramitando ou já foram concedidas, que a escolha do empreiteiro ou construtor está feita para o início da obra e, na fase final executiva, para mostrar que os trabalhos da obra, incluindo os arremates e acabamentos, terminaram, estando o espaço pronto para uso, conforme o acordo.

Esses marcos de celebração deveriam possuir o tom apropriado conforme o nicho e o tipo de cliente com quem se está trabalhando, podendo ter uma carga mais ou menos emotiva. O que é importante é delimitar bem cada uma dessas conclusões no entendimento do cliente para poder passar à fase seguinte ou para terminar o serviço de forma limpa e ordenada. Em geral, em um serviço típico de arquitetura costuma ocorrer dois gargalos: um pode ser localizado no encerramento do projeto e o outro, no final da obra.

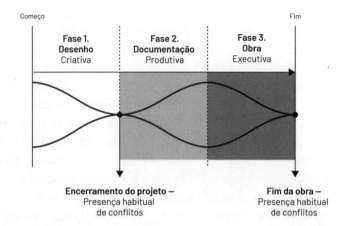

▪ Encerramento do Projeto

Contando com seu protocolo de trabalho e comunicando o número de mudanças com antecedência, e sempre utilizando as premissas da entrevista inicial e as sugestões para ter reuniões efetivas com clientes (enviando ao final de cada reunião a ata de decisões tomadas), simplesmente não haverá motivos para que o projeto se estenda para além do tempo definido para a fase criativa. Talvez você tenha diante de si um cliente de tipo analítico ou amável, que nada mais faz do que protelar, então, em último caso, você pode fazer a exceção de incluir uma rodada a mais com as últimas mudanças, mas se você o comunicou claramente já na primeira reunião, o cliente entenderá que o calendário terá de ser postergado e os honorários aumentados. Quando somos firmes em nossos processos e fazemos com que os clientes entendam que suas decisões trazem consequências econômicas e temporais pelas quais são responsáveis, como por mágica eles parecem ter tudo mais claro, ficando a última reunião como marco de celebração para se passar à fase seguinte, rumo à situação desejada. É vital que nessa reunião você comunique claramente a mudança de fase e a conclusão das decisões tomadas para seguir avançando sem mais delongas.

Nota: em casos mais avançados, as metodologias ágeis e iterativas podem ser aplicadas em serviços de arquitetura, de modo a não ser necessário encerrar o projeto para iniciar a obra, por serem processos que convivem organicamente, alimentando-se mutuamente. Tive ocasião de

9. FIM DA CONTRATAÇÃO   **321**

observar vários projetos de arranha-céus sob essa premissa durante minha estada em Nova York (conhecidos como *fast-track*)[51], mas devo ressaltar que se tratava de clientes corporativos e de grupos de investidores com objetivos numéricos bem definidos que desobstruíam a ordem de decisões que devíamos tomar, e que também a administração aceitava esse modelo de trabalho de entrega de projetos por porcentagem, permitindo iniciar a execução das primeiras unidades sem que o desenho estivesse inteiramente concluído. Depois, trabalhando para clientes particulares com um alto grau de implicação emocional e em projetos de pequena e média escalas, pude constatar que os processos em cascata são suficientemente eficazes e que, encerrando primeiramente o projeto para depois iniciar a obra, se avança com muitíssima agilidade, dado o planejamento da execução.

▪ Fim da Obra

Este é o segundo gargalo mais habitual, quando os encargos da arquitetura estacam e se estendem como chiclete. Especialmente com nichos particulares ou pequenos profissionais, que sentem um alto apego emocional face ao trabalho para o qual o contrataram, sugiro reduzir a duas as visitas à obra (no começo e no final) para evitar os típicos momentos de nervosismo que surgem quando o cliente vê o espaço nu e só partes levantadas, e logo quer mudar todo o projeto. Dito isso, é importante que a visita que reservamos para o final não seja considerada a última, pois o mais frequente é que o cliente tenha alguns comentários ou pedidos sobre os acabamentos e detalhes finais que, evidentemente, não vamos deixar de fazer. Por isso, internamente, considere sempre uns 5% de tempo extra para absorver essas últimas solicitações de forma ordenada. Se a obra teve uma duração de cinco meses (vinte semanas), reservamos uma semana para os arremates; se a obra durou dezoito meses (72 semanas), consideremos de duas a três semanas para essas finalizações. Se o serviço inclui uma fase de mobiliário, pode-se incorporar essa mesma margem aqui (de duas a três semanas). E não se esqueça das fotos, que muitas vezes são deixadas para o final, quando o cliente já está entrando pela porta. Prever o encerramento da obra com esse colchão de tempo protegerá sua rentabilidade, ao mesmo tempo que deixa o cliente plenamente satisfeito

322 O CLIENTE

naquele momento que é o mais determinante para sua valorização e êxito do projeto. Da mesma forma, nos ocupamos em comunicar claramente a ele quando a obra está concluída e marcamos a entrega na entrevista final (que explico na continuação).

Afinal, como você sabe que o projeto de arquitetura que realizou para seu cliente efetivamente torna possível a situação desejada? São raros os arquitetos que procuram a opinião de seus clientes ao finalizar um serviço e isso deveria fazer parte do sistema de trabalho. Se você implementou as sugestões deste valioso capítulo, não lhe custará convocar uma última reunião com seu cliente (se for no espaço construído, melhor ainda) para saber as impressões dele, compartilhar sensações e receber um *feedback* que ajude você a melhorar seu trabalho profissional. Essa é a entrevista final e nela, como fazem outros profissionais em outras áreas de mercado, solicitamos uma enquete simples em busca de uma análise honesta de nosso cliente, ouvindo e anotando com carinho o que nos sirva para fazer uma arquitetura melhor a serviço das pessoas.

Abaixo, algumas perguntas que utilizamos na comunidade Líderes Para a Arquitetura. Utilize-as e adicione as que julgar mais importantes, sintetizando-as em cinco ou seis, no máximo:

- Ao iniciarmos o processo, você comentou que seus objetivos eram _____. Sente que foram alcançados agora que chegamos ao final?
- Como você resumiria o processo que conduzimos para alcançar _____?
- O que você mais apreciou nesse processo?
- Do que você menos gostou no processo?
- De um ponto de vista do cliente, o que você destacaria do meu papel como arquiteto nesse processo?
- Ainda do ponto de vista do cliente, o que você melhoraria no meu papel como arquiteto nesse processo?
- Acrescentaria alguma coisa a mais?

9. FIM DA CONTRATAÇÃO **323**

Ao final de um encargo de arquitetura, há duas faces que devemos considerar para medir o êxito de um projeto, e essas são questões que você mesmo pode responder agora para observar diferenças e similitudes entre o que é importante para você e seu cliente:

1. Quais são seus parâmetros para medir o êxito de um projeto?
2. Quais são os parâmetros que seu cliente usará para medir o êxito do projeto?

Cada encargo e cada cliente que passa por você representa uma extraordinária oportunidade para analisar seus processos, detectar pontos principais de fricção e utilizá-los para melhorar seus protocolos de trabalho (como veremos em profundidade no capítulo 6). Você pode utilizar as seguintes perguntas para fazer uma autoanálise:

- Quais têm sido os maiores pontos de fricção nesse projeto?

  (Faça uma lista e responda às seguintes perguntas para cada um deles.)
- Que responsabilidade você teve em cada um deles?

  (Concentre-se única e exclusivamente em sua parte.)
- Que coisas você fez que não deveria ter feito, e que coisas não fez e deveria ter feito?
- Como pode fazer melhor da próxima vez?

  (Em função dessas respostas, atualize os documentos correspondentes ao manual do cliente, ao protocolo de trabalho, dossiê etc., para assegurar-se de não tropeçar na mesma pedra no serviço seguinte.)

10.
OS LIMITES DO CLIENTE, NOSSA RAZÃO CRIATIVA

O trabalho criativo do ser humano se caracteriza principalmente pela necessidade de lidar com limites, condições e fronteiras. Habitualmente, pensamos nesses limites como algo negativo que nos impede de nos expressar com plena liberdade; mas teríamos o desejo de nos expressar criativamente se tivéssemos essa suposta plena liberdade? Você teria o desejo de sentar-se para desenhar arquitetura a cada dia de sua vida, durante os próximos trinta ou quarenta anos, sem contratos nem clientes? Sei que lhe agrada o que você faz, mas o convido a refletir sobre essa resposta.

Algumas pessoas que transitam na rua onde você se encontra agora mesmo albergam 50% da sua criação, porque são elas as possuidoras dos três recursos de que você precisa para desempenhar seu trabalho como arquiteto: dinheiro, tempo, sonhos. E se, por qualquer razão, em algum momento você decidir ser seu próprio cliente, também deverá oferecer esses três recursos à missão arquitetônica, pois são partes indispensáveis para a concretização de suas ideias e, ao mesmo tempo, os limites que você necessita para dar sentido e valor à sua criatividade. Se imprimirmos dinheiro ilimitadamente, ele perde valor; se contarmos com um tempo infinito para realizar uma tarefa, ele perde valor; e se nos obcecamos com alguma coisa, o desejo perde valor; assim também a arquitetura mais valiosa é a que nasce de recursos limitados. Essa é a função do cliente na arquitetura, a de catalisar ideias e projetos que não seriam possíveis sem o dinheiro, o tempo e o sonho limitados que ele tem e, portanto, limitantes.

Embora seja necessário contar com um mínimo razoável, como já comentamos (limite mínimo aceitável no orçamento em função da situação desejada pelo cliente), não podemos esquecer a função limitante desses recursos para o nosso trabalho. É inevitável pensar que o espaço que projetamos, ajustando-nos a um prazo e a uma quantia, nos exigirá mais engenho do que se tudo fosse ilimitado. Um estudo realizado em 2013[52], que se utiliza de quatro experimentos, tanto para a idealização de novos produtos quanto para seus reparos, observou que: "contar com limites de orçamento constitui um enfoque promissor para gerar ideias que produzam conclusões mais criativas, levadas a cabo com meios menos onerosos". Naquele mesmo ano, Phil Hansen descreveu sua história pessoal em uma palestra no TED: durante seus anos na escola de arte, desenvolveu um tremor nervoso em sua mão que lhe impedia de criar os desenhos pontilhados de que tanto gostava. Como artista, Hansen sentiu-se destroçado e sem propósito. Até que um neurologista lhe deu uma sugestão simples: "abrace essa limitação e a transcenda". No momento em que formos capazes de enxergar nossos clientes não como problemas, mas como uma oportunidade para desenvolver soluções, perceberemos o quanto, em realidade, é ilimitado nosso potencial criativo como arquitetos.

Nenhum dos arquitetos clássicos ou modernos que louvamos poderia sobreviver ao tempo em nossa mitologia

Phil Hansen em palestra no TED de 2013. Still. ©Phil Hansen.

O CLIENTE

Da esquerda para a direita, retrato de Lorenzo de Medici, feito por Michelangelo (foto de Andrea Jemolo, National Geographic); Le Corbusier em conversa com o padre Le Couturier (foto de Lucien Hervé, Copyright J. Paul Getty Trust, The Getty Research Institute, L.A., 2002); Frank Lloyd Wright com os Kaufmanns, pai e filho (Fonte: fallingwater.org).

e no mundo construído sem a presença de mecenas ou de clientes para os quais trabalharam. Sem os interesses de *status* social que moviam a família Medici, Michelangelo não haveria projetado a Biblioteca Laurenziana para conservar os preciosos códices da coleção medicea. Sem o desejo ocioso da família Kaufmann, Lloyd Wright não haveria projetado a Casa da Cascata. Sem a vontade da comunidade dominicana para reconstruir sua igreja despois da Segunda Guerra Mundial, Le Corbusier não poderia expressar suas inquietações plásticas em muros impossíveis como realizou em Ronchamp. Sem a audácia do doutor Jonas Salk e seus descobrimentos, Louis Khan não teria criado o laboratório biológico de referência mundial que é hoje o Instituto Salk, nem pedido a Luís Barragán que desenhasse o paisagismo de sua praça externa.

Os clientes e a bagagem de aspirações, medos e manias com que nos chegam em busca de ajuda são

10. OS LIMITES DO CLIENTE, NOSSA RAZÃO CRIATIVA

a chispa que prende nosso engenho. Sem eles, nossa categoria deixaria de ter sentido. Como vem ocorrendo de forma paulatina nas últimas décadas, nós, arquitetos, já estamos sentindo o preço da distância que mantemos com a sociedade; um preço que não podemos nos permitir por muito mais tempo, antes que uma máquina, um programa ou o alvorecer da inteligência artificial, que inevitavelmente se avizinha, acabe nos substituindo na ajuda mecânica que podemos facilitar. Por isso é crucial, hoje, e não amanhã, despertar da letargia que nos mantém na zona de conforto, do conhecido, do "assim se fez toda a vida", para trazer à luz um potencial criativo e insubstituível que nasce da sensibilidade humana para localizar necessidades e trazer soluções inéditas na arquitetura.

Responder às limitações com engenho nos garante o bilhete para a independência profissional. E a partir daí, quando temos um negócio de arquitetura que funciona, existe a possibilidade de criar algo maior: um escritório ou estúdio de arquitetura com processos mais ricos e retornos mais benéficos, sustentados pela ajuda que oferecemos à sociedade: o *limite* que o cliente traz é o nosso veículo para a *expansão* criativa.

6

A
INDEPENDÊNCIA

1.
O ÚNICO REQUISITO PARA SER ARQUITETO AUTÔNOMO

A independência é um conceito familiar para nós, arquitetos. Somos filhos das chamadas "profissões liberais" que, como se sabe, devem seu nome a dois sentidos: profissão desvinculada do trabalho manual e mais próxima do intelectual, por um lado, e ainda profissão exercida por pessoas autônomas, as que oferecem serviço sob sua própria responsabilidade (em inglês, aliás, se utiliza a expressão *freelancer* que, na origem, descreve o cavaleiro mercenário que não estava a serviço de nenhum senhor em especial e que respondia por sua própria *lança*).

É importante que você saiba que ser um profissional independente não quer dizer trabalhar sozinho e que de fato nada tem a ver com a estrutura organizacional de seu escritório ou estúdio nem com os órgãos de fiscalização de seu país. Por mais que você pague a taxa de autônomo todo mês, a verdadeira autonomia significa cobrir a necessidade que o define como profissional: oferecer a sua ajuda em forma de serviço e receber dinheiro em troca por parte dos seus clientes. Se você é capaz de fazer esse intercâmbio sempre que necessitar, apoiando-se nas ferramentas deste manual, então pode se considerar um arquiteto independente. Não dependa do mercado para ser resgatado da precariedade; você mesmo é perfeitamente capaz de criar a estratégia de negócio adequada em cada período socioeconômico para cobrir suas necessidades profissionais, que é o intercâmbio de suas soluções arquitetônicas pelo dinheiro dos seus clientes.

Assim compreendida, a independência é sinônimo de liberdade, um conceito amplo e diferente para cada um de nós, mas desejado pela maioria. E quando nós, arquitetos, falamos de liberdade, não só nos referimos a uma liberdade econômica, pois geramos as rendas que precisamos sem depender de um empregador, como também da liberdade criativa, pela qual podemos expressar nossa visão particular da arquitetura que produzimos diretamente para os nossos clientes. No terreno profissional, a liberdade é um ato de generosidade consigo mesmo e com os outros, e nos permite dar e receber o apreço da sociedade porque exercemos nossa liberdade com o propósito de sermos úteis, de oferecer serviço e ajudar. Com isso, além de gerar as rendas que precisamos e desenvolver nosso potencial criativo, cobrimos outra de nossas necessidades básicas, que é a de sentir que pertencemos a uma comunidade onde podemos ser produtivos e valiosos. Não é casualidade que a raiz indo-europeia do termo "livre" em língua germânica (*frei*, em alemão, *free*, em inglês) tenha a ver com o que é agradável, querido, que gera inclinação ou afeto (palavras que expressam o conceito de amizade como *freund*, em alemão, e *friend*, em inglês, estão relacionadas com a mesma ideia). Ser um arquiteto livre ou independente quer dizer que se é capaz de satisfazer por si mesmo suas necessidades econômicas, criativas e de pertencimento a uma sociedade: *no serviço prestado aos outros você encontra a sua independência profissional.*

Observe que a liberdade profissional não tem nada a ver com fazer o que lhe dá vontade; essa é uma falsa liberdade e, de fato, é a morte da sua liberdade. A maior transformação que um arquiteto vive no caminho para sua independência é passar da situação de oferecer a arquitetura que se quer para oferecer as soluções que as pessoas querem (por meio da arquitetura). Essa é a forma de recuperar o afeto que estamos perdendo na sociedade, a chave para recuperar o desfrute pelo que fazemos. Poderemos atuar em liberdade quando nos libertarmos de nosso ego e recuperarmos os *amigos* (clientes) que temos perdido.

Nós, arquitetos autônomos, compartilhamos uma visão de mundo radical (isso quer dizer que afeta a raiz do nosso trabalho), representada pelo seguinte triângulo:

A INDEPENDÊNCIA

A base desse triângulo é a responsabilidade, que se refere à nossa *habilidade* para *responder* (respons-habilidade). É importantíssimo não confundir a ideia de culpa com a de responsabilidade, já que não é a mesma coisa ser parte do problema (culpa) e ser parte da solução (responsabilidade). Você pode se encontrar em meio a uma crise econômica sem ser culpado por ela, mas só encontrará alívio à sua situação se abraçar a sua responsabilidade para dar resposta a essa situação em forma de soluções e alternativas que o ajudem.

O contrário da responsabilidade é a vitimização, e não há pior condenação do que aquela que alguém depõe sobre seus próprios ombros. No momento em que pensamos que a única solução só é possível por intermédio de agentes externos (governo, sociedade, mercado, multinacionais, extraterrestres), perdemos a liberdade de nosso corpo e de nosso pensamento. Passamos a ser arquitetos dependentes. Quero que saiba que sempre, ante qualquer evento ou circunstância externa, inclusive nas condições mais extremas, há uma faculdade que ninguém lhe pode roubar: a liberdade de *perceber* essa situação, de uma forma ou de outra, e, a partir daí, relacionar-se com essa realidade. Essa é a sua responsabilidade, seu tesouro mais valioso; o sentido que você imprime ao que acontece com você sempre lhe pertence.

1. O ÚNICO REQUISITO PARA SER ARQUITETO AUTÔNOMO

Mas não basta apenas assumir a responsabilidade se permanecermos sentados no sofá de casa. A liberdade não se pensa, se exerce, e isso quer dizer que devemos materializar nossa responsabilidade em forma de compromisso, ou seja, tomando decisões sobre o que podemos fazer perante uma situação particular. Não é tão importante o sucesso externo como o que você quer fazer com ele internamente, o que nos faz enfrentar alguns medos e inseguranças, que devemos aceitar como parte do processo: "vai funcionar, estou fazendo bem, é a decisão correta?" Essas são dúvidas normais que podemos aliviar pedindo opinião ou ajuda daquelas pessoas de nossa convivência que não reproduzem o discurso da vítima e que o apoiem em suas responsabilidades contraídas. Seu compromisso tem que ser consciente e é importante saber que decidir fazer ou decidir nada fazer é a mesma coisa.

O triângulo se encerra com o último elemento: agir. Uma vez tomada a decisão sobre o que fazer numa situação particular, nosso compromisso só é possível por intermédio de uma ação e isso, inevitavelmente, levará a uma mudança. Tomemos como exemplo a sua situação profissional: você é arquiteto, mas não soube gerar um fluxo constante de clientes de qualidade até agora para poder trabalhar de maneira livre, estável e próspera. Em lugar de cair no típico discurso da vitimização, o de que a sociedade deveria nos valorizar mais, assuma a responsabilidade por essa circunstância e se comprometa a gerar esse fluxo de clientes com este manual. Bem, a mudança só chegará quando você implementar ativamente cada uma das sugestões e ferramentas na prática de sua carreira. Os novos efeitos que derivem de seu compromisso de agir fecharão o círculo porque são também sua responsabilidade, tomando novos compromissos em forma de decisões e entrando em ação para produzir novas mudanças. Assim, mais uma vez, é como exercemos o triângulo da liberdade na arquitetura (e na vida).

Agora que você compreendeu os requisitos básicos para exercer sua liberdade profissional, gostaria de propor um exercício. Vou descrever diferentes situações que ocorrem de forma habitual em nosso trabalho e, face a cada conjuntura, o convido a refletir e dar resposta à seguinte pergunta: como você exerce a sua liberdade?

334 A INDEPENDÊNCIA

Circunstância 1

"Tenho um emprego chato e insatisfatório."

Exerço minha liberdade quando _____

_____

Circunstância 2

"Trabalho com clientes que não apreciam meu trabalho."

Exerço minha liberdade quando _____

_____

Circunstância 3

"Não fecho contratos com a frequência que necessito."

Exerço minha liberdade quando _____

_____

Circunstância 4

"Estou em meio a uma crise e os clientes que eu tinha diminuíram."

Exerço minha liberdade quando _____

_____

Circunstância 5

"Tenho dificuldade para escolher um nicho de mercado."

Exerço minha liberdade quando _____

_____

Circunstância 6

"É muito difícil vender meus serviços como arquiteto."

Exerço minha liberdade quando _____

_____

1. O ÚNICO REQUISITO PARA SER ARQUITETO AUTÔNOMO

Quando somos capazes de dar respostas a esses tipos de circunstâncias, a partir de nossa responsabilidade, e sem procurar desculpas externas e nas outras pessoas, somos independentes. No mundo em que hoje vivemos, esta é a única segurança: quando nos adaptamos ao mercado e nele navegamos com suas tendências, invocando as ferramentas e a atitude adequadas. Muitas pessoas pensam que ser empregado e ter um contrato fixo é o mais seguro, quando, na verdade, é o mais dependente. Não há nada de mal em ser empregado, sempre e quando se aceite o fato de que estamos pondo a responsabilidade de nosso futuro nas mãos de outra pessoa que, a qualquer momento, pode prescindir de nós. Em 2021, a duração média de contratos na Espanha foi inferior a dois meses, e só 0,3% dos contratos registrados foram superiores a doze meses[53], quando, só em abril daquele mesmo ano, nos Estados Unidos, quatro milhões de pessoas deixaram seus empregos, iniciando um fenômeno chamado "the great resignation" (*Job Openings and Labor Turnover Summary* – 2022, MO6 *Results*). O emprego e a passividade deixaram de ser um refúgio de segurança e de autorrealização. Essa é a mudança de paradigma profissional que vivemos em escala mundial. Aqueles que estiverem dispostos a assumir sua responsabilidade no serviço para com os outros, comprometidos em trazer valor à sociedade, serão independentes.

Em todo caso, se você tem a capacidade de observar e sentir empatia em relação às necessidades das pessoas, proporcionando soluções úteis por meio da arquitetura, então não faltará trabalho para você e poderá se considerar independente.

2.
A MENTE ESTRATÉGICA DO ARQUITETO AUTÔNOMO

Uma mentalidade começa a se transformar.

Se fiz bem meu trabalho ao escrever este manual, possivelmente sua percepção a respeito da condição de arquiteto e de seu papel no mercado, sua capacidade para desenvolver propostas úteis e saber vendê-las, assim como sua relação com os clientes, mudaram bastante, desde que você começou na primeira página. Mas não se trata apenas de ler, e sim de implementar ativamente essas ferramentas em sua carreira. Quando, por fim, você sai para o mercado com uma estratégia, tendo definido um nicho de mercado com um problema, necessidade ou desejo, e uma proposta de valor como solução, utilizando uma boa comunicação e ativando o funil de vendas, repetindo e ajustando suas hipóteses por meio de *feedbacks*, então você começa a valorizar a sua capacidade de provocar o fechamento de contratos sempre que necessite. Sua máquina começa a mover-se conforme sua vontade.

Aqui é onde necessito que entenda o seguinte: uma vez que você valida sua estratégia de negócio e é capaz de fechar serviços com continuidade, é o momento de transformar sua mentalidade para conduzir um crescimento inteligente e sustentável de sua prática profissional, passando-se de uma mente ingênua e dependente, preocupada com a sobrevivência do dia a dia, a uma mente estratégica e independente que controla o timão dos seus negócios. É o que chamamos, na comunidade de Líderes Para a Arquitetura, passar de uma mente pequena a uma mente grande.

Quando um arquiteto começa a ter clientes em continuidade, sem mudar sua mentalidade, entra num jogo perigoso porque, inconscientemente, arrasta consigo os padrões de pensamento da época em que era *pequeno*. São os padrões que o impedirão de crescer com desenvoltura e o manterão escravizado em sua própria jaula de ouro. São incontáveis os casos de arquitetos que acabam queimadíssimos com seu trabalho e a única razão é que sua mentalidade não evoluiu. Nesses casos, há três sintomas claros que ainda denotam a presença da mente pequena:

1. Encontram um *teto invisível* e não são capazes de elaborar uma escala de lucros.
2. *Sobrecarregam-se* com um volume excessivo de trabalhos e de horas.
3. Vivem com *estresse e ansiedade* porque os problemas também crescem.

São sinais que também experimentei na medida em que validava a estratégia do meu escritório. Sinais que, inclusive, me levaram a questionar se fechar contratos teria sido uma boa ideia. Ansiava por ter um fluxo de serviços e, quando o consegui, ansiava pela paz que havia perdido... até me dar conta do seguinte: obter um fluxo de projetos é o primeiro desafio; o segundo é desfrutar dele. Para isso, aprendi que é necessário evoluir e sair dos hábitos de pensamento estreito, reativos e de curto prazo que nos mantêm presos à roda do hamster e nos impedem de ver o tabuleiro em sua totalidade. Trata-se de deixar de ser mais uma peça do xadrez (mente pequena) e passar a ser o jogador que move as peças (mente grande), sendo, portanto, capaz de modelar o negócio à nossa conveniência. A independência profissional deve ser uma máquina que trabalhe para você, não você para ela.

Algumas das diferenças fundamentais que existem entre uma mente pequena e uma mente grande são as seguintes:

A **mente pequena** do arquiteto	A **mente grande** do arquiteto
✘ Vive o trabalho projeto a projeto, cliente a cliente, mês a mês	✔ Define e planeja objetivos a médio e longo prazo (entre 6 e 24 meses)
✘ Pensa em tarefas para cobrir sua necessidade de sentir-se produtivo	✔ Pensa em sistemas para otimizar, automatizar ou evitar essas tarefas
✘ Reage a cada problema que surge, sendo invadido a todo momento por uma sensação de urgência	✔ Observa os problemas com distanciamento, reflete sobre eles e dá soluções para evitá-los desde a raiz
✘ Tem dificuldade para delegar e assume a maior parte dos papéis	✔ Delega papéis e se rodeia de gente melhor do que ele

A INDEPENDÊNCIA

✖ Delega tarefas para profissionais esporádicos que não lhe dão prioridade	✔ Cria uma equipe livre, responsável e de excelência totalmente comprometida
✖ Liga sua capacidade de ganhar mais dinheiro à sua capacidade de trabalhar mais horas (trabalho duro)	✔ Rompe a relação tempo-dinheiro: ganha muito dinheiro e trabalha pouco tempo (trabalho inteligente)
✖ Sente que, se deixar de trabalhar, seu escritório nada ganhará	✔ Descansa sem afetar a produtividade nem a rentabilidade
✖ Experimenta momentos de estresse e de estouro com frequência	✔ Tem a experiência de que existe uma máquina trabalhando a seu favor.

A mente estratégica do arquiteto independente (mente grande) é aquela que pensa em sistemas, não em tarefas; em papéis, não em pessoas; em protocolos, não em relações. A que me refiro com isso?

▪ Pense em Sistemas, Não em Tarefas

Em lugar de executar, um dia depois do outro, tarefas de sua lista, trate de pensar se essas tarefas são importantes, se poderiam ser sistematizadas ou mesmo evitadas. Considere que, na medida em que seu escritório cresce, o número de tarefas também aumentará. Não se trata de dar as costas a tudo o que se tenha de fazer, e sim de pensar em sistemas que otimizem, automatizem ou evitem as diferentes tarefas.

> POR EXEMPLO:
>
> Em lugar de pensar "tenho x tarefas para fazer", pergunte se essas tarefas são importantes, se poderiam ser otimizadas de alguma forma ou se é necessário que você mesmo as faça. Isso ocorre com frequência na produção de planimetrias e documentação de projeto; chega um momento em que simplesmente você não pode permitir que seja você mesmo a redigir memoriais construtivos como fizera até agora ou que se encarregue das visitas de obra para repensar os azulejos. Tenha cuidado se você gosta muito dessas coisas. O que quero dizer é que você deve deixar a obsessão por realizar tarefas e pensar em sistemas que otimizem o desenvolvimento dessas ações. Não caia na tentação de fazer checagem numa lista infinita de tarefas;

2. A MENTE ESTRATÉGICA DO ARQUITETO AUTÔNOMO — **339**

pense primeiramente em como reduzir essa lista. Como dizem os estadunidenses, *work smart, not hard*. Outra forma de criar sistemas, em lugar de executar tarefas, é delegar. Em lugar de sentar-se a cada vez que chegue uma pessoa para que você explique como funciona a dinâmica de trabalho, você pode gravar um vídeo e fazê-la assistir sem que tome seu tempo. Além do mais, isso lhe obriga a sistematizar a dinâmica de trabalho para poder explicá-la e não ter de mudá-la a todo momento.

▪ Pense em Papéis, Não em Pessoas

Quantas vezes você acabou por adaptar a delegação de tarefa em função do tipo de pessoa que está disposta a trabalhar com você? Erro crasso. Uma coisa é o papel que você necessita para delegar uma série de tarefas (que é necessidade sua), e outra coisa é a pessoa que cumpre esse papel e a disposição dela para aceitá-lo. Minha sugestão é que nunca dê prioridade ao segundo. O papel é insubstituível, ao passo que a pessoa pode ser mudada.

Mais adiante veremos como definir papéis em função das necessidades de seu escritório e, somente em função disso, buscar perfis que estejam satisfeitos em cumprir o papel como colaboradores responsáveis e altamente remunerados. No momento em que uma pessoa quiser ou precisar ir embora, o papel não desaparece, mas fica vago para outra pessoa. Muitas vezes notei o apego e a dependência de um escritório a personalidades da equipe. As pessoas com quem você colabora são importantes e fazem parte da alma da empresa, mas, como mostrarei mais adiante, você há de criar uma estrutura em que ninguém seja imprescindível. Nem mesmo você.

▪ Pense em Protocolos, Não em Relações

Determinar as relações que você mantém com cada um dos seus colaboradores segundo os caprichos pessoais ou o improviso é outro erro comum da mente pequena do arquiteto. Sugiro desenhar previamente o marco de relação com seus colaboradores mais próximos na forma de protocolo e apresentá-lo como condição antes de começar a trabalhar.

Como líder do estúdio ou escritório, não é aconselhável que as relações com os membros de sua equipe se definam conforme a aspiração de cada um. Muitas vezes os limites e as responsabilidades não ficam claras e acabamos queimando relações por falta de protocolos. É como querer formar uma equipe de futebol sem ter pensado nas regras do jogo ou improvisado as regras segundo a personalidade de cada jogador. Você se recorda do Protocolo de Trabalho que aprendeu a elaborar para as relações com seus clientes? Eu o convido a usar da mesma ferramenta com seus colaboradores. Se amanhã a pessoa que realiza um determinado papel mudar, o bem-estar da equipe e a produtividade do escritório se desestabilizarão por ter de se relacionar com a nova personalidade que vier. Quando em lugar de relações pensamos em protocolos, garantimos regras básicas de convivência para que cada pessoa possa desenvolver-se dentro de um marco de ordem e de respeito. É assim que desfrutamos de nossa associação. Por exemplo: o que ocorre se alguém comete um erro? Como funciona o exame para que uma nova pessoa ocupe o papel? Qual o protocolo para as férias e dias de descanso?

Trata-se, portanto, de treinar a mente estratégica, serena e objetiva que permite idealizar sistemas, papéis e protocolos a fim de fazer com que a máquina trabalhe para você.

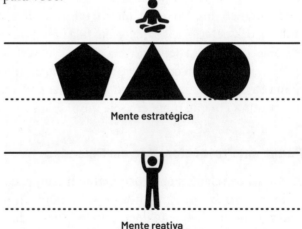

Mente estratégica

Mente reativa

Quando aprendemos a fechar contratos com estabilidade, é vital romper com a tendência de sobrecarregar nossos ombros com uma avalanche de

2. A MENTE ESTRATÉGICA DO ARQUITETO AUTÔNOMO   **341**

trabalho e manter uma distância necessária para observar o tabuleiro do jogo, movendo as peças com visão estratégica e não reativa. Isso não quer dizer que vá deixar as coisas e se entregar à pura contemplação. O que quero dizer é que é crucial que você comece a detectar padrões na sua rotina de trabalho que permitam melhorar o rendimento do escritório. A sequência de cinco passos que uma mente estratégica segue para definir objetivos, atendendo aos padrões, é:

Por exemplo: imagine que durante as últimas semanas você percebe que o volume de trabalho aumentou e se vê mais horas dedicadas a ele. As tardes se fazem noite, os fins de semana se convertem em dias de semana e já não há tempo para o descanso. Em vez de trabalhar mais e enganar-se, pensando que será "só para essa entrega", a sequência de passos que uma mente estratégica adota para evitar a sobrecarga e construir a independência é esta:

1. **Defina um objetivo**

    Reduzir a carga de trabalho a trinta horas por semana.

2. **Elabore um plano e construa hipóteses**

    Inventariar as tarefas, identificar aquelas que você pode delegar e definir papéis.

3. **Consiga os recursos**

    Buscar os perfis afins, selecionar e começar o período de prova.

4. **Utilize-os com inteligência**

    Validar o melhor perfil e delegar, aplicando o protocolo de relação.

5. **Observe, meça, repita**

    Avaliar ao final do primeiro mês e realizar ajustes no papel.

3.
RENTABILIDADE
GANHAR MAIS DINHEIRO TRABALHANDO MENOS TEMPO

Todo dia trabalhamos com dois recursos essenciais: tempo e dinheiro. Usamos nossa energia ao longo do tempo para oferecer serviços de valor que possamos trocar por dinheiro na forma de honorários. Existe uma relação diretamente proporcional entre o *tipo de tarefas* que realizamos e a quantidade de dinheiro que somos capazes de produzir com ele; e aqui quero insistir sobre o seguinte: a maioria dos arquitetos pensa que essa relação tem a ver com a *quantidade de tarefas*, não com o tipo, e associa trabalhar mais tempo com ganhar mais dinheiro. É assim que condenamos nossa prática profissional e esta é a razão pela qual a qualidade de vida de muitos arquitetos que têm muito trabalho acaba sendo engolida por seu próprio êxito. Devemos saber que o recurso do tempo é limitado, enquanto o recurso do dinheiro, não. Por isso digo que é uma condenação associar a quantidade de um com a quantidade de outro, e, afinal, encontraremos um teto em nossa *rentabilidade*.

A rentabilidade não só vem determinada pelo que você é capaz de obter (*output* = dinheiro), mas também considera sua capacidade de reduzir ao mínimo possível o esforço realizado (*input* = tempo). Vi como muitos escritórios de arquitetura medem seu êxito unicamente pela quantidade de remuneração ou de projetos, sem dar-se conta de que são preocupantemente pouco rentáveis na execução de suas tarefas e na gestão do tempo. Se tivéssemos de pagar as horas extras que sempre acabamos por fazer, perceberíamos o grande *input* que temos de fazer para um *output* não tão satisfatório como pensávamos. De fato, essa é uma miragem em que vivem muitas empresas de serviços, não só no mundo da arquitetura, que faturam centenas de milhares de euros anuais, mas têm um lucro líquido inferior à décima parte. Parece que tudo vai bem, mas no final do exercício as contas refletem outra coisa. Por isso é vital que você comece a pensar na rentabilidade de seu estúdio ou escritório, relacionando esses dois recursos, ou seja, como se pode ganhar mais dinheiro trabalhando menos tempo. Para isso o convido a realizar duas transformações fundamentais:

- **Não associe a "quantidade de tempo" trabalhado à "quantidade de dinheiro" que você é capaz de produzir**

Em capítulos anteriores compreendemos a falácia de cobrar por hora. Não há pior castigo do que associar um recurso limitado (tempo) à sua capacidade de gerar um benefício ilimitado (lucro, dinheiro). Como arquitetos autônomos, devemos saber que a rentabilidade é um termômetro que mede a saúde e a resiliência de nosso escritório, e simplesmente não podemos nos dar ao luxo de desperdiçar nossa energia e a de nossos colaboradores em tarefas e processos pouco efetivos. Mais uma vez devemos nos perguntar: como posso trabalhar menos e melhor? Rompendo a falsa crença de que um arquiteto muito ocupado é um arquiteto muito produtivo e rentável. Graças ao estreito contato que tenho mantido com centenas de arquitetos, sei que ao menos um terço do tempo que investimos em trabalho não produz nada mais do que desassossego e perda de entusiasmo. Daí que trabalhar menos equilibrará a balança de nossa rentabilidade porque seguiremos obtendo praticamente o mesmo dinheiro com menos tempo perdido.

A INDEPENDÊNCIA

Mais tempo/mais dinheiro é tão rentável quanto menos tempo/menos dinheiro. Menos tempo e mais dinheiro é mais rentável. Pergunte a si mesmo: como posso fazer mais e melhor usando menos recursos?

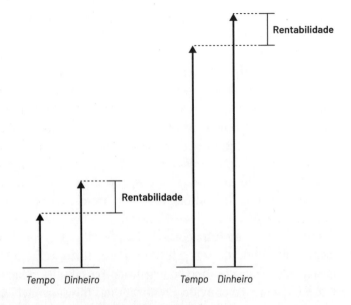

- **Não invista tempo no "tipo de tarefas que não produzem valor", quer dizer, dinheiro**

À medida que assentamos o crescimento de nosso escritório, é preciso mudar de mentalidade, como um animal muda de pelo. Inevitavelmente nos veremos tentados a continuar a assumir certas tarefas, movidos por nossa mente pequena, que serão um obstáculo enorme, pois nos dá medo a reação dos clientes se as eliminamos ou simplesmente porque temos medo de fazer as coisas de modo diferente. Definitivamente, a causa pela qual arrastamos a maioria das tarefas não produtivas é o medo. No entanto, é crucial que, pouco a pouco, você enfrente esse medo irracional para libertar-se desse estorvo, já que, do contrário, estará condicionando seu crescimento à capacidade de suportar um peso desnecessário. Saiba que em qualquer empresa (incluindo o seu escritório) existem ciclos intensos de crescimento (nos quais experimentamos coisas novas, estratégias, novos empregados, que nos ajudam a crescer, mas que geram atritos e ineficiências), ciclos de ajuste (nos quais implementamos mudanças para otimizar, automatizar, delegar tarefas etc.) e ciclos estáveis e horizontais (em que se observam os resultados dos ajustes). Assim se vão depurando as tarefas que deixam de produzir valor e se melhora a rentabilidade de sua vocação.

3. RENTABILIDADE

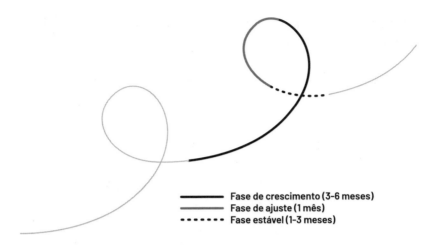

Fase de crescimento (3-6 meses)
Fase de ajuste (1 mês)
Fase estável (1-3 meses)

Alguns arquitetos dizem que "não querem crescer". Pensamos que crescer é ruim ou que só nos trará problemas, que tornará as coisas mais complexas ou que teremos de trabalhar mais, que deixará de ser divertido ou irá contra a qualidade do serviço. Efetivamente, isso ocorre quando não estamos dispostos a mudar nossa mentalidade nem depurarmos o tipo de tarefa com que nos ocupamos, e nos fazemos assim escravos do monstro que criamos. O crescimento de nossa prática profissional não significa nos tornarmos uma multinacional que produz projetos como churros. Ao contrário, o crescimento a que me refiro tem a ver com o crescimento das rentabilidades econômica e emocional. Bem poderíamos ficar com a mesma quantidade de projetos ou de clientes por ano e só com a melhoria do uso do tempo já aumentar a rentabilidade. Por isso, se você é daqueles que pensam que crescer é prejudicial, convido-o a explorar essa nova mentalidade para que seja capaz de levar sua independência aonde você queira, e não aonde seus medos permitem.

A rentabilidade é a arte de crescer sem que aumente o caos. Trata-se de sermos nós mesmos quem desenhamos os fluxos e processos de nosso trabalho (e não nos conformarmos simplesmente com o que sucede), revisando-os em cada ciclo para que, como líderes, possamos nos liberar e nos dedicar àquelas tarefas que verdadeiramente nos apaixonam e às quais damos um valor extraordinário. Utilizo a pirâmide de necessidades básicas de Maslow para exemplificar a evolução que nós, arquitetos autônomos, vivemos na medida em que melhoramos a rentabilidade entre o tempo e o dinheiro.

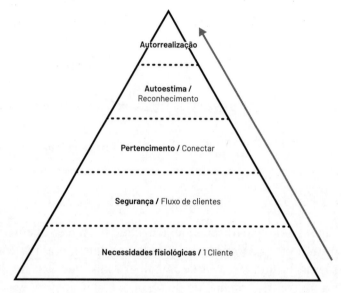

A maioria dos arquitetos chegam apenas ao nível 2 (fluxo constante de clientes) que, pondo-nos em uma situação de constante sobrevivência, nos impede a autorrealização.

O arquiteto é um profissional amplamente conhecido por seu espírito de esforço e sacrifício e somos capazes de chegar só ao nível 2 da pirâmide confrontados com uma mentalidade ingênua, reativa e de curto prazo. É crucial que deixemos de nos relacionar com o trabalho com essa atitude martirizante para que, como pessoas, cresça o nosso bem-estar, assim como nossa tranquilidade como criativos e nossa rentabilidade como autônomos.

Para poder compreender sua rentabilidade e em que áreas você pode melhorar a eficiência, faça uma análise de sua empresa e de seus clientes:

Empresa

- Quanto ganha por mês?
- Que gastos há por área e por mês?
- Que lucros tem por mês (ganhos menos gastos)?
- Que porcentagem de rentabilidade média tem sua empresa por mês?

3. RENTABILIDADE   **347**

Clientes

- ◆ Quanto você ganha em média por cliente?
- ◆ Quanto você gasta (limpo, depois de todos os gastos) em média por cliente?
- ◆ Que lucro você tem em média por cliente (ganhos menos gastos)?
- ◆ Que porcentagem de rentabilidade média você tem por cliente?

A tabela seguinte pode ajudar a fazer esse exercício.

Mês	Projetos	Faturamento	Gastos equipe	Gastos fixos	Gastos variáveis	Gastos publicidade	Gasto total	Benefício	Rentabilidade
Janeiro	1	15.000	7.500	1.000	1.000	500	10.000	5.000	33%
Fevereiro									
Março									
Abril									
Maio									
Junho									
Julho									
Agosto									
Setembro									
Outubro									
Novembro									
Dezembro									
Total									
Média/Mês									
Por cliente									

Análise de rentabilidade.

É importante que você analise, seguindo essa metodologia, cada um dos clientes e projetos para averiguar quais foram os mais rentáveis (ganhos menos gastos) e detectar padrões que permitam adquirir mais encargos desse tipo.

4.
O QUE É, COMO CRIAR OU REESTRUTURAR UM ESCRITÓRIO DE ARQUITETURA

Começamos como arquitetos individuais cujo propósito é oferecer nossa ajuda e servir aos outros para que realizem a situação desejada. A partir daí temos a oportunidade de constituir uma organização de arquitetura, nosso estúdio ou escritório, com o propósito de criar algo maior do que nós mesmos e fazer aquilo que sozinhos não o faríamos. As organizações são um espectro muito importante de nossa cultura e se estendem por vários âmbitos de nossa vida, não apenas no profissional. Um matrimônio, uma família, um grupo social e uma empresa são tipos distintos de organizações em que os seres humanos se unem para criar situações e realidades que não seriam possíveis individualmente. Criamos organizações para deixar um rastro significativo, mais longevo e transcendente do que o nosso insignificante alcance pessoal. Isso não quer dizer que uma organização deva ser numerosa; bastam dois indivíduos para compor uma organização e, em função de suas preferências e de sua ambição, você poderá definir o tamanho de sua própria organização, estúdio ou escritório.

Na arquitetura, as organizações são capazes de nos fazer voar, dando-nos uma liberdade enorme para desenvolver uma capacidade criativa infinita e um profundo sentimento de autorrealização. Mas são também capazes de nos destruir, de fazer-nos escravos de projetos e de clientes, gerando uma quantidade colossal de estresse. Muitos de nós sabemos ainda que são capazes de nos pôr doentes e comprometer outras áreas de nossa vida, como a do casamento, das relações parentais ou das amizades. Por isso, é crucial que você anote os ensinamentos deste ponto do livro, pois se trata de ser você a desenhar o espírito da organização que será seu escritório de arquitetura, de modo a ser uma plataforma para a felicidade e não para o sofrimento. Não existe uma só fórmula mágica para criar uma organização de arquitetura feliz, mas você pode ter em conta as indicações seguintes para construir seu escritório ou estúdio com critérios funcionais.

Um escritório de arquitetura é a combinação de papéis e de fluxos, quer dizer, quem faz o que e como nos coordenamos, somando propósitos e princípios para que um nicho possa solucionar seus problemas ou desejos e ser rentável, seguindo uma filosofia de serviço comum. Como líderes da organização, somos os enxadristas e, dependendo dos movimentos que realizamos com cada peça e a forma como fazemos fluir a informação entre elas, obteremos um resultado ou outro. Vamos nos centrar primeiramente na combinação de papéis e fluxos.

> **Papéis (P) + Fluxos (F) = Resultados (Re)**

Imagine que sua organização se componha de dois papéis e que é acrescentado um novo papel; segundo essa premissa, observe como podemos estabelecer diferentes cenários nos quais o simples fato de mudar o fluxo de informação, mantendo os mesmos papéis, produz resultados totalmente distintos:

Estudo de caso

Papel 1: encarregado da captação de clientes (P1)

Papel 2: encarregado da produção de projetos (P2)

Novo Papel 3: futuro apoio à produção de projetos, e por ser novo é preciso que o ensinem como funcionam as dinâmicas de trabalho (P3).

P1, P2, P3
Definimos estes 3 papéis
para este caso de estudo

Cenário 1

O Papel 1 se ocupa de ensinar ao novo Papel 3 como funcionam as dinâmicas de trabalho, o que toma tempo dele para a captação de clientes.

Resultado: diminui temporariamente o faturamento do escritório.

(P1 + P3) + P2 = Re
Papel 1 forma Papel 3

Cenário 2

O Papel 2 se ocupa de ensinar ao novo Papel 3 como funcionam as dinâmicas de trabalho, o que retira tempo da produção de projetos.

Resultado: diminui temporariamente a produtividade do escritório

P1 + (P2 + P3) = Re
Papel 2 forma Papel 3

Cenário 3

O novo Papel 3 se forma por intermédio de vídeos pré-gravados sobre as dinâmicas de trabalho, enquanto o Papel 1 e o Papel 2 continuam ocupados com suas funções.

Resultado: aumenta a capacidade produtiva do escritório.

P1 + P2 + (P3 + Formação vídeo) = Re^2
Papel 3 se forma sozinho

Os mesmos papéis podem se converter em ativos (*assets* que geram riqueza) ou encargos (*liabilities* que consomem riqueza) para a organização, em função dos fluxos que você venha a desenhar; observe que nos cenários 1 e 2 do exemplo anterior o Papel 3 se converte temporariamente em uma carga que engole os benefícios que os papéis 1 e 2 produzem, que deixam também de ser ativos para o escritório e se convertem em cargas ou pesos.

Além disso, os tempos em que se dão essas combinações de papéis e de fluxos são também muito importantes; se, por exemplo, você pretende introduzir o papel 3 na produção de projetos, quando a capacidade de fechar contratos do papel 1 ainda não se mostrar sólida, estará aumentando a carga da organização com um papel que consome ganho econômico diretamente na captação. Não quero dizer que os papéis encarregados da produção de projetos sejam simples cargas a serem evitadas, pois isso não é correto. Graças aos avanços que esses papéis realizam na produção de projetos, é possível cobrar os pagamentos seguintes dos clientes. Porém, quero que você entenda a importância de sempre dar prioridade àqueles papéis que tragam lucro ou ganhos diretos à organização, pois esse é o combustível essencial com que se move a máquina. Dito de outro modo, os papéis que você venha a desenhar devem poder se pagar a si mesmos, direta ou indiretamente, com suas funções. Devem ser papéis ativos, e não cargas.

A estrutura mais habitual que encontramos nos escritórios de arquitetura é a hierarquia piramidal, com o fundador ou os sócios localizados no cume, logo abaixo os *project managers*, em seguida os arquitetos seniores e, por fim, os estagiários.

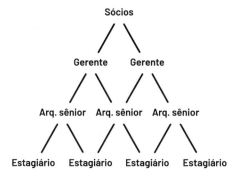

Ainda que essa seja a estrutura mais habitual, sinceramente não há nada mais ineficiente, pois as organizações hierárquicas são estruturas de *controle* que acabam por nos controlarmos a nós mesmos. Os papéis se definem por uma filosofia de mando e supervisão, e não por uma filosofia que advogue a plena responsabilidade de seus membros. São estruturas que geram dependência entre as pessoas, pois os papéis se sobrepõem e o fluxo de mando se faz de forma vertical e em sentido único, de cima para baixo. Desse modo, aquele que toma decisões e o que as executa não

352 A INDEPENDÊNCIA

são a mesma pessoa, produzindo uma enorme desconexão com o propósito comum da organização: o que está acima dá ordens sem sentir os efeitos de sua decisão, boa ou ruim (a típica data limite imposta de cima que supõe para quem está abaixo trabalhar no fim de semana), e quem está abaixo executa sem sentir os efeitos de sua produção, boa ou ruim (a típica documentação de projeto mal executada de baixo e que supõe, aos olhos do superior, um problema para o cliente).

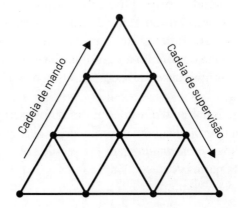

As cadeias hierárquicas acumulam supervisão na parte superior, confinando os líderes na parte de supervisão (apagar incêndios). A organização necessita de nossa constante supervisão e acaba por nos fazer escravos. Em lugar de arquitetos visionários, empreendedores e criadores de novas oportunidades, nos convertemos em gerentes.

As estruturas hierárquicas piramidais estão baseadas no fato de que não há confiança plena na pessoa que se encontra abaixo, e assim é preciso, de um lado, dar ordens e, de outro, fazer a supervisão. São estruturas que não facilitam a relação com o colaborador que não pratica a excelência e a quem precisamos controlar. E como ocorre com qualquer relação baseada no controle, o que controlamos termina por nos controlar. Nas estruturas hierárquicas, as responsabilidades e as decisões se acumulam no alto da pirâmide, ou seja, em você como líder do escritório porque, conquanto as ordens fluam de cima para baixo, os resultados dessas ordens retornam em sentido contrário. De fato, na medida em que haja mais pessoas abaixo, é preciso incrementar o músculo da supervisão, o que o mantém atado ao controle dos demais, no curto prazo, engolindo a visão de longo prazo da empresa. É assim que o líder de um estúdio de arquitetura se converte na maior carga cega de sua organização, pois seu trabalho se reduz a supervisionar o trabalho dos demais, em lugar de criar, inovar e pensar a estratégia (e esse também é o destino do gerente

4. O QUE É UM ESCRITÓRIO DE ARQUITETURA

de projetos), além de serem estruturas difíceis de pivotar caso o mercado se altere. A hierarquia permite ter tudo controlado (supervisionando, corrigindo, reordenando), mas isso faz de você escravo e dependente de sua própria organização. Sem as figuras de controle, a organização desmorona.

Em definitivo, a crença que se esconde por detrás das estruturas hierárquicas nos escritórios de arquitetura é: "ninguém pode fazer melhor do que eu". E não há notícia pior se você conduz um escritório de arquitetura do que aquela que afirma ser você o melhor arquiteto da organização.

A alternativa às estruturas hierárquicas baseadas no controle são as de laços ou nós, fundamentadas, por sua vez, na confiança: são aquelas que se compõem de relações livres entre *pessoas líderes de si mesmas*. Como líder, você deve se converter no melhor ativo do seu escritório: um papel que pense no futuro, que gere riqueza, que crie novas linhas de negócios, que melhore os processos, que inove nos serviços ao cliente e que ultrapasse os limites da arquitetura que desenvolve. E para isso você deve liberar tempo e energia dedicada à supervisão, criando uma equipe de pessoas de confiança que lhe permita delegar sem necessidade de controlá-la, pessoas melhores do que você nas áreas do estúdio. Como dizem os estadunidenses: assegure-se de não ser o mais preparado da sala. Isso lhe permite ficar em casa, sair de férias ou estar com um cliente imerso em um protótipo experimental, sabendo que as pessoas da equipe estão fazendo a coisa certa, de maneira autônoma. Essa é a máquina que trabalha a seu favor, aquela em que um colaborador entrega algo a um cliente sem que você precise supervisioná-lo; aquela em que, tão logo surja um problema, o papel responsável poderá resolvê-lo sozinho; aquela em que se sua equipe o chama não é para salvá-la, mas para calibrar as possíveis soluções que lhe trazem adiantadamente. É quando você substitui o controle sobre uma equipe medíocre pela confiança numa equipe excelente.

Trata-se de passar da estrutura típica de um escritório de arquitetura...

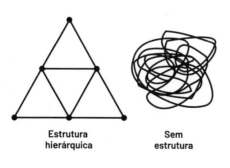

Estrutura hierárquica

Sem estrutura

Arquiteto orquestra
(Acumula todas as tarefas e vive à beira do colapso)

354 A INDEPENDÊNCIA

...a uma estrutura de laços, de nós, nem hierárquica nem horizontal, e sim orgânica. Uma estrutura que responde à necessidade de liberar tarefas e responsabilidades aos papéis primigênios e descarregá-los em novos papéis autônomos e líderes de si mesmos.

Estrutura de nós

O processo pelo qual criamos e fazemos crescer um estúdio de arquitetura seguindo esse esquema consiste em três passos: acumulação, liberação, herança.

1. Acumulação

Geralmente começamos sendo um só arquiteto (ou vários, se tivermos sócios) generalista em nosso próprio estúdio, acumulando as diversas tarefas e responsabilidades, devendo nos ocupar da captação, produção e administração. Começamos fazendo tudo, o que é bom porque nos permite ter um contato direto com a execução de tais tarefas e, em função do trabalho de campo, desenvolver sistemas e protocolos que otimizem a execução das tarefas.

2. Liberação

Chega um momento em que nos deparamos com um limite de nossa capacidade produtiva e simplesmente o dia não é suficiente para mais. É o momento de inventariar as tarefas com as quais nos ocupamos, designar aquelas com as quais

4. O QUE É UM ESCRITÓRIO DE ARQUITETURA

queremos ficar (seja porque devemos fazê-las ou porque nos agradam) e afastar as demais para definir um novo papel (um novo laço ou nó).

3. Herança

O novo papel herda os sistemas e protocolos (o guia de instruções) para se encarregar das tarefas e responsabilidades das quais nos liberamos, convertendo-se em um generalista que acumula a maior quantidade, enquanto passamos a nos ocupar de uma porção menor, fazendo-nos mais especialistas dentro da nossa própria empresa.

Quando acumulamos demasiadas tarefas, definimos quais podemos delegar a um novo papel e buscamos a pessoa adequada para isso.

Quando o novo papel começar a acumular demasiadas tarefas e responsabilidades, o processo recomeçará para a definição de um novo papel em quem descarregar como generalista, passando o papel anterior a ser mais especialista. E assim sucessivamente.

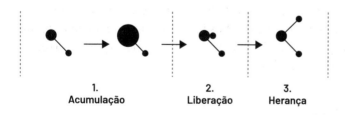

O processo de acumulação, liberação e herança sempre se repete quando necessário, ampliando de maneira orgânica a organização.

As estruturas em nós crescem de maneira orgânica com o propósito de liberar os papéis anteriores quando começam a ficar sobrecarregados. Isso quer dizer que se responde à pura necessidade da organização para se criarem novos papéis ativos (*assets*) que contribuam

356 A INDEPENDÊNCIA

para a rentabilidade do escritório. Criamos novos papéis somente "quando dói" e esses novos papéis começam acumulando a maior quantidade de tarefas e responsabilidades como generalistas. Assim nos asseguramos de que tenham a maior autonomia possível sobre seu trabalho e acumulem suficiente responsabilidade e compromisso com o estúdio. Em lugar de ter muitos tipos de colaboradores trabalhando para nós de maneira pontual, com pequenas tarefas, alheios à qualidade e repartindo sua colaboração com outras colaborações, acumulamos a maior quantidade de tarefas na menor quantidade de papéis, outorgando-lhes a liberdade e a responsabilidade para o cumprimento de seus objetivos como parte de uma equipe. Cada um desses papéis constitui um nó da organização: a chave está em que todos esses nós ou laços tenham um propósito comum e velem pelo bem-estar comum, como parte do escritório.

Além disso, para que uma estrutura de nós funcione corretamente, deve-se levar em conta o seguinte:

a. A estrutura dos nós, ao ter uma natureza orgânica, sendo cada nó autônomo e responsável por seu trabalho, obriga-nos a definir bons papéis, sistemas e protocolos para manter a ordem. E essa obrigação é um grande favor que nos faz a estrutura, porque nos leva a definir bons procedimentos em lugar de deixá-los à improvisação do dia a dia. Além disso, faz com que as pessoas sejam importantes, embora não imprescindíveis.

b. É importante reduzir ao mínimo os solapamentos e a dependência entre os nós, de modo que cada um possa ocupar-se plenamente de suas funções do princípio ao fim. Por exemplo, é habitual começar com um arquiteto que se ocupe de fazer o projeto e outro de dirigir a obra. Mas o que acontece se os planos que o primeiro desenhou depois não correspondem à execução que o segundo dirige? Em determinados casos, sobretudo se se trata de projetos de pequena ou média escalas, é melhor contar com um só papel que conduza o processo do princípio ao fim, definindo novos laços ou nós por encargo ou cliente, e não por tipo de tarefa.

4. O QUE É UM ESCRITÓRIO DE ARQUITETURA   **357**

c. Definir os limites e as consequências dentro do protocolo de relação é fundamental para que cada papel assuma a responsabilidade de seus erros e saiba como atuar em tais casos, sem que ninguém tenha que vir a repreendê-lo. Por exemplo, o que acontece se um membro da equipe comete um erro? E se comete o mesmo erro uma segunda vez? Que tipos de erros simplesmente não podem ocorrer e supõem o término da relação empregatícia? A cultura de uma organização de nós não nos pede para ser perfeitos, mas sim responsáveis por nossos erros.

d. Se você quiser formar uma estrutura de nós composta por excelentes profissionais, autônomos, confiáveis e responsáveis, deve oferecer incentivos importantes. Pagar bem é um requisito indispensável nesse tipo de estrutura baseada na confiança, e se um escritório não pode assumir esse investimento é porque seu modelo de negócio não está simplesmente preparado para criar uma equipe de alto nível. Pagar bem aos colaboradores é o melhor investimento que um arquiteto pode fazer para seu estúdio: não só permite exigir a excelência e converter cada um desses papéis em verdadeiros ativos, que por sua vez geram riqueza, como, além disso, permite contratar os melhores profissionais do mercado, assegurando que sejam verdadeiros ativos no estúdio. A armadilha do empresário é pagar pouco a profissionais medíocres que são cargas custosas para o escritório. Isso, a longo prazo, é uma condenação para a rentabilidade econômica e emocional de qualquer negócio. Em seu lugar, deve-se pagar bem a profissionais excelentes, aqueles que são ativos valiosos e que geram riqueza para a organização.

5.
COMO DEFINIR OS PAPÉIS DE UM ESCRITÓRIO DE ARQUITETURA

Cada escritório de arquitetura é diferente e responde a necessidades distintas conforme seu modelo de negócios, quer dizer, segundo o nicho de mercado para o qual se dirige e a proposta de valor que oferece. Não existe uma combinação única de papéis e de fluxos para garantir bons resultados e é algo que você deve aprender a definir como líder da organização.

Talvez seu escritório desenvolva um modelo de serviço "feito para você" de projeto e obra (ver capítulo 3 para repassar os modelos de serviço); se lhe agrada ocupar-se da parte de captação e das reuniões com clientes potenciais, o mais provável é que o peso dos papéis que você venha a definir para delegar esteja relacionado com a parte da produção. Mas se seu estúdio se baseia em um modelo "produto", com protótipos arquitetônicos, seguramente o peso dos papéis relacionados com a captação seja menor, por exemplo, com consultores de vendas. Claro, os profissionais que ocupam esses papéis não têm por que serem arquitetos; de fato, é cada vez mais habitual formar equipes multidisciplinares, compostas por desenhistas, engenheiros, desenvolvedores de *software*, advogados etc., em função do modelo que se tenha.

Se há uma questão fundamental que quero transmitir aqui é o fato de que não há a menor importância quanto ao nome que se dê aos papéis, nem se eles existem como tais no mercado. O papel se define em função das necessidades de seu estúdio e não importa se você invente um papel e um nome para designá-lo que não exista até o momento; o importante é que responda à necessidade concreta do modelo do negócio e do serviço.

Também o convido a se libertar das etiquetas com as quais os profissionais se definem para saber se uma pessoa será capaz de assumir as tarefas de um dos papéis requisitados por você. Talvez alguém que se defina como arquiteto demonstre uma habilidade extraordinária no papel de consultor de vendas, caçador de imóveis ou analista financeiro de obras. Quando falamos de papéis, o mais importante é que você defina cada papel segundo as necessidades do seu estúdio, de maneira que a pessoa sugerida ao papel a ela designada é quem deve se amoldar ao papel, e não vice-versa. Quando sair à procura dessas pessoas, como mostrarei no ponto seguinte, deixe uma margem para um achado valioso e ocasional, e não enquadre as pessoas apenas com base no que dizem seus títulos universitários. Pude constatar, em todos os colaboradores com quem trabalhei, que o mais importante é a atitude e a vontade de assumir uma liderança no papel que lhe foi confiado, nem tanto suas conquistas acadêmicas e anos de experiência.

A pessoa se amolda ao papel, não o papel à pessoa.

Para definir os papéis da equipe, utilizamos um sistema prático, baseado no esquema acumulação, liberação e herança que vimos anteriormente, o que nos permite, pouco a pouco, conformar uma estrutura de nós baseada na confiança e não no controle.

Lembre-se de que começamos acumulando tarefas que nos permitem desenhar sistemas e protocolos para que, uma vez alcançados os limites de nossa capacidade produtiva, nos libertemos dessas tarefas, delegando-as ao próximo papel que recebe, em herança, o novo acúmulo de atribuições. Repetindo, delegamos só quando dói, para evitar a presença de papéis pontuais e desnecessários, pouco autônomos e comprometidos com o trabalho, evitando também o aumento do *burn rate* (taxa de queima de caixa), sem aumentar primeiramente o faturamento no estúdio.

Na continuação, mostro o sistema que produzimos para definir organicamente novos papéis quando o acúmulo de tarefas se avizinha ou ultrapassa o limite. O sistema é aplicável em todos os casos, desde em você mesmo como arquiteto na empresa até nos colaboradores com quem você venha a trabalhar, ou sempre que volte a ser necessário delegar:

▪ Passo 1.
Inventário de Tarefas

Faça um inventário completo de todas as atribuições que você realiza no momento. Minha sugestão é que você utilize *post-its* para cada tipo de tarefa e os separe em três colunas: as tarefas relacionadas com captação (por exemplo, produzir conteúdo semanal, manter reuniões de venda com clientes potenciais etc.), as tarefas relacionadas à produção (por exemplo, manter reuniões de entrevista inicial com clientes, produzir documentação da fase criativa) e aquelas tarefas relacionadas com a administração (enviar faturas, fazer a contabilidade etc.). Uma vez escritas em *post-its* todas as tarefas, e separadas em três colunas, escreva no canto as horas aproximadas semanais ou mensais exigidas para cada uma delas.

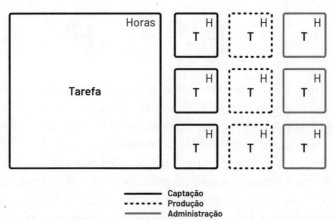

Inventário de tarefas (e as horas que levamos para efetuar cada tarefa) dividido em três colunas: captação, produção e administração

▪ Passo 2.
Túnel de Limpeza de Tarefas

Uma vez pronto esse painel de todas as tarefas que recaem sobre seus ombros, é o momento de depurá-las. O que isso quer dizer? Muitas vezes definimos papéis e nos lançamos a delegar tarefas que bem poderiam ser otimizadas, automatizadas ou eliminadas previamente, deteriorando assim a efetividade global do estúdio. Por isso, antes de pensar em delegar, sugiro revisar cada uma das tarefas fazendo três perguntas na seguinte ordem:

5. COMO DEFINIR OS PAPÉIS DE UM ESCRITÓRIO DE ARQUITETURA   **361**

1. Que tarefas são supérfluas e posso eliminar? Ponha nelas uma letra E e defina um plano para eliminá-las.
2. Que tarefas são repetitivas e podem ser automatizadas? Ponha nelas uma letra A e defina um plano para automatizá-las.
3. Que tarefas consomem demasiado tempo e podem ser otimizadas? Ponha uma letra O e defina um plano para otimizá-las.

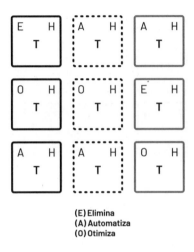

(E) Elimina
(A) Automatiza
(O) Otimiza

- **Passo 3.**
  Categorização de Tarefas

Uma vez detectadas as tarefas suscetíveis de serem eliminadas, automatizadas ou otimizadas, é o momento de categorizá-las seguindo quatro critérios (um mesmo *post-it* pode ter um, vários ou nenhum dos seguintes símbolos):

1. Ponha um símbolo de coração naquelas tarefas que mais lhe agradam fazer ou que você melhor executa.
2. Ponha um símbolo de dólar naquelas tarefas que maior impacto têm na entrada de dinheiro para o estúdio.
3. Ponha um símbolo de sorriso naquelas tarefas que têm maior impacto para os bons resultados esperados pelo cliente.

4. Ponha um símbolo de pessoa naquelas tarefas que única e exclusivamente você pode fazer (cuidado com pensamentos do tipo "não há ninguém que faça melhor do que eu", que darão mais atribuições a você do que o necessário, fazendo-o crer que você é imprescindível, quando na realidade não o é).

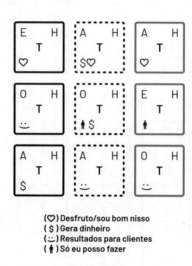

(♡) Desfruto/sou bom nisso
($) Gera dinheiro
(☺) Resultados para clientes
(👤) Só eu posso fazer

Agora observe como no painel de tarefas começam a surgir padrões. Talvez a maioria das tarefas com que você se ocupa no fundo não lhe agrade e tem uma letra O, de otimizar; ou talvez aquelas que mais agradem também possuem o símbolo do sorriso para os seus clientes, ou a metade delas poderia ser eliminada ou automatizada, ou a maior parte de seu esforço vai para tarefas que não geram um retorno direto de dinheiro para o escritório. Tome alguns minutos para refletir sobre esses padrões e começar a vislumbrar o novo papel em que você quer se converter e o novo papel de que você necessita para delegar o resto das tarefas.

▪ Passo 4.
Definições do Papel Especialista e do Novo Generalista

A partir daqui, dividimos os *post-its* em dois segmentos: um será aquele que dará forma ao seu novo papel, especializado nas áreas que mais lhe agradam e que você melhor executa e seja imprescindível; e o outro será

5. COMO DEFINIR OS PAPÉIS DE UM ESCRITÓRIO DE ARQUITETURA   **363**

aquele que você precisa delegar, que começará a ser um papel de generalista e absorverá todo o resto das tarefas. Sugiro criar dois documentos (ou atualizá-los, se você já os possui) com a definição desses papéis e dar um nome para cada papel em função do conjunto de tarefas e do objetivo global. É importante que você saiba que suas tarefas não têm que ocupar o total das suas horas disponíveis; é bom que reste um tempo livre para que você possa incorporar novas estratégias importantes que, paulatinamente, permitam que você experimente a parte mais valiosa de um escritório de arquitetura: a inovação.

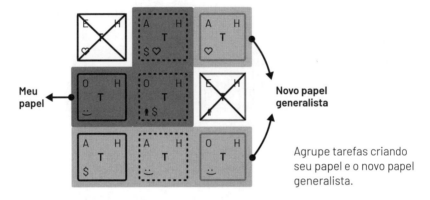

Agrupe tarefas criando seu papel e o novo papel generalista.

Em casos excepcionais, você poderá definir um perfil de colaborador pontual para uma ou duas tarefas que sejam muito técnicas ou específicas, mas minha sugestão é que reúna a maior quantidade de tarefas em um novo papel que você delegará, levando em conta o total de horas semanais ou mensais para medir a carga. Por exemplo, é melhor buscar uma só pessoa para assumir o novo papel, uma que saiba fazer visualização ao mesmo tempo que desenvolvimento de planimetrias, do que ter três colaboradores pontuais dispersos que gerem maior atrito na hora de coordená-los e que não possuam um compromisso total com o estúdio.

Na medida em que o tempo passe e aumente o volume de trabalho, os laços ou nós (que são os papéis), que começam por ser generalistas, poderão ir se especializando cada vez mais, despejando tarefas em novos papéis generalistas, sem perder seu compromisso e autonomia.

Um estúdio de arquitetura assim entendido é como uma árvore. Cresce de maneira orgânica e, o mais importante, de forma sustentável.

364   A INDEPENDÊNCIA

Como líderes, começamos nos ocupando de tudo, sendo generalistas, e, pouco a pouco, transferimos grupos de tarefas em papéis generalistas subsequentes que nos permitam liberar-nos e assim sucessivamente. Convém, portanto, que os papéis que você definir lhe permitam dedicar-se, de forma paulatina, às tarefas que mais aprecia, às quais melhor se adapta e para as quais você é mais imprescindível (e que com o tempo perceberá que o melhor para a sua organização é que não haja nada que seja para você imprescindível, assim como para qualquer pessoa da equipe).

Ao contrário do que ocorre nas estruturas de hierarquia piramidal, em que o fato de crescer implica aumentar inevitavelmente o grau de controle e de estresse sobre o trabalho de outras pessoas, ao criar o seu estúdio seguindo uma estrutura de nós e esse sistema de criação de papéis e de fluxos, ocorre o seguinte: o fato de crescer é sinônimo de rodear-se de pessoas capacitadas, melhores do que você em determinadas funções, e amantes das tarefas que não lhe fazem muito feliz, para que você possa se liberar e criar novos espaços e tempos para a criatividade e a inovação. Isso é, sem mais nem menos, uma equipe de autônomos com um propósito comum.

6.
COMO BUSCAR, SELECIONAR, FORMAR E FORTALECER AS PESSOAS PARA OS PAPÉIS DO ESCRITÓRIO
(E COMO DESPEDI-LAS)

Uma vez que você tenha definido o novo papel de que o escritório necessite, chega a hora de encontrar a pessoa que o ocupará e fará parte de sua equipe. E aqui quero insistir no seguinte: não se encontra a pessoa perfeita logo de imediato. Sinceramente, encontrar colaboradores excelentes é uma loteria porque na hora da verdade, que é o dia a dia no escritório, não se sabe qual é o comportamento nem o rendimento da pessoa até que ela prove. O único segredo está em provar de forma sistemática e despedir rapidamente, sendo para isso essencial que você deixe de lado as emoções e não confunda o fato de alguém parecer adequado com o fato de que se trata da pessoa que você precisa em seu estúdio. Por isso, em lugar de ver a busca dessa pessoa como uma tarefa, eu o convido a criar um sistema de quatro passos, tal como o praticamos. Trata-se de um sistema que permite

366 A INDEPENDÊNCIA

experimentar muito e despedir rapidamente para não perder o tempo das pessoas nem o seu (lembre-se de que, dependendo da escala de seu estúdio, você mesmo poderá se encarregar desse processo ou mostrá-lo à pessoa encarregada de executá-lo). Os quatro passos são:

Buscar ⟶ Filtrar ⟶ Formar ⟶ Validar

■ Passo 1. Buscar

Defina primeiramente o que você vai procurar, ou seja, que tipo de pessoa é a indicada para assumir o papel, que características deve reunir em atitude e experiência de vida que demonstrem ser relevantes para a atribuição. Por exemplo, se você está procurando um coordenador de projetos, defina que medidas de sua possível experiência o ajudarão a valorizá-lo como um bom candidato (metro quadrado de obras dirigidas, referências de clientes etc.); se está procurando alguém para a captação de clientes, defina medidas como percentuais de contratos vendidos ou número de reuniões geradas etc. Além disso, defina:

1. Objetivos que devem ser alcançados (se possível, com medidas exatas).
2. Responsabilidades que tem a seu encargo.
3. Tarefas que deve executar.
4. Data em que é preciso que ele se incorpore.
5. Se você pede exclusividade ou não.
6. Remuneração, definida em função do retorno que vai gerar no estúdio; lembre-se de que os colaboradores devem ser ativos e não cargas.
7. Se você oferece algum tipo de incentivo, como porcentagem sobre o lucro anual, viagens em equipe, pagamento para formação especial etc.

Uma vez que você tenha definido o que pede e o que oferece, chega o momento de se lançar à busca da pessoa. Minha sugestão é que você não seja muito exigente nessa primeira varredura; assim como fazemos com

6. COMO FORMAR AS PESSOAS PARA OS PAPÉIS DO ESCRITÓRIO

os clientes, deixe que sejam elas que se filtrem pelo funil que criaremos no passo seguinte. Para fazer a busca, a ordem que o aconselho é esta:

1. Comece pelo círculo de conhecidos e de contatos.
2. Na continuação, se utilize das redes sociais profissionais a fim de expandir o raio da procura a completos estranhos.
3. Como última opção, e só se não houver encontrado candidatos, você pode **fazer uma publicação** nas redes sociais para ampliar o alcance, de modo que as pessoas interessadas escrevam diretamente a você (é a última opção porque normalmente chega uma avalanche de propostas, o que supõe mais trabalho para gerir).

▪ Passo 2. Filtrar

Assim como para a captação de clientes utilizamos um funil de venda, agora utilizaremos um funil que nos permita filtrar os candidatos. O objetivo é não perder tempo com candidatos não qualificados e que se consiga detectar pequenas joias, esses excelentes colaboradores que poderão optar por ser um dos nós da estrutura. Minha sugestão é que você elabore esse funil de filtragem que se vê abaixo em no máximo duas semanas.

Prepare uma planilha de mensagem ou de publicação e a envie de modo sistemático aos candidatos considerados na busca em um prazo

368 A INDEPENDÊNCIA

de um ou dois dias, incluindo a informação que você definiu no passo anterior, mas resumidamente:

1. O que você pede: objetivos, responsabilidades, tarefas, data de incorporação e se é exigida a exclusividade.
2. O que você oferece: remuneração e incentivos.
3. O que o candidato deve fazer no caso de se interessar pela proposta: escrever por e-mail que tenha sido definido, respondendo a três perguntas-chaves que o auxiliem a obter uma primeira impressão do candidato.

Todas as pessoas que não seguirem as instruções de sua mensagem ficam automaticamente fora do processo de escolha. Se, por exemplo, alguém responde diretamente pela rede social ou escreve um comentário na rede demonstra que não leu atentamente as instruções. Considere apenas aquelas que escreveram ao e-mail indicado e responderam coerentemente às três perguntas solicitadas. A partir daí:

1. Prepare uma planilha carinhosa de resposta negativa aos e-mails que não se encaixam no papel.
2. Prepare outra planilha para o "sim", convidando o candidato que se encaixa no papel para uma entrevista e o enlace para um calendário interativo, para que se possa escolher o dia e a hora sem grande demora.

Fazer uma entrevista de 20-30 minutos com aqueles candidatos que você agendar. Minha sugestão é que você coordene todas as entrevistas de uma só vez, uma após a outra, ao longo de, no máximo, três dias. É importante que você se reúna com todos os candidatos antes de decidir e que a escolha seja imediata. Para a entrevista, considere as seguintes sugestões:

1. Explique ao candidato a ordem da entrevista.
2. Defina três ou quatro perguntas-chaves que o ajudem a saber se pode ser a pessoa adequada para o papel; faça perguntas que deem informação sobre o caráter e a atitude, já que costumam

6. COMO FORMAR AS PESSOAS PARA OS PAPÉIS DO ESCRITÓRIO   **369**

ser as mais importantes; por exemplo, "qual foi a sua experiência de vida mais difícil e como você a solucionou?".

3. Continue com perguntas, aquelas que o candidato tenha.

4. Por último, indique ao candidato quais são os passos seguintes: quando você dará a ele uma resposta (nas próximas 24 ou 48 horas, ou quando houver terminado as demais entrevistas). e como se dará a fase seguinte da prova, em caso de o candidato prosseguir.

5. Nunca supere os 30 minutos de entrevista.

6. Faça o possível para entrevistar ao menos cinco candidatos para que haja diversidade, e não se deixe levar pela pressa, por apego ou preconceitos.

7. Descarte automaticamente os candidatos que chegarem com cinco minutos de atraso e os que pedem para reagendar, salvo por força maior.

8. Observe a estrutura mental da pessoa, se é capaz de responder de forma adequada e precisa às suas perguntas ou se, pelo contrário, se enreda contando histórias que não vêm ao caso e se esquece da informação solicitada.

9. Cuidado com os candidatos que possuem muito talento ou muita experiência, mas cuja atitude é esquiva, arrogante ou mesquinha. É preferível contar com um colaborador sem experiência, mas entusiasta, desejoso de aprender, de enfrentar novos desafios e tomar a liderança com humildade e nobreza.

Ao finalizar as entrevistas, selecione dois ou três candidatos com melhores atitudes para assumir o papel e continue com o passo seguinte.

▪ Passo 3. Formar

Antes de começar a fase de prova para validar o melhor candidato, é necessário formar essas pessoas com os conceitos e ferramentas mínimas necessárias para essa fase de prova. O recomendável é formar duas ou três ao mesmo tempo e automatizar todo esse processo para que não tome nem uma fração do seu tempo. Como? Gravando vídeos explicativos.

370 A INDEPENDÊNCIA

Uma vez feita a seleção de dois ou três candidatos, crie uma pasta para cada um deles a fim de incluir os seguintes documentos que devem estar assinados:

1. Um acordo de confidencialidade com os aspectos que você queira proteger do *know-how* do seu escritório.

2. O documento do papel com toda a informação que vimos anteriormente, incluindo o protocolo de limites, erros, comunicações etc., que definem as relações em seu estúdio e que a pessoa deve ler e aceitar.

3. O curso formativo com os vídeos gravados que a pessoa deve estudar antes de começar a prova.

4. Os acessos às pastas ou arquivos pertinentes ao desenvolvimento da prova, com permissões do editor ou leitor, conforme apropriado.

Automatizar a formação dos candidatos por intermédio de vídeos em curso formativo poupará muitas horas de trabalho cada vez que se tenha de procurar uma nova pessoa. Além disso, o obriga a definir processos que, no melhor dos casos, você faz agora de modo intuitivo, e, no pior deles, nem tem ideia. Claro que esses vídeos podem ser feitos pelo papel que lhe corresponda, não sendo preciso que seja você, e pode ser feito em três dias, quando muito. Para começar, e como referência, você pode estruturar esse curso em seis pílulas de vídeo; e a partir daí, poderá ir melhorando, corrigindo e ampliando a informação com vídeos-apêndices que você pode incluir na mesma pasta ou arquivo.

1. Vídeo da visão global do escritório ou estúdio: é importante que a pessoa conheça a visão e a missão do estúdio para poder conectar-se com o propósito comum de toda a equipe. Fale brevemente do nicho para o qual está voltado o estúdio, da proposta de valor, da estrutura da equipe, dos fluxos de trabalho e da filosofia que os caracteriza.

2. Vídeo da função: nesse vídeo, comente o documento do papel, insistindo sobre os objetivos, as responsabilidades e as tarefas

6. COMO FORMAR AS PESSOAS PARA OS PAPÉIS DO ESCRITÓRIO **371**

com as quais tem de se ocupar, assim como deve ser explicada a dinâmica de trabalho incumbida à função (como se deve executar as tarefas, em que ordem, quem tem prioridade etc.). Invista o tempo que for necessário na produção desse vídeo, já que é muito importante.

3. Vídeo de protocolos: aqui você deve explicar os protocolos que definem as relações de sua equipe, seus limites e consequências, como se administram os erros, as férias e os pagamentos etc. Também deixe muito claro o que o papel pode e não pode fazer como parte do escritório.

4. Vídeo de documentos de trabalho: explique quais são os documentos com os quais terá de interagir, como se trabalha com cada um deles e onde se encontram.

5. Vídeo de preparação ou *set up*: nesse vídeo pode-se explicar, em grandes linhas, como funcionam as pastas de trabalho do estúdio (ainda que, de momento, só terá acesso às que correspondem ao seu papel), como preparar e-mail corporativo com foto e assinatura, e que contrassenha deve pôr (à qual você deve ter acesso para auditar quando preciso) para ter acesso às licenças de *software* pertinentes à função etc. Se o estúdio tem escritório físico, esse também é o momento de explicar onde se encontram as coisas e toda informação relacionada à sua mesa de trabalho.

6. Vídeo de comunicações: por último, é essencial que explique ao candidato quem é responsável de que na equipe e a quem contatar em cada caso para sanar dúvidas, assim como o funcionamento dos aplicativos que a equipe usa e os diferentes canais temáticos e as reuniões de equipe para as quais pode ou não ser convidado.

Dê ao candidato um ou dois dias para revisar toda essa informação e resolva suas dúvidas sempre em canais de grupo, nos quais outros também possam ver as respostas. A partir daqui, começa a fase de prova e de validar.

372 A INDEPENDÊNCIA

▪ Passo 4. Validar

Observe que o sistema para encontrar a pessoa adequada para o papel significa isso: um sistema. Chega-se à fase de prova com dois ou três candidatos altamente qualificados, tendo-se passado por um processo exigente de filtragem e descartado outras pessoas. Na primeira vez que você ativar esse sistema, terá de preparar bastante elementos, mas só terá de fazê-lo uma vez. A partir daqui começa a fase de prova, que consiste em três etapas:

Prova 1: trata-se de uma prova ágil, com duração de uma a duas semanas, com a qual você poderá medir simultaneamente o rendimento de cada candidato com as mesmas tarefas. É importante que essa primeira prova seja rápida e indolor, tanto para o estúdio como para o candidato, sem que a qualidade ou o cumprimento das tarefas afetem alguém. Por isso, sempre que possível, você pode atribuir tarefas fictícias como, por exemplo, a produção de x documentação de um projeto já passado. Estabeleça uma medida e um objetivo claros para essa prova 1 que o ajude a selecionar o candidato. Também é importante que você remunere minimamente os candidatos para garantir seu compromisso; lembre-se de que se trata de encontrar os melhores, não os mais baratos. Considere um abono mínimo de 10% da remuneração final para a prova 1.

Prova 2: comece a prova 2 com o candidato que tenha demonstrado melhores resultados e atitude na prova 1. Essa segunda prova será mais demorada, entre duas e quatro semanas, e lhe permitirá conhecer a fundo a personalidade do candidato e sua capacidade para desempenhar o papel com tarefas e responsabilidades reais. Da mesma forma, estabeleça uma medida e um objetivo claros que ele deva cumprir e uma remuneração que corresponda a 50% da remuneração final.

Validação: se o candidato lograr os objetivos da prova 2 e objetivamente você considerar que ele é adequado para desempenhar o papel requerido, então a pessoa se valida e passa a ser um membro de pleno direito na equipe, cobrando os 100%

6. COMO FORMAR AS PESSOAS PARA OS PAPÉIS DO ESCRITÓRIO   **373**

da remuneração final. Só então você facultará ao escolhido o acesso ao resto dos canais de comunicação da equipe, às pastas de trabalho pertinentes ao seu papel e irá convidá-lo a participar de reuniões e trazer sugestões. A partir daqui, a pessoa é responsável pelo cumprimento dos objetivos de seu papel e por pedir ajuda para consegui-los como um colaborador a mais.

Uma última *recomendação* para esse passo de validação: muitas vezes gostamos ou temos uma propensão emocional por este ou aquele candidato e assim se torna difícil tomar a decisão que necessitamos, em lugar da que queremos. Pois trate de manter as emoções de fora e cinja-se às medidas dadas e à observação da atitude do candidato ao desempenhar o papel. Você também encontrará alguns que começam a dar conselhos e sugestões sem terem sido validados. Agradeça e lembre a eles educadamente que, uma vez obtido o posto, seu *feedback* será bem-vindo.

Ao final desse processo você terá encontrado uma pessoa com grandes possibilidades de representar o papel para o qual foi escolhida de modo excelente, passando a formar parte da estrutura dos nós da equipe pelos próximos meses ou, quiçá, pelos próximos anos. Leve em conta que esse sistema de contratação está baseado no fato de que confiança não se pede, se demonstra. Pode parecer exigente, e é, mas é certo que evitará muito atrito, mal-entendidos e falsas promessas, tão habituais na hora de se formar parte de um escritório de arquitetura. Posso lhe dizer a você, em primeira mão, que os candidatos que passarem por esse sistema agradecerão imensamente a ordem e a clareza, tanto no que é pedido a eles como no que oferecem em troca. Trata-se de um sistema justo para todos.

E agora, como nos comunicarmos com os candidatos que não passaram na prova 1 e, em geral, como nos comunicarmos com os membros da equipe que deixaram de ser líderes de seus papéis e que temos de despedir? Sempre respeitando seu próprio estilo, minha melhor sugestão para as demissões é que sejam diretas e limpas, por meio de uma conversa privada, curta e técnica, ou seja, sem entrar em questões pessoais. Comunique de forma honesta o fato de que você assim decidiu por motivos concretos, por não cumprir com certos objetivos, por erros em repetidas ocasiões

374   A INDEPENDÊNCIA

e, na continuação, escute com paciência a resposta de quem será despedido, sem fazer comentários. Agradeça e se despeça com sinceridade. É habitual entrar no típico "é que eu pensava... é que eu disse muitas vezes... que isso não podia acontecer" etc., e acabar enredado em uma discussão dolorosa e totalmente desnecessária. Despedir alguém, diga o que se disser, nunca é uma boa notícia. Comunique a decisão com respeito e objetividade, escute a resposta e encerre a questão desejando o melhor para a pessoa no caminho que seguir.

7.
PRINCÍPIOS PARA UM ESCRITÓRIO DE ARQUITETURA SAUDÁVEL E FUNCIONAL

Em um escritório de arquitetura, existem relações internas e externas com diferentes pessoas – membros da equipe, clientes, colaboradores eventuais, fornecedores; tudo o que somos capazes de realizar em nosso estúdio vem definido pela qualidade dessas relações. É essencial saber, portanto, como conduzir esse organismo vivo.

Anteriormente, vimos que um estúdio de arquitetura se compõe de papéis + fluxos + propósito + princípios e, embora esse esquema possa aplicar-se a qualquer tipo de organização, o estúdio de arquitetura é um organismo extremamente complexo, por três razões fundamentais:

1. O núcleo do nosso trabalho é de natureza criativa, o que traz consigo uma maior implicação emocional que, às vezes, nos impede de nos relacionarmos objetivamente com diversas situações.

2. O núcleo do nosso trabalho está sujeito a um esquema de colaboração, dada a necessidade de contar com especialistas e/ou contratados que se encarregam da materialização de nossas ideias.

3. O núcleo do nosso trabalho se nutre especialmente dos desejos e necessidades de clientes que devemos considerar como parte do contrato.

376 A INDEPENDÊNCIA

Devido a essas características intrínsecas, é muito fácil de se ter um estúdio pouco rentável e que consome nossa felicidade com o passar dos anos, caso nos deixemos levar pela inércia. É vital que aprendamos a desenhar conscientemente aqueles quatro elementos básicos, e não agir por improviso, para se conseguir um estúdio saudável e funcional que conviva com uma idiossincrasia pouco profissional. Isso é perfeitamente possível pela simples razão de que os resultados são mais rentáveis e atrativos para os colaboradores e clientes mais qualificados. Os que fazem bem as coisas, sem confundir a ingenuidade com a estratégia, sempre medindo a médio e longo prazos, acabam por engolir o mercado. Falemos primeiramente dos papéis e dos fluxos.

Papéis → Com quem vamos trabalhar juntos?

Fluxos → Como vamos trabalhar juntos?

Os papéis são as pessoas. Os fluxos são as relações. A matéria-prima do seu estúdio são as pessoas e suas relações, não a arquitetura, pois somente por intermédio das pessoas e de suas relações é que se faz arquitetura. Ao chefiar um escritório de arquitetura, devemos nos converter em artesãos de pessoas e compreender muito bem o material com que vamos trabalhar todos os dias.

É um fato: todas as pessoas, incluindo você, tendem a não se responsabilizar pelos efeitos das próprias ações, especialmente se são negativos. É por isso que existem dois paradigmas fundamentais de relações consigo próprio e com os demais:

▪ Paradigma da Vítima

As pessoas atribuem inconscientemente uma carga positiva ou negativa a uma determinada realidade (a um acontecimento, a uma pessoa) com o poder de gerar em nós um sentimento positivo ou negativo que nos leva a agir de modo positivo ou negativo, sem que possamos fazer nada a respeito. É o paradigma das desculpas, do "não posso fazer nada, tudo acontece comigo, me vi obrigado a". É o paradigma pelo qual atiramos bolas para fora, pondo a responsabilidade de determinadas circunstâncias em mãos de outra pessoa e declarando-nos impotentes ante o que sucede. É o

7. PRINCÍPIOS PARA UM ESCRITÓRIO DE ARQUITETURA SAUDÁVEL **377**

paradigma mais comum e para o qual todos tendemos pelo simples fato de, a curto prazo, não termos de mudar nem enfrentar nossa própria verdade.

Realidade ⟶ Sentimentos ⟶ Ações

Paradigma vítima: sentimos que a realidade nos faz sentir e fazer determinadas coisas, ficando assim à mercê de que nos passem coisas "positivas" para que sigamos bem ou presos como vítimas impotentes quando as coisas não saem como esperamos.

Um exemplo habitual é quando o cliente não respeita os tempos e as formas de pagamento, se atrasa e nos vemos em situações econômicas complicadas. Pensamos que o cliente é ruim e está nos prejudicando, o que gera um sentimento de frustração e de desconfiança que nos leva a nos comunicarmos com medo de que ele suspenda o serviço. No final, não pomos limites claros e seguimos trabalhando sem a certeza de que ele vai nos pagar nem quando o fará. Pensamos que o mundo é injusto e toda noite, na cama, recordamos quão mal vai a arquitetura.

▪ Paradigma da Responsabilidade

Nesse paradigma, aceitamos que a realidade simplesmente *é*, e somos nós que atribuímos uma carga positiva ou negativa com nossos pensamentos em função de como classificamos a informação e como percebemos a mencionada realidade. Sabendo-se que nossos pensamentos são de nossa responsabilidade, podemos mudá-los e produzir sentimentos e formas de atuar mais construtivas que ponham fim ao drama dos acontecimentos no estúdio e nos façam recordar a liberdade que ninguém pode roubar. Esse pode ser o paradigma mais criativo da humanidade: poder mudar nossa forma de perceber uma mesma realidade.

Pensamentos ⟶ Sentimentos ⟶ Ações ⟶ Realidade

Paradigma responsabilidade: decidimos como percebemos as coisas, como nos sentimos e o que fazemos a respeito, moldando assim a realidade para que trabalhe a nosso favor.

O que as pessoas e as relações do seu estúdio operam partindo do paradigma da responsabilidade não é uma questão de sorte, e sim de sua responsabilidade didática, como líder, de inculcar essa forma de funcionamento como condição indispensável. Faz parte de você, como semente do seu negócio, começar por si mesmo e por seu próprio paradigma e acabar desenvolvendo uma tolerância zero ao padrão de vítima se um futuro colaborador reagir a essa atitude. Em lugar de jogarmos a culpa uns nos outros ou maldizer em silêncio o mau trabalho de um companheiro, exercemos o paradigma da responsabilidade quando esses objetivos, responsabilidades e tarefas ficam perfeitamente definidos no papel de cada um, e criamos os espaços adequados de confiança e respeito para sermos honestos, expressar nossos equívocos e corrigir-nos por meio de reuniões periódicas explicitamente convocadas para isso.

É crucial que, na medida em que constrói seu estúdio de arquitetura, você se cerque de pessoas dignas de confiança, quer dizer, de pessoas que erram, mas que se responsabilizam por seus equívocos, e que estabeleça sistemas e protocolos que tragam à luz os erros para que eles possam ser inventariados e corrigidos sem procurar desculpas.

Como líder, é natural que você se irrite com sua equipe, se não for capaz de impor limites. Sempre que se encontre nesse tipo de situação, quando se sentir aborrecido com algo ou alguém, eu o convido a pôr em marcha o seguinte exercício prático, antes de agir ou tomar uma decisão:

Anote no quadro seguinte os pensamentos (P) que lhe veem à mente, os sentimentos (S) que eles causam em você e as ações (A) que pensa levar a cabo.

1. Pensamento	2. Sentimento	3. Ação
Minha equipe só trabalha se fico em cima vigiando e organizando	Frustração, enfado e desmotivação	Deixo minhas tarefas de lado para controlar o que fazem e garantir que o trabalho seja entregue em tempo hábil

Pensamentos → Sentimentos → Ações

O maior erro é pensar que o que pensamos é certo. Na continuação, observe os pensamentos (P) que desencadeiam toda essa reação e questione-os por meio dessas três perguntas:

7. PRINCÍPIOS PARA UM ESCRITÓRIO DE ARQUITETURA SAUDÁVEL — **379**

1. Que provas você tem de que esse pensamento é absolutamente certo?
2. Qual é a sua responsabilidade de ter desejado que isso acontecesse?
3. Como posso conceber essa situação de uma forma mais construtiva?

Escreva nas próximas três colunas o novo pensamento construtivo (novo P) que você utilizará para assumir a responsabilidade, o novo sentimento (novo S) que isso gera em você e as novas ações (nova A) que adotará a partir desse paradigma da responsabilidade.

Os erros são momentos de aprendizado se forem utilizados para aprender. Ao longo da vida do seu estúdio, você observará que há momentos em que tudo parece ir mal porque coincide uma série de dificuldades,

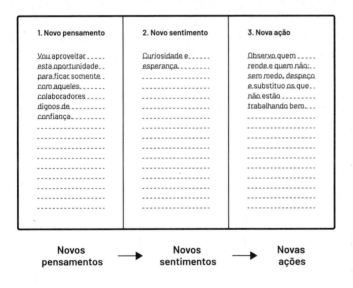

como a perda de um contrato, a saída de algum membro da equipe ou o conflito com algum fornecedor. Nesse momento, devemos recordar que nossa independência deixou de ser uma montanha russa porque tomamos as rédeas sob o paradigma da responsabilidade e, mais do que um sobe e desce, o processo que vivemos tem a forma de uma espiral ascendente. Que algo saia mal faz parte das coisas que vão bem, porque as utilizamos para aprender e desenvolver novos sistemas e protocolos.

A INDEPENDÊNCIA

Claro, quando num escritório de arquitetura seus membros escondem os erros ou jogam a culpa em outros, o processo de declive é inevitável e tem a forma de espiral descendente: usamos os pequenos acertos ou êxitos para nos enganarmos a nós mesmos e pensar que tudo vai bem, quando, no fundo, ninguém está aprendendo ou assumindo responsabilidade sobre a raiz dos problemas, que continuam ocorrendo. Um exemplo clássico é a satisfação que sentimos ao cumprir uma data de entrega ou firmar um novo encargo, enquanto o barco está afundando.

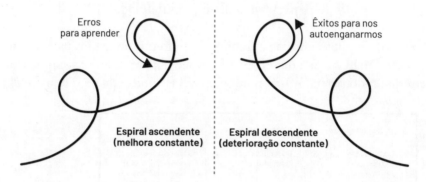

O paradigma pelo qual as pessoas e as relações de nosso estúdio funcionam define drasticamente o tipo de organização que temos e o que somos capazes de conseguir com ele. E aqui entramos com os dois outros elementos básicos que unificam e dão coesão ao organismo que estamos criando:

Propósito → o que queremos conseguir juntos?

Princípios → o que estamos dispostos a fazer para consegui-lo?

O propósito é a comunidade. Os princípios são os valores. O poder de um grupo de pessoas líderes que decidem se juntar baseia-se precisamente nisso que se quer obter e que seria impossível se não fosse o grupo. O propósito é o que nos mantém unidos, é o farol que dirige as ações de cada dia, é o que queremos alcançar além de nossos incômodos ou medos pessoais. É o que faz com que tudo isso valha a pena.

Para que esse propósito unifique e construa uma verdadeira comunidade (profissionais que poderiam trabalhar em qualquer outro lugar para qualquer outra causa, mas decidem permanecer; clientes que

7. PRINCÍPIOS PARA UM ESCRITÓRIO DE ARQUITETURA SAUDÁVEL **381**

poderiam contratar qualquer outro arquiteto, mas decidem escolhê-lo), esse propósito deve ser comum e velar pelo bem-estar comum. Acontece habitualmente nos escritórios com hierarquias piramidais que cada membro da equipe esteja ali por um motivo diferente: uns querem apenas receber no final do mês, outros querem desenvolver um portfólio, outros querem aprender determinadas coisas ou viver determinadas experiências. Quando isso acontece, a organização se debilita porque cada parte puxa para o seu lado. Por isso, é crucial que, ao definir o propósito de seu estúdio, você não ponha nunca seus interesses particulares nem dos clientes acima do bem-estar da equipe, nem a equipe acima do seu bem-estar, nem um membro determinado da equipe acima do bem-estar dos demais. Para que seu estúdio funcione e seja rentável em todos os níveis, você deve saber que o bem-estar comum está acima do bem-estar individual.

Pois bem, é tão importante definir o fim (propósito) como os meios (princípios), já que o primeiro nunca justifica os segundos. Os princípios de um escritório de arquitetura constituem o guia cotidiano das ações realizadas em direção ao propósito e nos permitem encontrar soluções coerentes e íntegras para problemas distintos, sem nos desviarmos e sem acabarmos por fazer coisas das quais nos arrependemos depois, como ser desonesto com um colaborador, forçar uma situação desagradável com um cliente ou aumentar o lucro em detrimento da excelência de nosso serviço. Se um de seus princípios for a honestidade, por exemplo, você saberá o que tem de fazer quando perceber que não poderá cumprir com uma data de entrega. Ou se outro de seus princípios for o bem-estar comum, você também saberá o que fazer se os benefícios econômicos do estúdio crescerem, mas os da sua equipe, não. Quando surgem desafios, não se trata de inventar uma resposta nova, e sim de valer-se dos princípios que ajudarão a dar a resposta coerente de que você precisa. Na minha experiência, as melhores respostas para os problemas que surgem têm a sua origem nos princípios e, só depois, na ação mecânica.

Cada arquiteto líder de seu estúdio tem seus próprios princípios e você deverá elaborar os seus em função dos valores que se queira para o negócio. Apesar disso, sugiro quatro princípios básicos, que são requisitos para uma estrutura saudável e funcional de laços ou de nós:

382 A INDEPENDÊNCIA

▪ Honestidade Radical

Significa deixar a informação fluir livremente entre as pessoas e criar reuniões adequadas para que isso ocorra com respeito e confiança. Praticar a honestidade radical nos permite trabalhar com a verdade e escolher livremente como queremos atuar a partir daí. É importante não confundir a honestidade radical com o *sincericídio*; como líder de seu estúdio você há de saber que nem toda informação deverá ser compartilhada a todo momento e com todas as pessoas. Isso significa que você a compartilha quando ela for relevante, produtiva, iminente ou já decidida. Por exemplo, quando você estiver considerando despedir um colaborador, mas ainda não tem certeza absoluta, ou quando prevê um atraso com um cliente, mas que pode ser solucionado, de nada serve divulgar essa informação. Como arquiteto líder de seu estúdio, existe uma parte que você viverá solitariamente. É o que se chama a solidão do líder, e por isso é conveniente ter um mentor/a com quem dividir essas inquietações que você ainda cogita com honestidade radical.

▪ Responsabilidade Radical

Esse princípio nos recorda a importância de deixar que cada um aja sem interferência ou controle, inclusive deixando que se equivoque e sinta os efeitos do erro para aprender; além disso, nesse sentido, o princípio sugere também que não devemos escamotear quando formos nós os que erraram. Já vimos como as estruturas hierárquicas favorecem o contrário, acumulando a responsabilidade na parte alta da pirâmide, enquanto as estruturas de nós obrigam seus membros a uma responsabilidade radical para com seu papel e os efeitos de suas ações, produzindo um grande ciclo de aprendizado. Por isso é indispensável definir muito bem os papéis e evitar encobrimentos sempre que possível, de forma que os efeitos positivos ou negativos recaiam sobre uma única pessoa para que ela possa aprender ou ir embora.

▪ Respeito Radical

Significa que devemos deixar os colaboradores saírem quando não são capazes de mudar ou de melhorar, que devemos deixar os clientes

7. PRINCÍPIOS PARA UM ESCRITÓRIO DE ARQUITETURA SAUDÁVEL **383**

desistirem por não aceitarem nossas condições de trabalho ou, inclusive, quando abandonamos ideias que não se coadunam com o bem-estar comum, como, por exemplo, quando estabelecemos datas de entrega irrealistas para a produção ou que suponham um grande sacrifício para os papéis que dele se encarregam.

▪ Limites e Incentivos Radicais

Há uma famosa frase do empresário estadunidense Charlie Munger: "Show me the incentive, I'll show you the outcome" (Mostre-me o incentivo e eu lhe mostrarei o resultado). Muitos líderes de escritórios de arquitetura se empenham em ser rentáveis pagando os outros como não gostariam de ser eles mesmos pagos. É absolutamente disfuncional pretender incrementar os lucros de um estúdio sem incrementar os benefícios de seus integrantes ou os pagando por hora (o que os incentiva a trabalhar mais lentamente). A longo prazo, essa disfunção cai por seu próprio peso. O novo paradigma de trabalho é associar valor e objetivos com incentivos e constituir uma equipe de *microempreendedores* dentro do estúdio: pessoas que se beneficiam das boas decisões e assumem as consequências de suas más decisões. Com um sistema de limites e de incentivos, garantimos duas coisas:

1. Um interesse genuíno de cada membro da equipe por melhorar os processos, a produtividade e a rentabilidade do estúdio.

2. Um interesse genuíno de cada membro da equipe para que todos os integrantes sejam verdadeiros ativos, e não cargas para os demais.

Trata-se de um sistema que se autogestiona e se automotiva por si porque as pessoas se fazem responsáveis por seus êxitos e equívocos. Aceite que a tendência humana é a de inclinar-se pelo mais fácil, e o mais fácil nem sempre corresponde ao melhor. Estabeleça um sistema de limites e de incentivos para polarizar os efeitos e motivar as pessoas a fazer as coisas da melhor maneira. Um exemplo habitual: quase sempre a causa de um projeto não ser rentável é a falta de limites com clientes

384 A INDEPENDÊNCIA

e fornecedores. Isso acontece porque sua equipe não obtém nenhum ganho em pôr limites nem em melhorar os processos de trabalho, que é incômodo e supõe esforço. Se vão receber a mesma coisa no final do mês, por que haveriam de cuidar de melhorar os ganhos de um projeto? Para que só você se beneficie? As pessoas mudam e melhoram quando têm incentivos. Trabalhar com comissões, repartição de dividendos ou bônus periódicos, que representem os valores de seus êxitos, é uma das decisões mais inteligentes que você pode tomar para a saúde do seu estúdio.

Defina seu propósito e princípios (não menos de quatro e não mais de dez) e afixe-os em um lugar visível para você e toda a equipe. Use-os como um farol quando se deparar com um desafio e pergunte-se como líder:

1. O que eu faria se seguisse meus princípios de forma radical?
2. O que eu faria se não tivesse medo?
3. O que de pior pode acontecer se eu for fiel aos meus princípios?

Essas são as peças de um estúdio de arquitetura saudável e funcional. Uma comunidade de microindependentes que funciona sob o paradigma da responsabilidade trabalha para um propósito comum e responde a princípios íntegros. Essa base assegura tanto a rentabilidade como a felicidade de seus integrantes, e serve para definir os protocolos internos e externos que você encontrará na continuação.

8.
PROTOCOLOS INTERNOS:
COLABORADORES FIXOS E EVENTUAIS

Utilizamos os protocolos internos para definir como funcionam as relações dentro do próprio estúdio, ou seja, como funcionam as relações com todos os profissionais fixos ou eventuais nos quais você se apoia para delegar tarefas e responsabilidades. Referimo-nos a eles como colaboradores e não empregados a fim de marcar a atitude de liderança necessária nesse tipo de estrutura meritocrática que, como já vimos, se compõe de pessoas livres, condutoras de si mesmas.

Entre todas as pessoas com as quais você vai trabalhar, haverá colaboradores fixos, cujo volume de trabalho é suficientemente amplo e estável para ter dedicação exclusiva, e colaboradores eventuais, para os quais é preciso delegar tarefas únicas ou que requeiram uma determinada especialização (um calculista ou fotógrafo, por exemplo). Em qualquer caso, sugiro desenvolver protocolos para que a relação fixa ou pontual que você mantenha com eles, e entre eles próprios, tenha lugar dentro de um marco claro e ordenado, desde o princípio, de forma que todos possam remar na mesma direção.

Temos falado da importância de definir o propósito e os princípios de seu negócio que sirvam de farol às tarefas do dia a dia. O propósito, que se pode definir como a visão e a missão do estúdio, deve ser ambicioso porque o teto da organização se mede pela capacidade de pensar grande. Daí que sugiro criar o propósito com uma projeção entre o médio e o longo prazos, como, por exemplo, o de cinco anos. Para que tudo isso não fique somente no mundo das aspirações, é necessário separá-lo em objetivos e planos cada vez mais concretos que ajudem você e a sua equipe a funcionar no tempo presente. Para tanto, há um exercício muito útil que o convido a realizar:

386 A INDEPENDÊNCIA

Exercício

Escolha uma parede em seu local de trabalho onde tenha bastante espaço (dois de altura por três de comprimento) e use folhas para compor o seguinte painel: na parte superior escreva o propósito do seu estúdio de arquitetura, aquele mesmo que você validou em sua estratégia de negócio como uma necessidade e sua proposta de valor (por exemplo, "tornar possível o sonho de um lar próprio às novas gerações, mediante uma solução arquitetônico-financeira que monetize seu investimento"). Embaixo, escreva os princípios sob os quais se rege o estúdio e que sustentam esse propósito. Na continuação, divida a largura da parede em doze partes para estabelecer os meses de um ano e defina os objetivos concretos que devem ser atingidos a cada trimestre para acercar-se do mencionado propósito, indo do mês mais distante ao mais próximo (por exemplo, objetivos na captação de clientes, na melhoria da solução arquitetônico-financeira, no faturamento, nos papéis da equipe). Por último, anote os planos concretos que devem ser executados a cada mês para tornar possível os objetivos trimestrais (alguns desses planos devem ser definidos por seus colaboradores, em função dos objetivos pelos quais sejam responsáveis, como explico a seguir).

Parede da mente
estratégica: Propósito →
Princípios → Meses do
Ano → Objetivos → Planos

		Propósito			
Princípio A	Princípio B	Princípio C	Princípio D	Princípio E	Princípio F

Jan	Fev	Mar	Abr	Mai	Jun	Jul	Ago	Set	Out	Nov	Dez

8. PROTOCOLOS INTERNOS: COLABORADORES FIXOS E EVENTUAIS **387**

Essa parede permite manter completamente à vista a estratégia do estúdio, do macro ao micro, e servirá de base para tomar as medidas mais importantes. E é isso: uma simples parede. Não se deixe ofuscar por aplicações digitais de gestão de equipes ou de conhecimento; uma parede é tudo o que você precisa para representar o poder de sua visão e dirigir o estúdio e a equipe com inteligência. Uma vez que se tenha clara a estratégia para os próximos doze meses, em conformidade com um propósito maior e a longo prazo, é o momento de pôr a máquina em andamento e coordenar a equipe usando uma ferramenta-chave: as reuniões.

Posso dizer que mais da metade das reuniões que acontecem num estúdio de arquitetura são desnecessárias, tediosas e improdutivas. A vida pode acabar cheia de reuniões e isso equivale a não trabalhar, pois a maioria delas é utilizada para que um chefe, o *project manager*, corrija o trabalho de alguém ou diga o que fazer e como. Aqui vai a minha sugestão: como líder de sua equipe, utilize essas reuniões para comunicar os objetivos (o quê) e deixe que sejam os colaboradores responsáveis pelos objetivos os que definam os planos (o como). Ou seja, deixe que eles trabalhem por você. É claro que você pode dar sua opinião e demarcar os limites, se houver questões de importância vital, mas sugiro que você não se intrometa na execução dos planos e das tarefas dos colaboradores. É muito tentador querer saber e opinar sobre tudo, mas é fundamental que você aprenda a se manter à margem para que a equipe amadureça e saiba agir corretamente. Isso significa que você não precisa estar presente em todas as reuniões; sua equipe terá condições de se organizar sozinha e estará preparada para contar com você apenas quando realmente for preciso. Peça objetivos em tempo determinado, e confie na capacidade das pessoas, que se sentirão agradecidas pela liberdade e ainda valorizadas pela responsabilidade transmitida.

Assim como há diferentes reuniões com clientes, existem diferentes tipos de reuniões com a equipe de trabalho. A *priori*, podemos estabelecer dois tipos fundamentais, para o que definimos o seguinte protocolo de reuniões (tanto presencialmente quanto *on-line*):

▪ Protocolo de Reuniões:

Reuniões de coesão

São as reuniões menos urgentes, mas importantes e valiosas para o estúdio

388 A INDEPENDÊNCIA

e se realizam apenas com os colaboradores fixos. Sua função é unir psicologicamente a equipe e conectá-la com o propósito e os princípios, ou seja, a razão pela qual queremos trabalhar aqui e não em outro lugar. Quase nenhum escritório faz reuniões de coesão e isso faz com que o apreço, a confiança e a colaboração entre seus integrantes seja débil. Não se esqueça de que o que a sua empresa pode alcançar define-se pela qualidade das relações de sua equipe. Tais reuniões se dão de forma periódica a cada três ciclos:

1. Reunião semanal – reunião em que não falamos de trabalho, e sim de como nos sentimos no trabalho: quais foram os nossos êxitos nessa semana, que erros cometemos e como vamos saná-los, acontecimentos pessoais que nos afetaram positiva ou negativamente etc. São reuniões breves, de forte teor emocional, que nos permitem nos conhecermos melhor, a partir de outros ângulos, e a você, como líder, saber o nível de responsabilidade que cada pessoa tem com respeito a seus êxitos e dificuldades. Sugiro que você seja o moderador e que as reuniões se deem na sexta-feira, na última hora de trabalho, não superando cinquenta minutos de duração, começando com um breve boas-vindas, cinco minutos de informações importantes (se houver), e uma rodada em formato de monólogo em que cada membro da equipe possa se expressar durante quatro ou cinco minutos (importante não opinar sobre o que cada um comenta para se manter a regra de escuta e respeito). E encerramos.

2. Reunião trimestral – são reuniões conduzidas por você, líder do estúdio (ou por um sócio, se houver), cujo objetivo é assentar em comum a ordem de objetivos passados e futuros, debater sobre algum tema importante e reavivar o propósito comum da organização. Essas reuniões têm uma duração de três horas, divididas em blocos: cinquenta minutos para rever os objetivos do trimestre passado e comunicar os do futuro trimestre; quinze minutos de descanso, cinquenta minutos para uma "tempestade de ideias" sobre um tema vinculado a todos os integrantes da equipe, quinze minutos de descanso e cinquenta minutos para se encontrar o formato da reunião semanal.

8. PROTOCOLOS INTERNOS: COLABORADORES FIXOS E EVENTUAIS   **389**

3. Reunião anual: são reuniões de caráter extraordinário, realizadas uma vez por ano, tendo o mesmo formato das reuniões trimestrais e nelas se introduz uma atividade que permita aos membros da equipe passarem o tempo juntos, como, por exemplo uma viagem, uma caminhada, uma saída de fim de semana etc. O objetivo é poder compartilhar experiências diferentes das do âmbito de trabalho e que ajudem a criar laços significativos e espírito de equipe. Por minha experiência, posso dizer que tais reuniões são literalmente transformadoras para o negócio.

Reuniões de trabalho

Essa categoria é daquelas que formam parte do dia a dia da produção do estúdio e servem para coordenar tarefas, encontrar ideias ou tomar decisões quando necessárias entre os membros da equipe (com colaboradores fixos e eventuais). Supostamente, são as reuniões mais produtivas, mas ao final acabam sendo um desperdício de tempo nos processos de trabalho. Para evitar o desperdício, deixe que essas reuniões sejam convocadas *ad hoc* com as necessidades reais e imediatas, e estabeleça como protocolo que quem a convocar que se encarregue de prepará-la, preparar a agenda com antecedência com os convocados e moderá-la, enviando um e-mail resumo após seu término. Nenhuma reunião de trabalho deveria superar cinquenta minutos, e a estrutura da agenda é a seguinte: objetivo da reunião, pontos a serem tratados, repartição de tarefas, conclusões e os seguintes passos.

Na medida em que vão sendo implementados esses protocolos no funcionamento interno do estúdio, você poderá ir desenvolvendo outros mais relacionados com as comunicações, a documentação, o faturamento, as férias etc., de modo que as condições sobre esses temas fiquem claras desde o princípio na relação com um colaborador. Lembre-se de que não se trata de inventar a pólvora na relação com cada pessoa e sim de criar protocolos unificados que nos permitam investir o tempo no mais importante: servir aos clientes ao se fazer um bom trabalho e desfrutar dessa condição.

Não obstante, há dois protocolos importantíssimos que o convido a incorporar desde esse momento, e são eles o protocolo de erros e o de incentivos:

390 A INDEPENDÊNCIA

Detalhes	Ordem da reunião
Reunião: .... Data e Hora: .... Duração:	1. Ponto a tratar: .... Conclusões/Decisões tomadas: ....
Objetivo Que informação preciso receber ou dar nesta reunião específica?	2. Ponto a tratar: .... Conclusões/Decisões tomadas: .... 3. Ponto a tratar: ....
Pendências Que temas ficaram pendentes da reunião anterior que precisam ser tratados agora?	Conclusões/Decisões tomadas: .... 4. Ponto a tratar: .... Conclusões/Decisões tomadas: ....
	Notas & comentários ....

Agenda
de reunião
de trabalho: evite a todo
custo reuniões sem agenda.

▪ Protocolo de Erros

Um escritório de arquitetura funcional é aquele em que se cometem
erros, mas cada pessoa se responsabiliza pelos seus para corrigi-los e evi-
tá-los no futuro. A maior parte dos erros se repete no tempo porque não
damos a atenção necessária para resolvê-los pela raiz, como, por exemplo, os clássicos atrasos de entrega que, conquanto dolorosos, seguem-se
repetindo como se fizessem parte da arquitetura. Por isso o convido a
estabelecer um protocolo de erros internamente na equipe para que todos
os seus integrantes, inclusive você, saibam o que têm de fazer quando os
erros surgirem e se elabore uma espécie de "banco de erros" com o qual
seja possível aprender com eles e enfrentá-los, ainda que sejam novos.
O protocolo que usamos com grande êxito diz que:

> Os erros são bem-vindos em nossa equipe, desde que não seja o mesmo
> que se repita (o importante não é fazer as coisas perfeitamente, e sim ter
> a boa vontade de aprender a fazer bem as coisas):

8. PROTOCOLOS INTERNOS: COLABORADORES FIXOS E EVENTUAIS

Quando não cumprimos com nossa tarefa na primeira vez, ou cometemos um erro uma vez, desenhamos um plano concreto e honesto para corrigi-lo e para que não volte a acontecer, e o apresentamos diante de toda a equipe na reunião semanal para nos enriquecermos conjuntamente.

Quando não cumprimos com nossa tarefa uma segunda vez, ou cometemos o mesmo erro uma segunda vez, convocamos uma reunião com os líderes para explicar o que nos está impedindo de cumprir com o plano e apresentar outro plano alternativo.

Quando não cumprimos com nossa tarefa uma terceira vez, ou cometemos o mesmo erro uma terceira vez, a colaboração se dá por terminada.

▪ Protocolo de Incentivos

Você já sabe que a tendência natural de todos é a via fácil, mas o fácil nem sempre é o melhor. Por isso, é incrivelmente importante que você incorpore incentivos concretos para que seus colaboradores, especialmente os fixos, deem um extra de si mesmos, e que não dariam numa relação profissional indiferente. Não me cansarei de dizer quão importante é que seus colaboradores sintam os efeitos do rendimento, tanto os positivos como os negativos. E sejamos claros: qual é o incentivo por excelência? O dinheiro, pois ele representa um valor que recebemos e isso é o que os seus colaboradores estão dispostos a dar. Se uma pessoa trabalha de maneira extraordinária e com isso permite que você fature mais dinheiro, por que deveria receber a mesma quantia de outra pessoa que faz um trabalho medíocre ou simplesmente correto? E, por favor, não compense as horas extras dos colaboradores com horas ou dias livres; sentir o aborrecimento econômico de suas más decisões quando você estabelece datas de entrega irreais também é importante para que deixe de fazê-lo. Use o dinheiro para incentivar sua gente e perceberá o valor que lhe gera com ativos financeiros. Além daquelas que você possa vir a adotar, as três formas de incentivo econômico mais habituais são as seguintes:

1. Quantidade fixa + bônus: acerte uma base invariável ao mês e, em função dos objetivos alcançados relativamente ao papel desempenhado pela pessoa, some um bônus fixo ou variável. Por exemplo, se o papel é o de um coordenador de projetos

392 A INDEPENDÊNCIA

encarregado de levar adiante as fases de um encargo de projeto e obra, e em um mês avança com os trabalhos e desbloqueia os três pagamentos seguintes de clientes, essa pessoa pode receber uma porcentagem de cada pagamento como bônus; mas se em outro mês não consegue avançar com os trabalhos e nenhum pagamento se efetua, resta a ela receber a base fixa. O colaborador conta com a base fixa para cobrir as suas necessidades básicas a cada mês e o teto de seus ganhos dependerá de sua excelência laboral.

2. Comissão pura: essa modalidade é muito habitual para os papéis relacionados com a captação de clientes. Por exemplo, se uma pessoa se encarrega das reuniões de venda para confirmar novos contratos, você pode atribuir um percentual de comissão por venda fechada. Ou se o papel é de um prospector de clientes potenciais, encarregado de conseguir reuniões de venda para que você as conduza (isso ocorre em nichos profissionais de grande escala, com investidores em promoções imobiliárias), você pode oferecer uma porcentagem de comissão por reunião obtida e outra maior por contrato firmado (no final, o objetivo não é conseguir meras reuniões, mas aquelas em que se firmam contratos).

3. Participação em lucros (*profit share*): esse tipo de incentivo é muito potente porque unifica o bem-estar comum e cria uma cultura de equipe extraordinária. A principal característica dessa modalidade é que, quando há lucros, os colaboradores recebem muito bem, e quando não há lucros os colaboradores não recebem uma parte, de forma que o risco se compartilha em troca de ganhar mais do que ganhariam com um salário fixo. Como procedemos? Outorgando um percentual dos lucros mensais do estúdio para repartir entre a equipe, de forma que cada um ganhe em função de seu papel e de sua responsabilidade. Suponhamos que o lucro líquido do estúdio este mês seja de 100 e você designe 50% dele para ser repartido entre os colaboradores, sendo que Pedro recebe 30% do total, Maria 25%, Germán 25% e Lorena 20%. Isso faz com que se no dia de

8. PROTOCOLOS INTERNOS: COLABORADORES FIXOS E EVENTUAIS

amanhã você incorporar um novo papel ou cargo, assegure-se de que esse papel contribua para o ganho a fim de que a quantidade atribuída a cada colaborador, embora seja menor percentualmente porque se reparte entre mais pessoas, seja maior em dinheiro, já que essa nova pessoa é um colaborador ativo.

9.
PROTOCOLOS EXTERNOS:
CLIENTES E FORNECEDORES

Não existe um cliente ruim ou um fornecedor ruim: existe um limite mal posto. O escritório de arquitetura que lideramos funciona como um organismo. Um organismo que deve se relacionar, por sua vez, com outros agentes e organismos externos, os clientes e os fornecedores, cujos esquemas de funcionamento não dependem de nós. A esse respeito, somos impotentes face ao que os demais fazem ou deixam de fazer. Se o cliente ou o provedor quiserem mentir, mentirão; se querem x, o farão. Por isso, em vez de tentar em vão uma cruzada para mudar os outros e acabar enganchados num drama, nos ocupamos em enquadrar essas relações em protocolos, com limites claros, e pomos em prática o princípio do *respeito radical* com aqueles que não estão dispostos a aceitá-los, afastando-nos e deixando-os ir embora.

No capítulo 5, entendemos a importância de evitar que o caos dos clientes se torne o nosso caos, e o mesmo fazemos com os fornecedores com os quais colaboramos habitualmente no mundo da arquitetura, quer dizer, aqueles profissionais com os quais externalizamos parte importante do serviço para conseguir a situação desejada pelo cliente, como, por exemplo, empresas construtoras e de engenharia, agências de desenho ou *branding*, equipe de programadores, lojas de materiais etc. A diferença entre um fornecedor e um colaborador eventual é que o segundo forma parte de processos internos do estúdio, enquanto o primeiro constitui um serviço em si mesmo que externalizamos ou que o cliente contrata em separado.

É fundamental que você entenda que tais pessoas e empresas regem-se por seus próprios princípios e idiossincrasias e, em lugar de tentar mudá-los, é mais prático desenvolver limites que filtrem e moderem sua capacidade de afetar-nos.

Muitos estúdios de arquitetura acabam à mercê de seus clientes e muitos outros acabam também vendo a sua qualidade afetada pelo baixo profissionalismo de seus fornecedores, por exemplo, os contratados e os mestres de obras cujos atrasos e custos excedentes devemos assumir perante o cliente pela simples razão de não termos estabelecido limites em momentos necessários. Os protocolos que você verá na continuação o ajudarão a superar a hierarquia dessas relações externas para ser você e seu estúdio os que conduzirão o processo, pois, ao fim e ao cabo, é você quem está sendo contratado para alcançar a situação desejada pelo cliente.

Em muitos casos, os fornecedores são os que definem se o cliente recebe o projeto no tempo determinado, e o cliente é aquele que tem o controle da rentabilidade e da eficiência do estúdio.

É o estúdio quem define a relação com o cliente para garantir sua situação desejada, e marca os limites aos fornecedores para que o projeto termine em tempo e em forma.

Antes de mostrar aqui o funcionamento desses protocolos de relação, a primeira coisa que você deve fazer é definir quem do seu estúdio irá liderar cada uma das relações externas. Minha sugestão é que você evite que haja solapamentos nas comunicações e que seja uma única pessoa de sua equipe quem se comunique com cada cliente ou cada fornecedor. Muitos mal-entendidos e falhas de coordenação se produzem por haver vários pontos de comunicação, especialmente quando você, como líder, deseja manter contato com cada um de seus clientes, ou pensa que é o que eles esperam de você. Cuidado com essas falsas crenças que dizem que "devemos estar em tudo", que "somos imprescindíveis" ou que "os clientes só querem falar comigo". Em vez disso, cerque-se de pessoas melhores do que você em sua equipe e deixe que elas conduzam essas relações no desenvolvimento do serviço, como a produção de projetos e o transcurso da obra. Claro, você pode manter um contato mais privativo com seus clientes nos momentos-chaves do processo, como, por exemplo, na hora de recebê-los ou de fazer a entrega do espaço, mas procure

396 A INDEPENDÊNCIA

não interferir nas decisões e na cadeia de produção quando estiverem em mãos de pessoas da equipe; são elas que devem receber o *feedback* direto do trabalho quando se comunicam com clientes e fornecedores.

Lembre-se de pensar por meio de protocolos, não por relações eventuais. Os protocolos são um compêndio de limites com incentivos e consequências que permitem a você e aos papéis do seu estúdio conduzir as relações externas.

A seguir, você tem um guia a ser completado conforme as exigências e dinâmicas do seu próprio serviço. Quando o fizer, compartilhe-o com os membros de sua equipe para que saibam como agir e como se relacionar com clientes e fornecedores:

▪ Protocolo Para Clientes e Fornecedores

Comunicações

1. Líder da relação: é aquele que possui a responsabilidade de comunicar e explicar com clareza as decisões, limites e cada aspecto do processo para que este seja realizado sem atritos. O líder é o único que mantém contato direto (a sós ou na tomada de decisões) com o cliente/fornecedor.

2. Canais de comunicação: são os meios a serem utilizados oficialmente para se comunicar com o cliente/fornecedor. Serão empregadas as chamadas telefônicas (sempre enviando por e-mail um resumo do que foi dito e combinado ao telefone) e o e-mail corporativo. Caso se utilizem outros meios de transmissão instantânea, criar uma conta corporativa do estúdio e evitar os áudios. Combinar com o cliente/fornecedor os horários e canais oficiais de comunicação no início do processo.

3. Reuniões: serão convocadas reuniões estabelecidas no calendário de reuniões com o cliente, e quando forem necessárias reuniões com o fornecedor, será utilizado o calendário interativo. O líder irá preparar a agenda para essas reuniões (utilizar planilha de protocolo de reuniões), enviando cópia posterior por e-mail aos convocados.

Início de um projeto

1. O início de um projeto se dá com o primeiro pagamento do cliente.

9. PROTOCOLOS EXTERNOS: CLIENTES E FORNECEDORES **397**

2. Confirmar sempre que este pagamento foi depositado.
3. Se o cliente tem pressa, pedir garantia de transferência bancária.
4. Com a reunião de entrevista inicial, sempre se entregará ao cliente uma cópia do protocolo de trabalho ou manual do cliente.

Mudanças durante o trabalho por parte do cliente

1. Definir o número e o tipo de alteração em cada fase do protocolo de trabalho.
2. As mudanças que não estiverem estipuladas (extras) se determinam sempre com um novo orçamento e um novo calendário que o cliente deve aceitar por escrito. Não enfrentar essas alterações com um "não" imediato, mas sempre com gentileza, informando ao cliente sobre o impacto que elas trarão em tempo e dinheiro, para que ele se responsabilize integralmente.
3. Não permitir mudanças extras que não estiverem orçadas e ajustadas ao calendário e sem ter recebido pagamento pertinente.
4. Incorporar essas premissas em contrato e comunicá-las diretamente ao cliente, resolvendo dúvidas que ele possa apresentar antes de iniciar o projeto.

Mudanças durante o serviço por parte dos fornecedores

1. Para que um fornecedor possa cobrar pelas alterações que podem ocorrer no pedido inicial, você deverá comunicá-las a ele com antecedência, antes de executar a mudança, justificando o incremento na despesa prevista e o tempo que isso implica, obtendo a aprovação prévia do estúdio ou do cliente por escrito (por exemplo, uma unidade de obra não prevista no contrato ou uma tarefa que resulta ser mais complexa do que o esperado etc.).
2. Não efetuar nenhum pagamento sem haver recebido primeiramente a justificativa por parte do fornecedor. Se a mudança já tiver sido executada, o fornecedor assume as consequências econômicas e temporais por não tê-la comunicado.
3. Incorporar essas premissas no contrato e comunicá-las diretamente ao fornecedor, resolvendo suas dúvidas antes de começar o projeto.

398 A INDEPENDÊNCIA

Atrasos por parte do cliente

1. Os atrasos por parte do cliente postergam os tempos do serviço, mas não os pagamentos. O líder deve comunicar esses ajustes de calendário e de pagamento sempre que eles ocorrerem.
2. Se um cliente necessita entregar alguma documentação para a continuidade do serviço, o líder o avisará o mais breve possível (quinze dias no mínimo) e se encarregará de lembrá-lo durante esse período.
3. Se o cliente não cumprir com sua parte no tempo determinado, o líder o chamará para acertar uma data limite nos próximos cinco dias; caso nada ocorra nesse prazo, o estúdio poderá paralisar temporariamente o serviço e dar prioridade a outros clientes, sem assumir as consequências.

Atrasos por parte dos fornecedores

1. Antes de começar a trabalhar com um fornecedor, deverá ser firmado por contrato o calendário de trabalho e a data de entrega que ele definir livremente e sobre a qual é responsável.
2. Os atrasos por parte do fornecedor protelam os tempos e os pagamentos do serviço. O líder deve comunicar os ajustes de calendário e de pagamento sempre que eles ocorrerem.
3. Se um fornecedor atrasar serviço ou entrega, afetando os prazos firmados em contrato, assumirá uma penalização econômica de quantia determinada por dia ou semana de atraso (por exemplo, os atrasos em obra serão penalizados nos próximos pagamentos) e desde que não afetem a qualidade dos objetivos do projeto. Definir a penalização em contrato antes de começar o serviço ou a entrega.
4. Se um fornecedor se adiantar aos prazos firmados em contrato, se beneficiará de um incentivo econômico de determinada quantia por dia ou semana de antecipação. Definir a quantia de incentivo em contrato antes de começar.
5. O líder deverá conhecer o ritmo de trabalho do fornecedor por meio de chamadas, reuniões ou visitas que forem necessárias para manter em dia uma previsão realista e fazer ajustes quando possível.
6. Não trabalhamos com fornecedores que não querem assumir consequências e incentivos relacionados ao seu profissionalismo firmados em contrato, tendo em vista, com isso, procurar trabalhar com os melhores.

9. PROTOCOLOS EXTERNOS: CLIENTES E FORNECEDORES **399**

Atrasos de nossa parte

1. Os atrasos de nossa parte retardam os tempos e os pagamentos do serviço, afetando também os incentivos da pessoa que lidera.
2. O líder assume a sua responsabilidade com maturidade e segue o protocolo interno do estúdio referente a erros para traçar um plano e recuperar o atraso. Quando o atraso não puder ser corrigido, deverá comunicar o fato por telefone ao cliente/fornecedor afetado, sem evasivas, fazendo-o partícipe da estratégia a seguir para minimizar o atraso.
3. Se outros encargos ou serviços se veem afetados, buscar apoio na equipe e avisar os demais clientes/fornecedores que se sintam afetados.
4. Tomar especial cuidado para não usar esse erro para se prejudicar ou aceitar condições abusivas por sentir-se culpado perante o cliente/ fornecedor. O erro faz parte de nossa condição humana e o utilizamos para aprender a ser melhores.

Cobranças a receber de clientes

1. Emitir fatura para a data combinada e verificar se foi realizado o depósito corretamente (coordenar com o setor administrativo, se houver).
2. O líder se encarrega de lembrar o cliente quando não houve pagamento. Se houver atraso de mais de cinco dias, paralisa-se o serviço e com uma chamada telefônica comunica-se o devedor de que ele tem dois dias para confirmar o pagamento. Se não tiver sido feito, o estúdio poderá paralisar temporariamente os trabalhos e dar prioridade a outros clientes, sem assumir consequências.

Pagamento a fornecedores

1. Pedir fatura para a data combinada e ser pontual nos pagamentos (coordenar com o setor administrativo, se houver). Não se realiza pagamento sem fatura ou nota fiscal.
2. Enviar comprovante de pagamento com recibo de entrega.

Término do projeto

1. Definir, em protocolo de trabalho que se entrega ao cliente, os parâmetros que serão utilizados para se medir o êxito do serviço.

400 A INDEPENDÊNCIA

2. Comunicar a finalização do projeto com uma reunião para a entrevista final.
3. Se houver passos seguintes, outros possíveis serviços, prazos de garantia etc., esse é o momento de se falar sobre eles com clareza.

Gestão de crise com clientes e fornecedores

1. Primeiramente, nos concentramos em nossa parte da responsabilidade e fazemos um inventário honesto sobre os limites que deveríamos ter posto ou comunicado melhor desde o princípio. Seguimos o protocolo de erros.
2. Mesmo retificando nossa parte da responsabilidade, ou porque o cliente/fornecedor simplesmente não aceita as condições de trabalho uma vez este começado, se qualquer uma dessas situações não se resolve, seguimos as seguintes opções em ordem de prioridade:

> **Opção 1:** passar a liderança da relação a outro membro da equipe para concluir o serviço.
>
> **Opção 2:** paralisar o encargo, devolvendo a parte correspondente, caso se trate de cliente, e liberar energia para outros serviços mais rentáveis, ainda que assumindo as perdas (às vezes, perder dinheiro é o preço que pagamos para aprender a liderar melhor essas relações e nossos protocolos).
>
> **Opção 3:** procurar um ente mediador para negociar a saída do projeto (por exemplo, um advogado, um perito, um empreiteiro ou mestre de obras).
>
> **Opção 4:** entrar na justiça, avaliando o risco do investimento que isso comporta (dinheiro, mal-estar, perda de foco) frente ao que se pode ganhar. Evitamos essa opção, na medida do possível.

Nós, arquitetos, precisamos nos relacionar com pessoas externamente para conseguir o que não podemos sozinhos. A menos que além de arquiteto você se faça de investidor ou empreiteiro, ou reúna todas as especialidades dos fornecedores, existe a necessidade de se relacionar

9. PROTOCOLOS EXTERNOS: CLIENTES E FORNECEDORES 401

com outros organismos. Temos dito que a qualidade e o teto do que você pode alcançar com seu estúdio depende diretamente da qualidade das relações internas de sua equipe, e poderíamos acrescentar que depende, além disso, diretamente da qualidade dos limites que você tem em suas relações externas.

Não existe projeto perfeito. Este é um processo contínuo de aprendizado sobre as relações humanas, que são o seu material de trabalho como arquiteto independente e líder de um estúdio. Entenda que não se deve trabalhar com pessoas ineficientes e abusivas; sempre se tem uma opção, e essa opção se chama limite. Entenda que dizer "não" a esse tipo de relação dá poder ao "sim" das relações extraordinárias, e que existem muitíssimas pessoas excelentes, com vontade de fazer bem as coisas, ganhar dinheiro e desfrutar do trabalho, como você, esperando encontrar um estúdio de arquitetura realmente inovador em suas soluções, mas também em seus princípios, que devolva o valor de nossa prática, de dentro para fora.

10.
O NOVO PERFIL
DO ARQUITETO

Quero que você saiba que este último capítulo e todas as ferramentas que aqui estão serão completamente inúteis e utópicas se não soubermos como gerar um fluxo constante de clientes. A parte mais determinante de qualquer edificação são as suas fundações, quer dizer, seus alicerces, e os alicerces de nossa independência equivalem à estratégia de negócio que definimos em primeiro lugar para garantir um fluxo constante de clientes de qualidade. Simplesmente não podemos aspirar a nada melhor se não soubermos *como oferecer algo que alguém queira* na crua realidade do mercado.

Sem isso, será impossível armar uma equipe de colaboradores e remunerá-los muitíssimo bem com sistema meritocrático de incentivos que acalente seu compromisso e excelência; será uma completa loucura tratar de assentar protocolos de trabalho com os clientes porque estaremos desesperados em satisfazer suas demandas, com o risco de ficarmos sem nada mais; e será um total despropósito estabelecer limites com consequências aos fornecedores, pois eles nos mandarão à merda[54] se a única coisa que propusermos for um serviço de baixo orçamento a cada três meses.

Tenha em mente que uma independência robusta e saudável, com a qual possa negociar e exigir excelência, se alimenta diretamente de sua capacidade de gerar um fluxo de bons contratos e riqueza em sua prática profissional. E isso é ótimo porque filtra as propostas que não agregam valor no mercado e dá espaço aos arquitetos que estiverem dispostos a encontrar uma utilidade real para as pessoas. Repito: tudo começa por oferecer algo valioso para alguém.

Temos diante de nós um exercício de metamorfose espetacular. Uma transformação com a qual podemos deixar de ser uma categoria custosa e alheia às necessidades e desejos reais das pessoas para nos convertermos em agentes de apoio e mudança e que oferecem soluções contemporâneas para desafios contemporâneos. Trata-se de mudar e melhorar a vida das pessoas como elas querem mudá-la e melhorá-la. Só assim poderemos reverter a fama que ganhamos por nossa culpa, recuperar o afeto que perdemos e reativar a riqueza de nossa categoria num sentido econômico, mas ainda num sentido inovador, mirando o futuro.

O certo é que os problemas de dinheiro que arrastamos afetam não apenas a nossa pequena realidade particular como também entorpecem grandemente nosso potencial cognitivo para empurrar os limites da arquitetura. Um arquiteto que não pode pagar suas contas, ou não pode escolher com quem trabalhar, acaba prisioneiro na roda-viva da sobrevivência, como é lógico, e daí é impossível a ele imaginar novas formas de progresso para a nossa indústria. Assim é que ficamos ancorados num passado que nos traz de volta a precariedade e, apesar de sentirmos um profundo apego por sua reminiscência, a maioria de nós não encontra satisfação plena no exercício do dia a dia, tampouco a arquitetura evolui como conhecimento para oferecer novas formas às pessoas de nossa comunidade. Ninguém ganha.

Em *The Future of the Professions* (O Futuro das Profissões), Richard e Daniel Susskind fundem suas visões geracionais de pai e filho para descrever como está mudando a forma com que o conhecimento prático dos especialistas se coloca à disposição da sociedade. É evidente que a sociedade espera algo diferente de nossa parte, precisamente porque hoje ela é diferente daquela em que viveram nossas referências passadas. Essa transformação que temos daqui em diante abarca todo o espectro de nossa prática profissional, começando pela transformação interna relativa ao nosso propósito, analisando o mercado atual para descobrir nichos de oportunidade que sejam úteis à nossa vocação, desenhar uma proposta arquitetônica singular e atrativa que nos diferencie, dominar a arte da venda para conciliar nossa faceta criativa com a empresarial, liderar as relações com nossos clientes e colaboradores, trazendo ordem aos nossos serviços, e consolidar a independência profissional, conhecendo os passos que devemos dar para que nunca mais nos falte trabalho.

404 A INDEPENDÊNCIA

Os arquitetos sofrem por permanecer apegados a um *modus operandi* obsoleto, com formas obsoletas de oferecer serviço e trabalho. Lidamos com clientes que não querem pagar o que dizemos valer e dirigimos estúdios que não podem permitir-se pagar bem às suas equipes porque nossa maneira de "ser arquiteto" e de "fazer arquitetura" é assíncrona com o momento histórico que vivemos. Um novo perfil de arquiteto deve nascer, nem melhor nem pior do que o daqueles que nos precederam. Um perfil contemporâneo que respire o ar de sua própria época e que acompanhe a sociedade em seus novos desafios.

Essa mudança está nas mãos de cada um de nós. Temos muito a perder se decidirmos nada fazer e muito a ganhar se questionarmos e redefinirmos nossa forma de fazer arquitetura. Somos uma categoria importante para a estrutura da sociedade porque ajudamos a criar espaços onde tudo, absolutamente tudo, acontece e se dá na vida. Devemos apenas nos despir dos ares nobres, dessa etiqueta pesada chamada ego, para nos reconectarmos com as pessoas e resgatar a liberdade de nosso ofício.

Nós, arquitetos autônomos, que seguimos e adaptamos esses princípios ao nosso estilo, recobramos um brilho especial que nos distingue, porque fazemos arquitetura atraindo e devolvendo riqueza. Criamos estúdios de tal forma que as pessoas querem fazer parte da equipe por pertencimento, não por vaidade, e ali permanecem por realização, não por sacrifício. Criamos estúdios de tal forma que as pessoas nos contratam por excelência, não por orçamento, e continuam por desfrutar de nossas garantias, não para seguir abusando de nossa necessidade. E o mesmo acontece com os construtores e demais colaboradores e fornecedores. Criamos uma prática de referência, rentável e eficiente, que as pessoas querem igualar, não evitar ou aceitar por resignação.

Cada um de nós, em seu canto do planeta, com cada novo cliente a quem temos a oportunidade de ajudar, aprende e faz nossos os princípios básicos deste manual. Esse movimento já começou. As ferramentas aqui descritas são uma realidade palpável para centenas de arquitetos em mais de trinta países e nos cinco continentes. Somos a comunidade global de Líderes Para a Arquitetura, uma rede extraordinária em que, pela primeira vez, os arquitetos compartilham, sem rodeios, as dificuldades de nosso exercício profissional, sem importar a idade, os anos de experiência, o país ou o contexto social. Juntos, desenvolvemos mais de trezentos

10. O NOVO PERFIL DO ARQUITETO

nichos de mercado na área da arquitetura, do desenho e da construção. Somamos mais de dez mil clientes sob esse paradigma, mais de vinte mil anos de experiência e mais de um milhão de metros quadrados com que todos podem aprender. Essa riqueza se caracteriza precisamente pela transparência no compartilhar e, graças à nossa escala internacional e às múltiplas áreas de mercado que desenvolvemos, intercambiamos conhecimentos e ferramentas sem medo da competição.

Somos a primeira comunidade global de arquitetos que falam o mesmo idioma metodológico e o mesmo código ético para reencontrar as pessoas de nossa sociedade e recuperar seu genuíno apreço. Cada cliente, colaborador ou fornecedor com quem nos relacionamos sente uma impressão e uma experiência únicas do que é o novo perfil do arquiteto independente, e somos uma referência de garantia para as pessoas com as quais trabalhamos. Um cliente que trabalhe com um arquiteto independente sabe que não terá atrasos nem custos extras; um colaborador que trabalhe com um arquiteto independente sabe que não será explorado até a extenuação; um fornecedor que trabalhe com um arquiteto independente sabe que terá de fazer um trabalho excelente se quiser cobrar de forma excelente. E o próprio arquiteto independente sabe que sua função não será sobreviver com a arquitetura, e sim cuidar dos alicerces de sua estratégia para viver da arquitetura com estabilidade e dedicar tempo para criar novas e melhores soluções para seus clientes. Como bem descrevem Peter Thiel e Blake Masters em seu livro *Zero to One: Notes on Startups, or How to Build the Future* (De Zero a Um: Notas Sobre Startups, ou Como Construir o Futuro), o arquiteto independente se caracteriza por sua capacidade de criar soluções *de zero a um*; ideias que realmente têm um impacto transformador na forma como a arquitetura ajuda as pessoas.

Somos uma comunidade unida, com objetivos, desejos e motivações comuns. Um coletivo que reconhece o valor de cada membro. Cremos na arquitetura, em seu passado, seu presente e sua importância para o futuro. Cremos em nossa capacidade como profissionais para fazê-la ainda mais relevante. Estamos conscientes de sua importância e de sua capacidade para enriquecer a sociedade. Pois não existe mudança sem consciência. Nem impacto sem coletividade.

Este manual recolhe os pilares da independência profissional que compartilhamos e praticamos todos os dias, impulsionando os preceitos da arquitetura para um hoje e um amanhã em que somos muito necessários se estivermos dispostos a escutar. Assim, separados, mas juntos, transformamos o perfil do arquiteto para conservar nosso valor no porvir da sociedade.

Faça parte da revolução de nossa categoria.
Seja parte do futuro da arquitetura.
Visite

NOTAS

1 Ver Warren G. Bennis; Burt Nanus, *Leaders: Strategies for Taking Charge*, New York: Harper Business, 2004.

2 No original, "hacer casitas". Lembrar que a palavra *casa* e o diminutivo *casita* podem se referir a qualquer edifício que sirva como vivenda ou habitação. (N. da T.)

3 Na verdade, *Kaputt* (em alemão) ou *Kaput* (em inglês), terminado, com defeito, estragado. (N. da T.)

4 Ver Ross Brady, *How Many Architects Are There in the World?*. Disponível em: <Architizer.com/blog>. Pelos números apresentados, a população mundial seria de apenas seis bilhões. Talvez a proporção de um arquiteto por habitante deva ser superior a dois mil. (N. da T.)

5 Vale ressaltar, no entanto, que a denominação de arquiteto não apenas é de origem grega (αρχιτέκτων), e já empregada por Platão, Aristóteles ou Heródoto, como se referia a artistas polivalentes da Antiguidade greco-romana: projetistas, construtores, urbanistas e, por vezes, escultores, como Ictinos, Fídias, Policleto, Hipodamos, Calícrates ou Apolodoro de Damas, entre outros. Daí Vitrúvio (século I a.C.) escrever, em sua obra magna *De Architectura*: "A arquitetura é uma ciência (no sentido de conhecimento multiforme) que deve ser acompanhada de uma grande diversidade de estudos, por meio dos quais ela julga todas as obras das demais artes que lhe pertencem." Um conjunto de artigos a respeito pode ser encontrado na revista *Dossiers Archéologie*, n. 385, de 2018, dedicada a arquitetos célebres da Antiguidade. (N. da T.)

6 Deve-se ter em vista que, bem antes disso, entre os séculos XVI e XVIII, a centralização do poder estatal caracterizou os regimes monárquicos absolutistas europeus, períodos de centralizações políticas e militares na corte real, enfraquecimento das antigas prerrogativas e direitos feudais, difusão do direito romano e predomínio da economia mercantilista, entre outros aspectos. (N. da T.)

7 Ver Paloma García Gener, *La Docencia de la Etsam en Su Contexto Histórico: 1844-2015*, Proyecto Fin de Carrera/Trabajo Fin de Grado Arquitectura, UPM - Universidade Politécnica de Madrid, 2016. Disponível em: <https://oa.upm.es/39184/1/TFG_PALOMA_GARCIA_GENER.pdf>.

8 Ver José Manuel Prieto González, *Aprendiendo a Ser Arquitectos: Creación y Desarrollo de la Escuela de Arquitectura de Madrid (1844-1914)*, Madrid: Consejo Superior de Investigaciones Científicas, 2004.

9 Ver Maria Pilar Biel Ibáñez, Una Aproximación a la Historia de la Arquitectura en España (Siglos XIX y XX), Universidad de Zaragoza. Disponível em: <https://ifc.dpz.es/recursos/publicaciones/31/29/02biel.pdf>.

10 Ver Gustavo A. Brandariz, Breve Historia de la Facultad de Arquitectura, Diseño y Urbanismo de la Universidad de Buenos Ayres, Cátedra Brandariz, 2009.

11 Ver Elisa Silió, Escuelas de Arquitectura Como Hongos, *El Pais*, 27 mar. 2015. Disponível em: <https://elpais.com/economia/2015/03/27/actualidad/1427451824_430006.html>.

12 Ver Francesc Miralles; Héctor Garcia, *Ikigai: Los Secretos de Japón Para una Vida Larga y Feliz*, Barcelona: Urano, 2016.

13 Ver Seth Godin, *This Is Marketing: You Can't Be Seen Until You Learn to See*, New York: Penguin Business, 2018.

14 Cuanto Gana un Arquitecto en...? Sueldo de un Arquitecto Por Países, *Arquiparados*, 2015. Disponível em: <arquiparados.com/t471-cuanto-gana-un-arquitecto-en-sueldo-de-un-arquitecto-por-paises>.

15 Dados extraídos da pesquisa realizada pelo Conselho Superior de Colégios de Arquitetos da Espanha (CSCAE), em 2018.

16 Indeed.com, média de salários publicados no México, atualizada em agosto de 2022.

17 Cuanto Gana un Arquitecto en Chile, Sueldos Actualizados! *Cursandocl*. Disponível em: <ht-

tps://cursando.cl/arquitectura/cuanto-gana-un--arquitecto-chile-sueldos/>.

18 A Guide to US Architectural Salaries, *Archisoup*. Disponível em: <https://www.archisoup.com/studio-guide/us-architectural-salaries>.

19 Talent.com, média de vencimentos publicados em Singapura, atualizada em agosto de 2022.

20 Tel Aviv Is the World's Most Expensive City, *The Economist*, 2021. Disponível em: <https://www.economist.com/graphic-detail/2021/11/30/tel-aviv-is-the-worlds-most-expensive-city>.

21 Ver Vilfredo Pareto, *Manual de Economía Política*, Pamplona: Aranzadi, 2020.

22 Leituras associadas ao princípio enunciado por Pareto, das quais se extraem os comentários: Joseph M. Juran; Joseph A. Defeo, *Juran's Quality Handbook*, Mc Graw-Hill: New York, 2010; Richard Koch, *El Principio del 80/20*, Barcelona: Paidos Iberica, 2009.

23 Ver Gloria Mark; Mary Czerwinski; Shamsi Iqbal; Paul Johns, *Focused, Aroused, but so Distractible: A Temporal Perspective on Multitasking and Communications*, Universidade da California, Microsoft Research, 2015.

24 Caterina de la Portilla; Tao de la Torre, De la luz del Patio, Festival A Cel Obert, 2015 – acelobertfestival.cat. Disponível em: <https://acelobertfestival.cat/en/2015-edition/de-la-luz-del-patio/>.

25 Javier Bilbao, La Destrucción del Legado Cultural Europeo Durante la 2ª Guerra Mundial, *JotDown*, 2012. Disponível em: <https://www.jotdown.es/2012/12/la-destruccion-del-legado-cultural-europeo-durante-la-2a-guerra-mundial/>.

26 Ver Alvar Aalto, *La Humanización de la Arquitectura*, Barcelona: Tusquets, 1982.

27 Ver Mauro F. Guillén, *2030: How Today's Biggest Trends Collide and Reshape the Future of Everything*, Cheltenham: History Press Limited, 2020.

28 Ver Inma Benedito, *Dónde están los pisos vacíos em España?*, Unidad Editorial, 2020. Disponível em: <https://lab.expansion.com/viviendas_expropiacion/>.

29 Ver Emily Badger; Eve Washington, The Housing Shortage Isn't a Coastal Crisis Anymore, *The New York Times*, 2022.

30 Processo de recuperação do valor imobiliário de áreas que se empobreceram ou se degradaram. (N. da T.) Em inglês, retornar à condição de *gentry* (senhorio nobre).

31 Ver Edificios y Sector de la Construción Suman 38% de Emisiones Globales de CO2, Agencia EFE, 2020.

32 Ver M.F. Guillén, op. cit.

33 Rosa Fernández, Número Mundial de Usuarios de Internet 2005-2022, *Statistica*, 13 jul. 2023. Disponível em: <https://es.statista.com/estadisticas/541434/numero-mundial-de-usuarios-de-internet/>.

34 O que dá a entender que os arquitetos são mortais incomuns ou VIPs – *very important people*. (N. da T.)

35 Ver Sue Chang, Here's All the Money in the World, in One Chart, *Market Watch*, 28 nov. 2017. Disponível em: <https://www.marketwatch.com/story/this-is-how-much-money-exists-in-the-entire-world-in-one-chart-2015-12-18>.

36 Ver Paul Tostevin, 8 Things to Know About Global Estate Value, *Savills World Research*, Jul. 2018. Disponível em: <https://www.savills.com/impacts/market-trends/8-things-you-need-to-know-about--the-value-of-global-real-estate.html>.

37 Ver Mollie Claypool, *The Digital in Architecture: Then, Now and in the Future*, Disponível em: <https://discovery.ucl.ac.uk/id/eprint/10116421/1/SPACE 10%20Digital%20in%20Architecture%20report.pdf>.

38 Ver Alan Klement, *When Coffee and Kale Compete*, NYC Press, 2018.

39 Ver Renée Mauborgne; Kim W. Chan, *Blue Ocean Strategy: How to Create Uncontested Market Space and Make Competition Irrelevant*, Massachusetts: Harvard Business School Press, 2005.

40 Achado ou descoberta casual, referência à narrativa persa *Os Três Príncipes de Serendipe* (nome com que a língua persa se referia a Sri Lanka), transcrita em italiano em 1557 e, posteriormente, em outras línguas europeias. (N. da T.)

41 *Building Information Modeling* (Modelagem de Informação na Construção) é a representação digital e tridimensional das características físicas e funcionais de um edifício, com todas as informações necessárias para a execução, a implantação, a manutenção e o gerenciamento de um projeto de forma integrada e organizado. (N. da T.)

42 Ver Jeremy Miller, *Sticky Branding: 12.5 Principles to Stand Out, Attract Customers and Grow an Incredible Brand*, [S.l.]: Page Two, 2019.

43 Apoio à iniciativa. (N. da T.)

44 Influenciado pela metodologia *Lean Manufacturing*, desenvolvida pelo diretor da Toyota, Kiichiro Toyoda, e a metodologia de Desenvolvimento de Clientes, de Steve Blank.

45 Ver Nicolas Vega, A Sneak Peek Inside Apple's Revamped Fifth Avenue Store, *New York Post*, Sep. 19, 2019. Disponível em: <https://nypost.com/2019/09/19/a-sneak-peek-inside-apples-revamped-fifth-avenue-store/>.

46 Ver Rodolfo Livingston, *Arquitetos de Família: El Método*, Buenos Aires: Nobuko, 2006.

410

47 Ver Fredy Massad, Entrevista a Rodolfo Livingston, ARQA, 18 Ago. 2021. Disponível em: <https://arqa.com/actualidad/entrevistas/entrevista-a-rodolfo-livingston.html>.

48 Ver Max Weber, *La Ética Protestante y el Espiritu del Capitalismo*, Madrid: Alianza Editorial, 2012.

49 No original, a expressão chula "al carajo!" (N. da T.)

50 No original, a expressão chula "la caga". (N. da T.)

51 Ver Tim Clark et al., *Business Model Generation: a Handbook for Visionaries, Game Changers and Challengers*, [S.l.]: Wiley, 2010.

52 Ver David W. Merrill; Roger H. Reid; *Personal Styles & Effective Performance*, New York: Taylor & Francis, 1981.

53 No original, "La has cagado!" (N. da T.)

54 No original, "todo al carajo?" (N. da T.)

55 Via rápida. (N. da T.)

56 Ver Irene Scopelliti, How do Financial Constraints Affect Creativity?, *Journal of Product Innovation Management*, v. 31, n. 5, 6 Dec. 2013. Disponível em: <https://onlinelibrary.wiley.com/doi/abs/10.1111/jpim.12129#:~:text=Financial%20constraints%20lead%20to%20the,generated%20in%20an%20unconstrained%20condition>.

57 Ver Elisabet Escriche; Francesc Melcion, Menos de Dos Meses, la Duración Media de los Contratos Firmados Este Año", ARA, 2021. Disponível em: <https://es.ara.cat/economia/duracion-contratos-firmados-2021-menos-dos-meses_1_4089231.html>.

58 A autora emprega a palavra "rol", originalmente papel de um ator teatral, como sinônimo de cargo ou de função, palavras essas mais comumente empregadas no mundo das relações de trabalho. Por isso, mantivemos a tradução correspondente em português, a de "papel". (N. da T.)

59 No original, "al carajo". (N. da T.)

AGRADECIMENTOS

A metodologia, as estratégias e os princípios reconhecidos neste manual são fruto de muitos anos de trabalho e de muitas pessoas importantes na minha vida.

Em primeiro lugar, minhas duas avós e meus avôs, que levaram adiante seus próprios negócios com dedicação, ensinando assim a meus pais o valor da independência. Dou graças a meu pai por seguir a cadeia de empreendimento e ensinar-me a valia de confiar em si mesmo para tornar possível o que outros dão por impossível. À minha mãe, por ensinar-me a constância e o compromisso para fazer uma coisa de cada vez, para a qual se deva, certamente, o mote de "martelinho percussor". A meu irmão, por inspirar-me com seu infinito valor humano, bondade e inteligência.

Não estaria fazendo o que faço nem seria quem hoje sou sem meu companheiro de vida, amor e sócio Tao. Com ele aprendo a cada dia que um mais um são mais do que dois. E nosso formoso filho é símbolo disso.

Tampouco teria chegado até aqui sem o extraordinário apoio e inspiração de meus mentores, Lola, Miguel e Javier, e sem todo o aprendizado que recebi dos empresários que tive a sorte de conhecer em meu período nos Estados Unidos. Dou graças infinitas a todos os estúdios de arquitetura que rechaçaram minha petição de emprego, e guardo especialmente com muito carinho as sábias palavras de Eva Prats e de Ricardo Flores em Barcelona e as de Tod Williams em Nova York. Com o tempo, pude compreender a importância dos seus "nãos" para dizer "sim" ao meu próprio caminho. Muito obrigada, de coração.

Agradeço enormemente a presença dos meus professores e companheiros de carreira, em especial a Gabriel e Cecília, com quem pude dar forma à minha paixão pela arquitetura.

Quero agradecer aos milhares de arquitetos brilhantes com quem trabalhei nos últimos anos por apostarem em uma forma feliz e frutífera de exercer a arquitetura, pondo em prática essa mesma metodologia e potencializando seu próprio brilho individual. Têm todos o meu reconhecimento: Alejandro, Borja, Helena, Marc, Paula, Rodrigo, Nieves e Charo, por serem os pioneiros neste movimento em que hoje somos milhares de arquitetos redefinindo nosso papel no futuro da sociedade.

Por último, quero agradecer às pessoas da minha equipe sem as quais teria sido impossível levar essa mensagem aos arquitetos em mais de trinta países e quatro continentes onde chegamos e continuaremos a chegar: aos que seguiram seus caminhos (Inge, Belén, Javi, Vroni, Andrea, Camila, Mariana), aos que hoje continuam (Willy, Mara, Mercedes, Cari, Consuelo, Nordin, Ana, Laura, Lucía, Arturo, Helena, Marvin, Charo, Camila, Constanza, Danilo, Kike, Joe e Claudia), assim como aos que estão por vir.

Não pode faltar meus agradecimentos a Álvaro, Joaquín e à equipe da Arpa por acreditarem neste livro e dar forma a ele com tanto esmero.

E a todas as pessoas da sociedade que, com suas necessidades, problemas e desejos, dão sentido à nossa profissão e à arquitetura como veículo para transformar suas vidas.